视频号变现

闭环设计 + 账号运维 +

AI赋能 + 商业变现

新攻略

NEW STRATEGY GUIDE

黑马唐

编著

人民邮电出版社

北　京

图书在版编目（CIP）数据

视频号变现新攻略 ：闭环设计+账号运维+AI 赋能+商
业变现 / 黑马唐编著. -- 北京 ： 人民邮电出版社，
2025. -- ISBN 978-7-115-66912-4

Ⅰ．F713.365.2

中国国家版本馆 CIP 数据核字第 2025T5E524 号

内 容 提 要

本书针对视频号运营人员的需求，深入剖析了视频号的变现潜力，通过 36 个精心设计的板块，全面揭示了视频号的商业逻辑和运营策略；通过案例分析，展示了如何利用微信庞大的用户基础和完善的产品矩阵抓住变现机会。此外，本书还融入了 AI 应用相关知识，旨在提升读者的创作效率和变现能力。

本书适合希望利用视频号快速成长和创造商业价值的创作者、品牌营销人员，以及其他对新媒体运营感兴趣的人阅读。同时，本书也适合作为相关培训机构的教材。

◆ 编　著　黑马唐
　　责任编辑　王　冉
　　责任印制　陈　犇
◆ 人民邮电出版社出版发行　　北京市丰台区成寿寺路 11 号
　　邮编　100164　　电子邮件　315@ptpress.com.cn
　　网址　https://www.ptpress.com.cn
　　临西县阅读时光印刷有限公司印刷
◆ 开本：700×1000　1/16
　　印张：15　　　　　　　　　　2025 年 7 月第 1 版
　　字数：299 千字　　　　　　　2025 年 7 月河北第 1 次印刷

定价：69.80 元

读者服务热线：(010)81055410　印装质量热线：(010)81055316
反盗版热线：(010)81055315

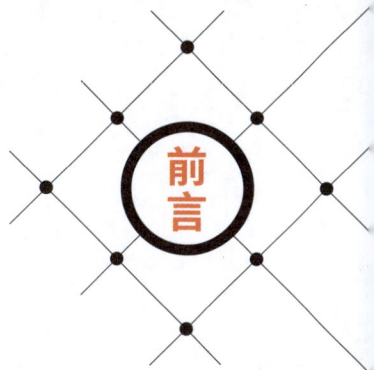

你好，我是黑马唐。

从 2016 年开始，我入驻公众号、头条号等新媒体平台；2018 年，我进入短视频和直播领域。目前，我已经连续多年受邀给中国移动的员工做新媒体培训，我的学员涉及的企业还包括海尔、樊登读书、喜马拉雅、TCL 等。

身为广东省人力资源和社会保障厅创新创业导师，我在各大高校及创新创业型组织和机构中进行新媒体相关的培训和辅导，帮助更多的人快速掌握新媒体运营技能，甚至实现弯道超车。

视频号展示出来的巨大发展潜力是很重要的入局信号。相信我，运营好视频号能帮助你抓住这一红利。

本书以视频号变现为核心，通过 36 个板块，由浅入深地梳理了整体变现逻辑，结合案例分析，让你不仅能快速上手，更能快速见效。书中还融入了 AI 应用相关知识，可以帮助你极大地提升创作效率，快人一步实现转化变现的目标。

不跑起来，谁知道你是黑马？

赶紧翻开本书，来品尝这碗知识的浓汤吧！

黑马唐

2025 年 7 月

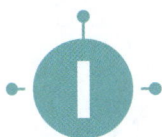

目录

CONTENTS

1 思维进阶

2 变现设计

3 落地优化

4 AI 赋能

5 电商变现

6 直播变现

第 **I** 章

思维进阶

↓

我们的财富受限于自己的认知，因此，我们要想获取更大的收益，就需要拓展思维。本章的内容相对枯燥乏味，但恰恰是我们运营视频号的理论基础和逻辑框架。

理解算法，才能理解流量从哪里来

一个平台的流量是有限的还是无限的？你可能会说，肯定是无限的，平台那么大，想要多少流量就有多少流量。如果你的第一反应是这样的，那么接下来的内容你要好好看一看。

平台的流量是有限的，这是毫无疑问的。平台的流量取决于 3 个基本要素：活跃用户量、用户平均停留时长及平台内容的平均时长。用户平均停留时长除平台内容的平均时长，可以得到用户一天平均观看视频数量，用此值乘活跃用户量，便是平台的流量。

正因平台的流量是有限的，平台才需要用越来越完善和成熟的算法去用好每一点珍贵的流量。这就是为什么我们在本书的开头就要理解算法，这样我们才能知道平台的流量怎么分，进而知道它们从哪里来。

1.1.1 视频号和抖音、小红书有什么不一样

相信你也接触过抖音和小红书，作为主流平台，它们各有特色，得到许多用户的喜爱，自然有它们独特而无法被取代的因素，也正是这些因素造就了它们的差异化。

(1) 抖音

先来说抖音，区别于视频号，抖音有两大特点。

① 重视完播率

在抖音后台，有 3 个细化指标体现完播情况，它们分别是 2 秒跳出率、5 秒完播率和完播率，如图 1-1 所示。其中 2 秒跳出率可以简单理解为"1 秒完播率"。抖音对于完播率这一数据指标的重视程度可见一斑。

对于抖音上的作品，如果用户看了不到 2 秒就滑走了，系统会判断用户对此类内容不感兴趣，接下来会减少类似内容的推送；如果用户

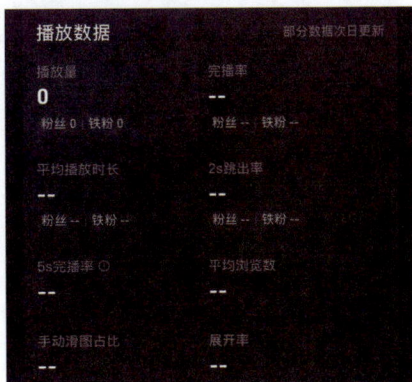

图 1-1　抖音后台数据指标

看了 5 秒还继续往下看，系统会判断用户对此类内容是有兴趣的，接下来会尝试多推送类似的内容；而如果用户从头看到尾，甚至继续看第二遍、第三遍，那么系统就会判断用户非常喜欢此类内容，后面就会大大提升推送类似内容的概率。

完播率的底层逻辑就是以用户体验为导向，判断用户对内容的喜好程度，并优化推荐内容，从而让用户觉得平台在为他"量身定制"内容，这样用户自然更容易沉浸其中，增加在平台停留的时长，从而增加平台的整体流量。流量越多，平台自然就更有价值。

②音乐的存在感强

抖音这个名字可不是随意起的，它从诞生的那一刻开始就跟音乐有脱不开的关系。提到"抖音神曲"，你是不是能想到很多歌曲？但说起"快手神曲""小红书神曲"，你应该没听说过吧？

很多音乐作品在抖音的加持下，得到了前所未有的曝光。举个例子，有一首歌叫《你笑起来真好看》，相信你不仅听过，还能马上哼出来，这就是抖音的"魔力"。你知道这首歌有多受欢迎吗？仅仅是原创的音乐链接，其使用次数就超过了 1 亿，如图 1-2 所示。也就是说，这首歌被至少 1 亿个作品用作背景音乐，而如果每个作品的平均播放量按 1000 次来算，这首歌就被播放了 1000 亿次，这还是非常保守的计算结果。由此可见在抖音中，音乐的存在感有多强。

图 1-2　抖音《你笑起来真好看》音乐专题页

因为音乐这个重要元素不可或缺，所以很多视频对于背景音乐的氛围、卡点，甚至音效都有较高的要求，这些元素提升了用户的体验，同时也在无形中提高了用户的创作门槛，这也就是为什么很多人吐槽现在抖音用户"太卷了"。

(2) 小红书

小红书有以下三大特点。

①女性用户占比大

第三方数据平台的报告显示，小红书男女用户比例达到了 3：7，它是所有新媒体平台中女性用户最集中、最活跃的平台之一。而女性用户对美好生活的向往、对优质体验的追求及按捺不住的表达欲，让小红书成为极具"种草"属性的社区平台，你可以理解为这是一个"朋友圈"，只是相关内容是发给那些不认识的人看的。

② 图文"笔记"为主

小红书官方数据显示，70% 的重度用户更偏向于图文形式的内容。这是因为在平台发展早期，绝大多数的内容都是以图文形式呈现的，因此小红书的内容也统称为"笔记"。小红书倡导用户用图片和文字记录自己的想法和收获，这使重度用户更喜欢图文形式。

细心的你还会发现，小红书有自己的一套账号等级计算方式，而其中最重要的指标就是收藏量，如图 1-3 所示。为什么是收藏量呢？因为很多内容都是"笔记"，可能是对一本书中美好句子的摘抄，可能是对一部电影中所有彩蛋的汇总，可能是对一个明星全身穿搭的拆解……这些内容丰富到让用户觉得"很受用""想留着慢慢看"，就会促使用户点击"收藏"。

图 1-3　小红书账号等级提升指标

③ 作品封面尤为重要

和其他平台不同，小红书一直坚持使用双排瀑布流的首页呈现方式，如图 1-4 所示。这就意味着在小红书中作品封面尤为重要。如果作品封面不吸引人，标题不抓眼球，用户就不会点进来看。

在小红书，用户主动获取想看的内容，而不是像在抖音一样被动接收看到的内容，这也就提高了用户运营门槛，如果没有足够的"网感"，是较难做出一个吸引人的封面的。

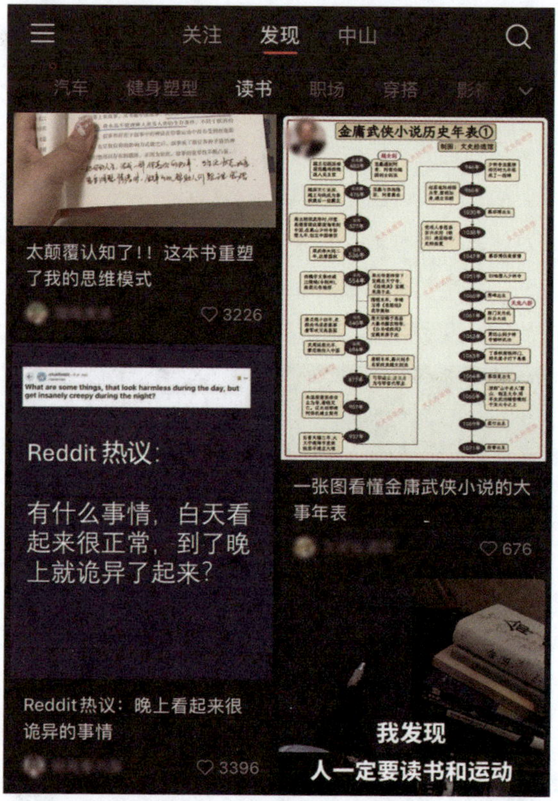

图 1-4　　小红书首页呈现形式

那视频号又有哪些与众不同的特点呢？

1.1.2　视频号基于好友点赞的推荐算法

视频号是基于微信生态的一个产品，而微信一直以来都以强大的私域特性鹤立于整个互联网产品圈中。可能正在看本书的你不太明白私域的意思，我简单解释一下：私域可以理解为朋友圈、微信群，如果你发的信息或者朋友圈内容能被对方看到，那么对方就属于你的私域；从专业的角度看，不花费成本就能直接触达的群体就是私域。

视频号同样基于这强大的私域特性。在微信的"发现"栏，朋友圈入口的下方就是视频号的入口。在这里，常常会出现一个你熟悉的头像，如图 1-5 所示。

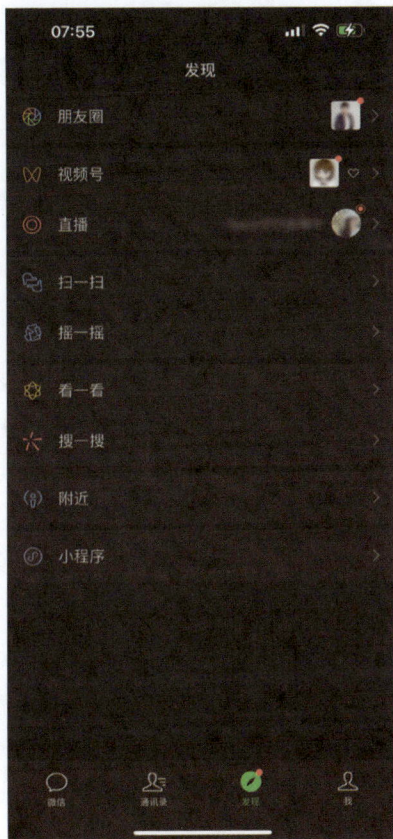

图 1-5　视频号入口出现的头像

　　你的朋友的头像出现在这里就表示，他给某个视频点了赞。这时，如果你比较在意这个朋友，或者你对这个朋友喜欢的东西也很感兴趣，你就会很自然地进入视频号去看。而且，你最近跟这个朋友在微信聊天聊得越频繁，他的头像就越可能出现在视频号的入口。

　　视频号一共有 3 个栏目，分别是"关注""朋友""推荐"，如图 1-6 所示。

图 1-6　视频号的 3 个栏目

　　其中，"朋友"栏就是你微信中的好友点赞过的视频，如图 1-7 所示。

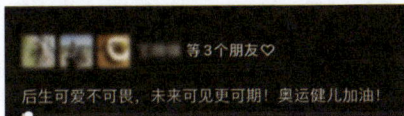

图 1-7　一个视频被多个好友点赞

实际上，"朋友"栏对于我们是很有帮助的。比如，我刚加了一个客户的微信，还没和他见过面，在不知道见面后怎么找共同话题的时候，我就会在"朋友"栏里查看，如果能看到该客户最近点赞过的一些视频，就能大概了解他的兴趣爱好或者他关注的话题，那么在和他见面的时候，我不经意间提起相关内容就能让他眼前一亮。

用好视频号的这个功能，不仅能帮你运营好账号，还能帮你维护好人际关系。话说回来，你有没有觉得这个功能非常"恐怖"？好友点赞过的视频你能看到，那是不是他的其他的好友也能看到呢？

换句话说，如果你发了一条视频，想被更多人看到，是不是只要让你的朋友多帮你点赞就可以了？比如，你朋友的好友列表中有 500 个好友，他只要给你的视频点赞，你的视频就可能被这 500 个人看到，这是不是就实现了曝光量的提升呢？如果有 100 个朋友给你的视频点了赞，而他们每个人的好友列表中都有 1000 人，那你的视频就可能覆盖 100000 人，其曝光量不就大幅提升了吗？

假设我有一个装修企业，我想让我的视频尽可能地触达一个新交付楼盘的小区业主，我该怎么做？

答案是找到一个拥有大量业主微信的人，让他给我的视频点个赞就可以了，比如物业管理员。

所以，除了去适应规则，我们还可以多花点心思去理解规则并用好规则，这样就能先人一步获取更多流量。

1.1.3 视频号基于作品热度的推荐算法

与"推荐"栏相关的算法主要有两种，分别是基于作品热度的推荐算法和基于视频标签的推荐算法，下面先介绍基于作品热度的推荐算法。

如何判断一个作品是否有足够高的热度呢？

① 一个作品被许多好友点赞，就会引发很明显的"人传人"现象，其在一个领域或者一个圈子中比较火，系统自然也会将其推荐给更多人。

② 不少资讯类的机构账号不以朋友圈作为流量阵地，其作品直接进入覆盖面较广的公域流量池中，如果用户对作品的满意度较高，作品的点赞量或者互动量高，系统就会将其推荐给更多人。

③ 账号发布作品并付费购买流量，系统会根据投放策略将作品推送给目标用户，如果你刚好是其目标用户，那么大概率就会看到这个作品。

基于作品热度的推荐算法会让火的作品越来越火，这也是很多个人或者机构想方设法通过视频号"火出圈"的原因。

1.1.4 视频号基于视频标签的推荐算法

采用基于标签的推荐算法的平台中，最典型的就是小红书。你在注册小红书账号的时候，会进入兴趣标签选择页，如图 1-8 所示。

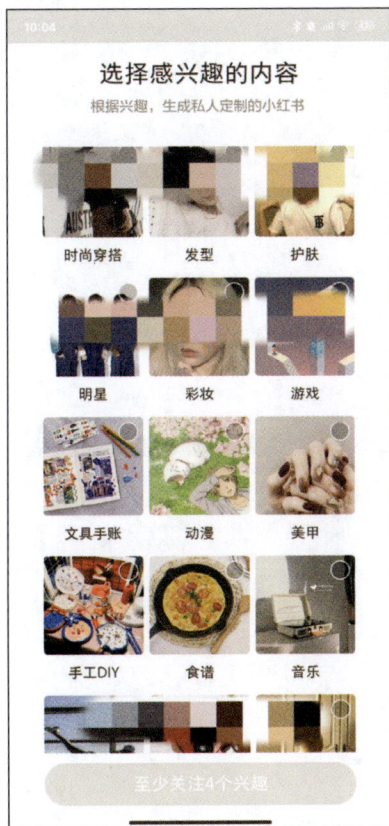

图 1-8　小红书兴趣标签选择页

当你至少勾选 4 个兴趣标签，进入小红书后，你就会发现，系统给你推荐的内容都是基于你一开始的兴趣选择，这就是基于标签的推荐算法的直观呈现。

而视频号和抖音一样，并不把视频内容以兴趣标签的形式直接呈现出来，而是用话题或者关键词去判断视频内容和用户兴趣的匹配度。比如，我在视频号上看到了一个有关宠物狗的视频，我很喜欢，看了很久，而且还点赞收藏了，那么系统就会认为我对这个视频很感兴趣，于是就会在这个视频中找寻一些话题或者关键词，比如"宠物""狗狗""贵宾""萌宠"之类的作为视频标签，而当新的作品上传到平台的时候，系统会对作品内容进行判断，如果作品涉及我感兴趣的视频标签，就会被优先推送给我。

不难发现，基于视频标签的推荐算法带来了一种"定制化"的体验感，这让你接收到的内容就好像是平台为你量身定制的一般。当然，如果平台检测到同质化的内容在短时间内大量出现，就会避免信息重复出现，减少推荐相似内容，同时基于好友点赞或者作品热度给用户推荐可能感兴趣的内容，提升内容的新鲜度。

1.1.5 视频号基于关注列表的推荐算法

在图 1-6 中，最左边的栏目为"关注"栏。基于关注列表的推荐算法很好理解，就是你关注了谁，平台就会把他最新的作品或者以往比较火的作品推送给你。

如果你只想看自己关注的账号发布的作品，而不想看平台推荐或者好友点赞的那些作品，"关注"栏就是很好的选择。

当然，如果你只想看某一个账号的作品，那么点击他的头像进入他的主页就是最简单直接的方法。

思考

看到这里，相信你对视频号的推荐算法已经有了一定的了解。下面来做个简单的练习，请打开微信，在视频号"推荐"栏看 8~10 个视频，分析一下这些视频都是基于什么算法被推荐给你的。

1.2 了解用户，才能投其所好

"投其所好"意味着我们在输出内容时需要迎合用户的需求，这要求我们好好了解视频号用户的画像、类型与特征。

1.2.1 视频号用户画像拆解

根据专注于消费者研究和市场分析的凯度与 Tim 联合发布的《2024 年微信视频号超级玩家营销价值研究报告》（以下简称《报告》），以及微信官方公布的数据，我将从以下几个维度对视频号用户画像进行详细的拆解。

（1）用户入口

《报告》显示，用户使用视频号的习惯逐渐养成，主动进入视频号的用户已达到 54%，其中 32% 的用户是看到关注的账号有更新动态或朋友点赞分享的内容时点击进入的，22% 的用户是专门点开视频号或者直播进行浏览的；而微信生态也给视频号带来了 34% 的用户，其中 27% 的用户在看完朋友圈或者公众号后会顺便看一下视频号，7% 的用户是看到朋友圈好友分享的链接时进行浏览的，如图 1-9 所示。

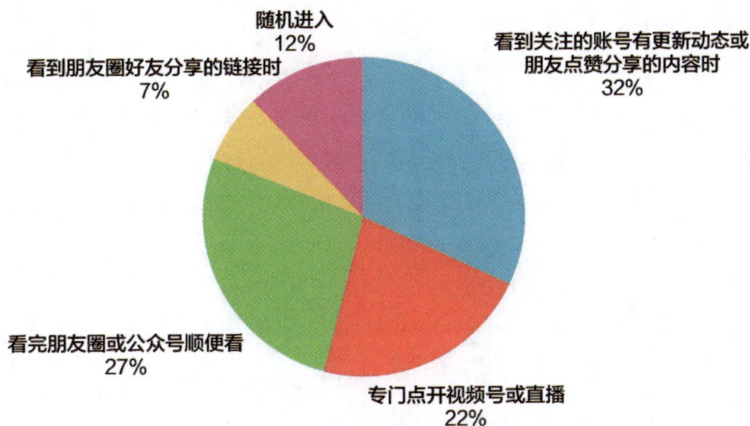

图 1-9　视频号用户入口比例

（2）使用场景

睡前观看视频号内容的用户达到了53%，而下班后及周末同样是用户非常活跃的时段。由此可见，视频号和抖音及小红书的用户使用场景是类似的。

（3）观看时长

在视频号用户中，每日观看时长超过30分钟的用户达到39%，其中观看时长超过60分钟的用户占15%；而超过90%的用户的每日观看时长都超过了5分钟，如图1-10所示。

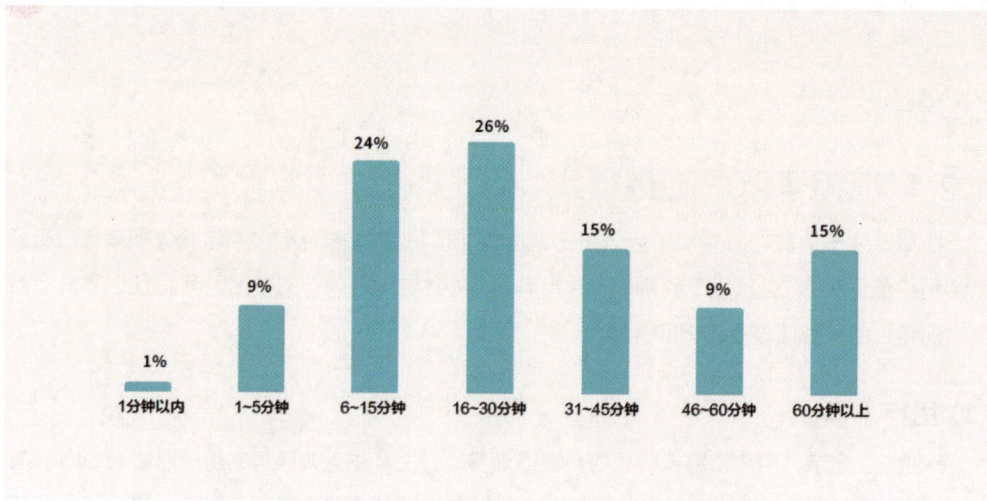

图1-10　视频号用户每日观看时长比例（数据精确至个位）

（4）互动行为

77%的用户在看到喜欢的作品时愿意通过点赞来让自己的好友也看到这个作品，60%的用户则会直接通过转发的方式推荐内容。

一些观察细致的朋友可能会问，视频号里有两种点赞，一种是爱心点赞，一种是拇指点赞。这两种点赞有什么区别呢？答案其实很简单，爱心点赞是公开的点赞，对应前面提到的基于好友点赞的推荐算法，可以帮助平台更好地把内容通过你的点赞行为推广给更多人；而拇指点赞可以理解为私密的点赞，既能表达对于内容的认可，又不会引发好友的其他行为。

（5）观看内容

在视频号中，"80后"、"90后"和"00后"成了观看直播的主力军，他们通过视频号观看体育赛事、教育培训、专家访谈、娱乐综艺等多种类型的直播内容。

视频号汇聚了足够多的用户，越来越多的创作者提供了类型丰富的内容，这让不同人群的需求得到相应的满足，也催生出了很多小众的内容圈层，丰富了视频号的内容生态环境。

(6) 购买行为

《报告》显示，61% 的视频号用户在平台上产生过购买行为，而其中大多数的用户会考虑复购。视频号后台数据显示，目前复购率最高的 4 个产品类别分别是箱包服饰、个护清洁、零食饮料和美妆护肤。

而 92% 的视频号用户表示，期待能在平台购买更多更好的产品，尤其是 3C 产品、文娱图书、医药保健品及奢侈品等。

1.2.2 视频号用户的类型

为了对视频号用户有更清晰的了解，我们可以基于对视频号的使用程度、购物深度、消费能力 3 个维度，把用户分成成长型、成熟型和潜力型。

(1) 成长型

成长型的用户指的是黏性高的视频号使用者，他们有一定的平台购物经验，购买的品类相对比较集中，消费风格比较谨慎。成长型的用户可以细分为以下 3 种。

- 他们是中年人的代表，96% 为 40~55 岁，91% 已婚且有孩子，主要是普通职员和专业工作者，88% 生活在二、三线城市。年龄因素和人生阅历让他们更加偏好医疗健康和民生主题，他们对箱包服饰、个护清洁用品和生鲜农产品等生活基础用品有着高购买率和复购率。他们更注重产品的性价比，倾向于选择能够为生活带来便利的产品。

- 他们是生活在城市中的年轻奋斗群体，以事业为生活的中心，多半学历较高。他们喜欢看那些能提供情绪价值的兴趣爱好导向内容，这些内容涉及萌宠、科技、游戏、动漫、情感等。他们购买的产品集中在个护清洁和箱包服饰等大众消费品类，精准的推送能够很好地驱动他们消费，他们同时渴望在消费过程中得到重视，获得归属感。

- 他们是"00 后"年轻新势力，平均年龄为 21 岁，单身人群占 94%，学习是他们最重要的事。他们兴趣广泛，二次元、情感、游戏、动漫、萌宠、娱乐八卦等轻松娱乐类内容对他们有较强的吸引力。同时，他们喜欢看直播，包括游戏直播、演艺直播和购物直播等。零食饮料是他们最常选择的消费品类，他们对 3C 产品及潮玩有着很高的期待。品牌可以通过塑造年轻态的形象、提供优质的产品及打造优质的直播间来吸引他们。

（2）成熟型

成熟型的用户指的是重度的视频号使用者及平台消费者，他们有丰富的购买经验，且复购意愿极强，有较强的消费能力。成熟型的用户可以细分为以下 3 种。

- 他们集中在二、三线中型城市，平均年龄为 34 岁。他们关注与生活、娱乐、职场相关的各种有趣内容，这些内容涵盖母婴、育儿、汽车、家居、游戏、动漫等，视频号内容的多样性给了他们多元化的选择。他们最常选择的品类是个护清洁和箱包服饰，同时图书文娱和健康医药是他们最具购买潜力的方向。他们十分关注平台对于生活方式的引领，价格实惠、品牌保障能增强他们的购买意愿，而且他们尤其看重亲友的口碑推荐。

- 他们生活在三线及以下城市，以"80 后"和"90 后"为主，家庭是他们生活的中心，他们日常非常关注孩子的成长教育及家人的生活起居。他们偏好母婴、育儿、教育、娱乐八卦、情感和搞笑类内容，还喜欢看有关陪伴学习、教育培训及美食的直播。更高性价比和更多优惠活动是他们最强的购买驱动力。

- 他们代表着中低线城市里富足快乐的群体，平均年龄为 35 岁，家庭条件较好，学历较高。他们的人生目标在于保持现有高品质的生活，同时他们也期待自身的事业和学业有所突破。他们追逐美妆时尚类内容，也关注与职场和育儿相关的话题，对"探店"、助眠、美食等方面的直播很感兴趣。箱包服饰、个护清洁和美妆护肤是他们习以为常的品类，同时，他们期待能购买消费升级型产品。他们更容易被喜欢的达人主播影响，追求懂我和悦己，相信熟人的推荐，也热爱直播间营造的购买氛围。

（3）潜力型

潜力型的用户指的是使用视频号的时间较少，但在其他平台有较强的购买力，同时期待在视频号上购物的群体。潜力型的用户可以细分为以下 3 种。

- 他们是视频号里年轻的高净值人群，73% 来自一线城市，其月均消费支出在 1.2 万元以上。他们有着较高的学历，且 50% 为企业管理者。他们有着超强的事业心，希望在大城市站稳脚跟。他们偏爱与财经、职场、汽车相关的内容，也会通过文化和时尚类内容来消除日常生活中的紧张感。酒饮类产品是他们关注的重点，潮玩和户外运动类产品对他们有着巨大的吸引力。在购买产品时，他们更关注品牌的形象，也希望享受便捷的服务和专属的优惠。

- 他们是视频号里大龄的高净值人群，76% 在一线城市工作和生活。他们大多数有着高学历和丰富的工作经验，热爱工作，拥有长期规划的习惯，专注工作和事业的同时会关注与养老相关的话题并提前规划老年生活。他们深度关注健康领域，对文体娱乐和社会民生也有着浓厚的兴趣。体育赛事、专家访谈类直播是他们最常看的内容。他们主要购买奢侈品、酒饮及手机等 3C 产品，对于产品的品质、产地及售后服务有较高的要求。

- 他们是视频号里的"时间管理大师"，以女性为主，是能够较好地兼顾家庭和事业的高线城市人群。他们为家庭尽心尽力，还能把自己的工作打理得井井有条。他们关心与母婴、育儿和教育相关的话题，也非常关注美妆和时尚等话题，同时偏爱旅行和健康类内容。他们的消费领域较广，涵盖服饰箱包、个护清洁、运动户外、美妆护肤、生鲜食品等品类，他们在健康保健和家电品类方面有着巨大的购买潜力。他们虽然收入较高，但仍然会精打细算、理性规划，同时对于产品质量及购物的便捷性有着较高的要求。

综上，可以总结出视频号用户的 5 个特征。

❶ 黏性强

54% 的用户主动进入视频号，15% 的用户每日使用视频号的平均时长超过 60 分钟。

❷ 喜欢轻松的内容

美食和娱乐类内容最受用户欢迎。

❸ 喜欢观看直播

带货直播、美食直播和娱乐综艺直播是用户的最爱。

❹ 社交属性强

77% 的用户选择公开点赞来表达自己对优质内容的喜欢，60% 的用户选择通过转发的方式推荐内容。

❺ 购物欲望强

92% 的用户期待在视频号上购物，61% 的用户已经通过视频号购物，其中大多数用户会考虑复购。

思考

看到这里，相信你对于视频号用户的画像及需求已经有了一定的了解。在你的设想中，你的账号的目标用户是哪一类人呢？根据你的观察，他们的特性和上文的描述是否一致呢？

1.3 区分账号类型，区别对待不同账号

在开始运营账号之前，我们需要分清账号类型。账号从功能上看，可以分为爆款账号和引流账号；从属性上看，可以分为个人号和企业号。

不同账号的运营策略有所区别，甚至完全不一样。因此，如果你对于账号类型没有清晰的认知，就可能花费很大的力气却什么成绩都做不出来。

1.3.1 爆款账号和引流账号的区别

什么是爆款账号呢？爆款账号指的是以获取更大曝光量及更多粉丝作为首要目的的账号，其不太看重内容方向和变现转化，一般用于提升品牌影响力或者个人 IP 声量。

比如，我想运营"黑马唐"这个 IP 的爆款账号，目的是让更多人知道黑马唐，那么在内部布局上，我可以找到覆盖面广的选题，以尽可能打通更多的流量入口。我的业务方向有 3 个，它们分别是企业、政府及学校。如果我选择企业和政府这两个业务方向，我会聚焦于管理层或者领导层，因此账号能触达的人群是比较小的；但如果我选择学校这个业务方向，就能使账号覆盖大学生和刚进入社会的职场新人，这样账号能触达的人群明显就大了很多。

在这里，我要提前跟你强调一件事：我们选择的方向一定要跟自己的业务板块或者我们要做的事情有一定的相关性，否则我们得到的流量就完全失去了价值。举个例子，如果我用"黑马唐"的 IP 运营了一个娱乐资讯类账号，发布网友喜欢看的娱乐八卦，账号的流量和粉丝就很容易增长，但粉丝可能会通过搜索或者其他方式找到我的资料并对我进行了解，发现我实际做的事情跟娱乐圈没有一点关系，他们自然就不会对我有进一步的期待。

如果我选择职场这个赛道，账号有了流量和粉丝之后，粉丝会发现我是广东省人力资源和社会保障厅创新创业导师及中山大学新媒体专业教师，我的背景跟账号的定位是吻合的，他们自然会对我有所期待，也就更愿意跟我有更多的连接。

这其实是定位的时候要做的事，我在这里提前强调，为的是让你知道选好方向真的很重要。

那什么是引流账号呢？引流账号指的是以获取精准流量和转化变现作为首要目的的账号，

曝光量和粉丝数不作为其重要的考量指标。

你可能会问,如果运营账号不看曝光量和粉丝数,那这件事还有意义吗?当然有!只是这种策略不适用于每一个人,一般适用于高客单价的线上产品推广或者线下门店用户的转化。

举个很典型的例子,云南丽江古城里有很多很名的"网红打卡"点,它们通常装饰有很多灯笼、纸伞、风车、鲜花等,大多是门店的前厅或者走廊。它们每天吸引着无数游客去拍照"打卡",在节假日,游客甚至挤不进去。

当你在"网红打卡"点拍完照片或者视频后,你仔细一看,发现门口很美,里面的歌声更动人,或者门口的繁华长廊只是小意思,店内的布置更加精美,那你自然就会有进去看看甚至是消费体验一下的冲动。这样虽然转化率不高,但流量基数大,所以效果也是能接受的。

而有些店,比如卖牛肉干的,它们让销售人员把牛肉干剪成小块,在店门口的街道上邀请来往的人试吃。虽然这些店不像那些"网红打卡"点有那么高的人气,但如果游客试吃之后觉得体验很好就会进入店中消费。这类流量非常精准,转化率也很高,这就是引流打法。

再举个例子,你很喜欢喝咖啡,每天上班前都要买一杯,以前的你看重品牌,比如瑞幸,但因为其门店不在你上班的路上,所以你会通过点外卖的方式去购买。这个时候,瑞幸用的就是爆款打法,它让你觉得这个品牌影响力足够大,给你很强的信任感,所以你愿意购买该品牌的咖啡。而某天你突然发现,你家楼下新开了一家咖啡店,店名是英文,你看不懂,但抱着试一试的心态买了一杯咖啡,结果咖啡超级好喝,而且你买完可以在路上喝,于是你每天上班经过那里都会买上一杯咖啡,而有可能从头到尾你都不太在意这家咖啡店的名字是什么。这个时候,这家咖啡店用的就是引流打法。

所以你看,爆款打法更关注流量,目标是 10 万次、100 万次甚至是 1000 万次的曝光量,在这个基础上有转化就是加分项;而引流打法更关注转化,1 个有效转化远胜于 10 万次曝光量,在这个基础上流量大是加分项。

1.3.2 个人号和企业号的区别

如果说在爆款账号和引流账号之间做出选择是基于主观因素,那么在个人号和企业号之间做出选择则是基于客观因素。

当你任职于一家公司,负责它的媒体运作,或者你名下有一个企业或者品牌需要做账号搭建时,企业号是必选项。除此之外,你可以选择个人号。

但如果你既可以选择运营个人号,也可以选择运营企业号,该如何选择呢?一个考量因素就是账号是否需要与企业信任捆绑。比方说你是卖零食的,那你就需要有一个企业号,这样用户会对你产生一定的信任感,你也需要企业号的相关资质才能开通线上商店。

　　如果账号不需要与企业信任捆绑，那么更建议你运营个人号。《2018年中国互联网学习白皮书》就指出了网民的一个特点，那就是他们更愿意接受个人的账号而不是组织机构的账号。在心理学上，这其实反映了一种对平等的诉求，我们更希望自己面对的是一个人，而不是一群人。这也是为什么越来越多的企业家都走到台前，如小米的雷军、格力的董明珠、娃哈哈的宗庆后等，甚至知名主持人也是如此，比如撒贝宁、康辉、尼格买提等。

　　选择个人号不仅能让用户感受到你们之间距离的拉近，也能让你的个人魅力最大限度地发挥作用，从而完善品牌形象。就好比有那么多手机品牌可供选择，很多人因为喜欢雷军，所以选择小米的手机。这个时代，个人的影响力正在逐步赶超传统意义上的品牌影响力。所以，我们可以优先运营个人号。

　　当你在视频号上注册的时候，你会得到一个普通类型的账号，这个账号是没有对应图标的，只有在你完成认证之后，账号主页才会出现对应的图标，如图1-11所示。

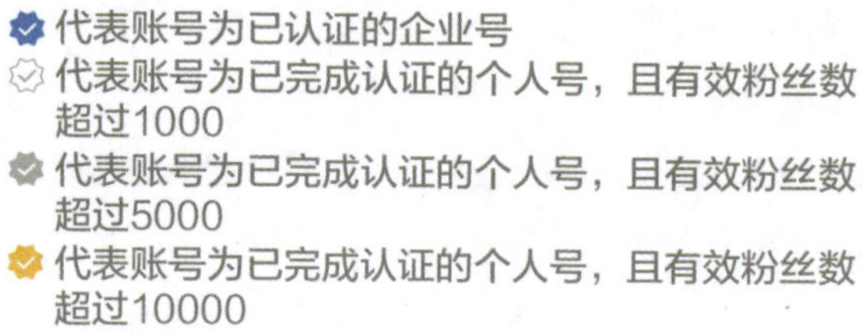

代表账号为已认证的企业号
代表账号为已完成认证的个人号，且有效粉丝数超过1000
代表账号为已完成认证的个人号，且有效粉丝数超过5000
代表账号为已完成认证的个人号，且有效粉丝数超过10000

图1-11　视频号不同账号图标的含义

　　其实从图1-11中，你能看到账号类型对于平台的重要程度，个人号根据粉丝数的不同而有所不同，可见平台对于个人号更为青睐和用心，这也印证了我们前面强调的网民的诉求转变。

　　结合以上内容，我们可以总结出4种账号类型，它分别是爆款型个人号、引流型个人号、爆款型企业号和引流型企业号。为了方便大家更好地理解这4类账号，我将各举一个例子说明。

（1）爆款型个人号

图 1-12 所示是我的一个深圳学员的账号——金刚熊说康复，目前其全网粉丝数达 100 多万，一场直播的点赞量达到 520 万。这就是典型的爆款型个人号，用各种覆盖面广的，跟身体健康相关的话题去戳中更多人的痛点，从而打造个人在行业中的影响力。现在这个学员不仅将线下的运动康复中心运营得有声有色，还承接了很多企业家和艺人的私教业务。

图 1-12　爆款型个人号

（2）引流型个人号

图 1-13 所示是我的一个上海合作伙伴的账号，是很典型的引流型个人号。这个账号甚至没有做任何认证，其数据也不理想。但它发布的内容全部围绕企业宣传片及广告的拍摄，拍摄成本不高但质感很好，呈现出较高的性价比，所以深受中小企业的喜爱。别看其视频的点赞量有时候只有个位数，但其每个视频吸引的咨询用户可以达到几十个，且能轻松转化 1~2 笔订单。

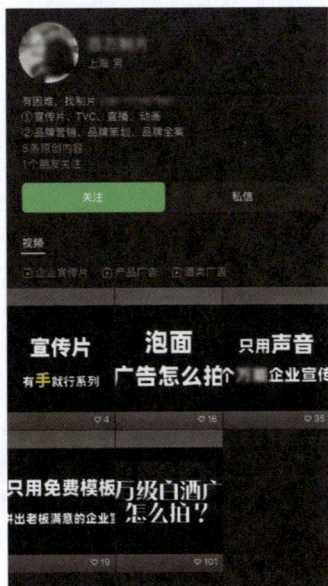

图 1-13　引流型个人号

（3）爆款型企业号

图 1-14 所示是典型的爆款型企业号。从其发布的内容中可以看到，很多主题和中国移动本身的直接联系不是那么明显，这是因为中国移动作为三大通信企业之一，已经是用户耳熟能详的，对产品和服务不需要过多介绍，只需要让品牌曝光量最大化即可，所以什么内容近期热度较高，该账号就会倾向于发什么内容来吸引更多人的眼球，这样就能达到提升品牌曝光量的目的。

图 1-14 爆款型企业号

（4）引流型企业号

图 1-15 所示是典型的引流型企业号，属于咖啡领域的垂直媒体，除了发布各种科普和"探店"信息，还出版《咖啡年刊》，这就让其受众足够精准。喜欢喝咖啡的人不一定会对该账号感兴趣，但开咖啡店的人或者从事咖啡行业的人往往会对其感兴趣。这是因为该账号能提供那么多的资讯或者产品，就一定积累了丰富的上下游产业链资源，所以能使对其感兴趣的人把咖啡事业做得更好。

思考

看到这里，相信你对于视频号的账号类型及区别有了一定的了解。你的账号属于哪一种类型？对于不同的账号类型，你有哪些看法和感悟？

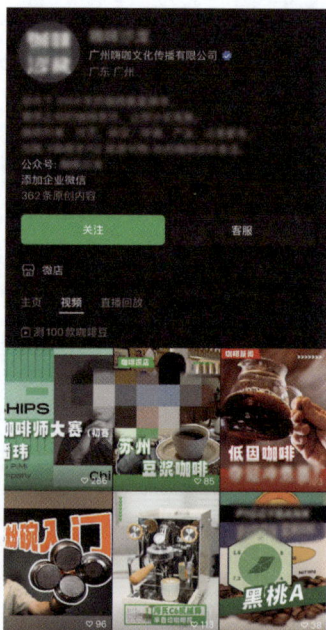

图 1-15 引流型企业号

1.4　数据不理想，是因为踩了很多雷

相信正在看本书的人中，有不少朋友已经尝试过运营视频号了，但可能因为没有理想的数据反馈或者转化效果就没有坚持下去，觉得自己似乎"天生不是运营视频号的料"，最后也就不了了之了。

大部分人没得到理想的结果仅仅是因为踩了一些雷，如果一开始就知道这些雷的存在并巧妙地避开它们，就会发现前方一片光明。

下面我们就一起来梳理一下视频号运营中有哪些雷。

1.4.1　视频号绝对不是朋友圈

在前面的内容中，我提到视频号相对于抖音和小红书等其他平台来说有着很鲜明的私域特性，同时我也简单介绍了一下，私域可以理解为朋友圈、微信群，但你千万不要误认为视频号就是朋友圈。

视频号这款产品基于强大的微信私域生态，它不是去取代微信已有的功能，而是基于微信原本成熟的功能去实现更多商业价值。朋友圈本身就支持发图文和视频，那显然，视频号的作用就是帮助我们突破原有圈层，接触到朋友圈之外的人，找到更多的商业变现可能。

因此，视频号绝对不是你的朋友圈，你不能随随便便将什么都发在上面。

举个例子，图 1-16 所示的账号叫"设计装修××"，看到账号名字的这一刻，你大概会认为这个账号会发一些跟设计装修相关的案例或行业干货，但其发布的作品要么是自拍视频，要么是网上的视频片段，可以说没有一个跟设计装修有关。

一个客户看到这些内容的时候，很可能马上退出当前页面，这个账号也就失去了转化的可能。

再举个例子，图 1-17 所示同样是与装修设计相关的账号，这个账号的作品都经过精心设计，而且采用统一的封面样式，我们能看出账号运营者的用心。

这个账号刚开始运营，采用引流打法，精准筛选对别墅、大平层有设计需求的客户，因此其流量没有其他账号那么高，但只要有客户前来咨询，该客户就是非常精准的，成交的概率也会大大提升。

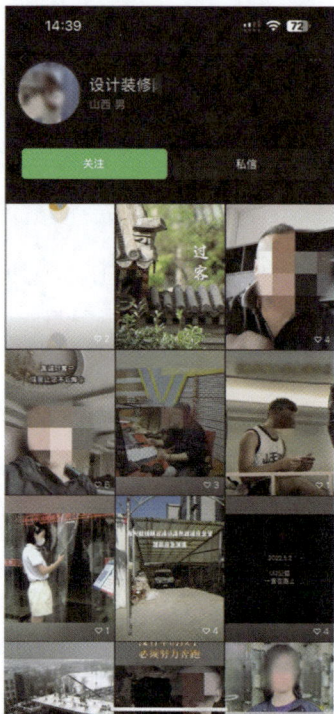

图 1-16　将视频号当朋友圈的案例　　　　图 1-17　优秀视频号案例

　　你要相信，每一个点进你视频号查看的人，都可能成为你未来的客户，或者都是你的宣传助手，所以不要把视频号当作朋友圈，不能什么都发，而是只发跟你要做的业务有关的内容，从而让每个人都知道朋友圈对应你的生活，而视频号对应你的事业，这样你就会潜移默化地收获很多惊喜。

1.4.2　作品不是随时想发就发

　　很多人在运营账号的时候，因为不是全职，所以没办法确定每天哪些时间段有空，这就造成一种情况，那就是每次发布作品的时间都是不固定的，这其实是很伤害粉丝活跃度的，为什么呢？

　　因为我们成长的环境让我们适应了规律，比如，小时候下午 5 点放学，我玩得再疯也会在 5 点 30 分前回到家，因为动画片要开播了；又如，新闻联播每天晚上 7 点一定会准时播报，而我爸就是一个超级忠实的观众，只要条件允许，他一定会准时收看，哪怕当时在商场里，他也会第一时间找到家电卖场，然后站在那里看。

　　细心的你会发现，形形色色的人之所以能准时观看这些节目，就是因为这些规律的存在。

　　所以，在保证作品质量的前提下，请做到在固定时间发布作品。视频号用户在睡觉前、下班后的时间段比较活跃，结合这一点，如果你觉得晚上 8 点发布作品是比较合适的，那就固定在这个时间点发布。比如，今天是晚上 8 点发布，后天也是晚上 8 点发布，下周二还是晚上 8 点发布。久而久之，你就能培养用户的习惯，用户甚至会每天准时来看你更新的内容。

也许你会问，平台对发布频率有要求或者限制吗？答案是否定的，但我建议你尽量做到日更，也就是每天发布一个作品。如果实在不行，两三天发布一个作品也可以，只要发布的时间点固定即可。

问题又来了，如果某天晚上本来要发布作品，但刚好临时有事，怎么办？这个问题很好解决，关键在于你要做好两点。

第一，你需要养成习惯，每次都提前准备要发布的作品，而不是等到最后一刻才完成。第二，你要学会使用视频号的定时发布功能。

定时发布是一个非常实用的功能，可以帮助你提前设置发布时间，作品到点就会准时自动发布，而且在上传的时候会优先接受审核，从而确保发布时间和设定的时间一致。如果你采用手动发布的方式，比如晚上 8 点准时发布，网络延迟、后台审核较慢等会造成发布时间推迟，你也许就错过了目标用户最活跃的时间，这自然就会在数据反馈上有所体现。

那怎么使用定时发布呢？这个功能在移动端是没有的，你需要借助 PC 端设置。打开计算机中的浏览器，搜索"视频号助手"，或者直接在网址栏输入相应网址，即可跳转至视频号的 PC 端入口，如图 1-18 所示，用微信扫码即可登录。

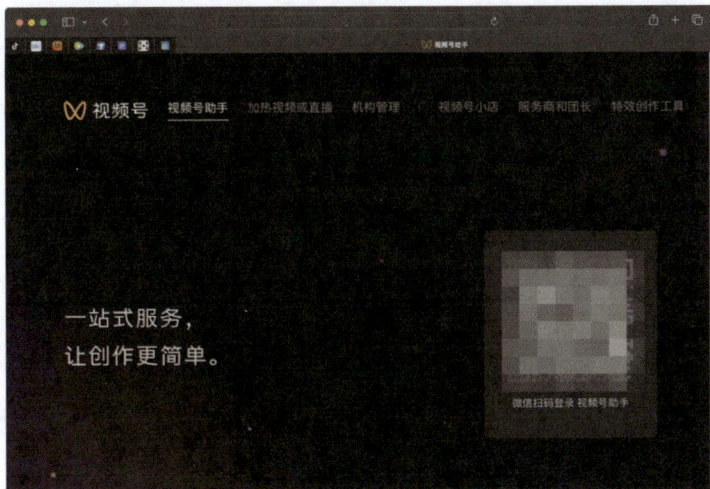

图 1-18 视频号 PC 端入口

扫码后就会进入后台，点击"发表视频"按钮，就会进入发布页面，在这里就能找到定时发布功能，如图 1-19 所示，选中"定时"选项，即可设置往后一个月内的发布时间，也就是说，如果你有足够多的素材，可以每天发布一个作品，那么在这里你就可以提前设置接下来一个月内的定时发布任务，哪怕你出差甚至出国，都不会影响作品的准时发布。

图 1-19　视频号 PC 端定时发布功能

许多平台，如抖音和小红书其实都有定时发布功能，只不过该功能都设置在 PC 端的后台。所以在其他平台运营账号的时候，如果也需要用到定时发布功能的话，参考有关视频号 PC 端后台的操作即可。

1.4.3　注意第三方水印

在日常的培训中，我发现不少的企业或者个人最容易踩的雷就是忽略第三方水印，这个东西看起来不起眼，但也许会导致作品被平台限流，严重的时候还可能导致作品被下架等，所以我们一定要注意第三方水印。视频号后台对此也有明确的说明，如图 1-20 所示。

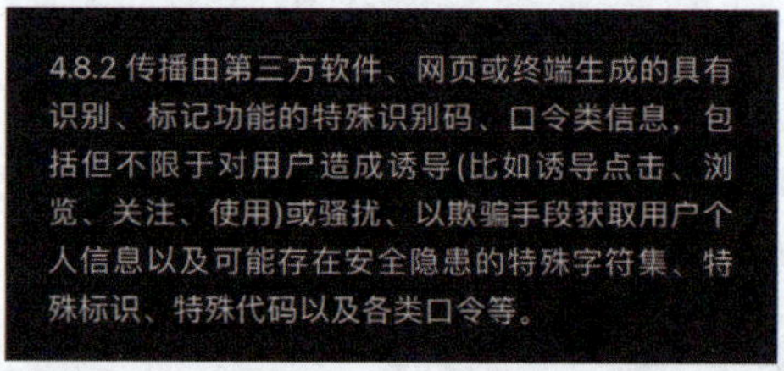

图 1-20　视频号后台关于第三方水印的说明

什么是第三方水印呢？简单来说，只要不是视频号自动生成的水印，都属于第三方水印。那这些水印都是怎么形成的呢？它们的形成一般与以下 3 种情况有关。

第一种，很多企业运营账号的时候，希望更多人知道自己的品牌，所以恨不得在每个视频的各处都展示品牌 Logo，但这就很容易使品牌 Logo 被平台判定为第三方水印。其实对于企业而言，将好的产品和服务通过好的内容呈现出来，会比一味展示品牌 Logo 的效果要好得多。

第二种，我们在使用一些软件美化图片或者剪辑视频并导出成品的时候，这些软件会默认成品带上自己的水印，这种水印很容易被平台识别。解决方法很简单，一般在软件的设置中可以关闭这个默认添加水印的功能。

第三种，我们去下载其他平台的素材的时候，比如在小红书上下载一张图片、在抖音上下载一个视频，素材的右下角都会自带与平台及作者相关的水印信息，这种水印也可能会被识别到。解决方法就是在上传视频之前，好好检查一下视频的每个画面和素材，确保它们没有第三方水印。

1.4.4 照搬照抄是大忌

有不少人觉得构思脚本和文案是非常麻烦的事情，于是就直接用别人的脚本和文案，甚至直接用别人的视频作为素材。要知道，这样的行为很容易被平台判定为搬运，一旦被判定，后果不仅仅是视频被下架处理，搬运者甚至有可能被追究法律责任。

现在，越来越多的自媒体平台都采取了原创保护行动，这也是国家越来越重视知识产权的体现。同样作为创作者的你也应该遵循这个规则，毕竟你也不希望自己的视频火了之后被人随意抄袭搬运吧。

如果你作为一个新手，想通过模仿或者借鉴别人的脚本或者文案去培养"网感"，只是出于休闲娱乐而不是商业目的的话，是可以的，毕竟合理的学习借鉴可以让我们成长得更快。

就好比练字一样，想快速写出一手好字，选择一本字帖临摹是最好的办法之一。而当你临摹多了之后，你不仅能脱离字帖把字写好，而且能写出自己的风格。同样，我们一开始完全没有经验的时候，可以找到一个对标账号去模仿学习，等我们慢慢找到一些感觉之后，就可以结合自己的风格创作出有自己特色的内容了。

1.4.5 可以先"涨粉"再变现吗

相信不少人有过这样的想法，因为现在还不知道如何做好，所以先做了再说，走一步看一步。这看起来是一个很好的想法，毕竟可以先完成再完善，如果一直不行动，就永远没办法做成一件事。但有一点需要注意，你至少需要确定一个内容方向，比如美食、职场或亲子等。之后，哪怕不去想怎么变现，也要确保这个内容方向是不变的。

因为如果一开始你就想好了变现的方式，比如你想卖休闲零食赚钱，那就意味着你的短视频内容会始终围绕着喜欢吃休闲零食的这群人，不会由于其他原因发生变化。但如果一开始你没想好变现的方式，也没确定一个内容方向，就容易出现这样的情况：你先发了有关美食的内容，结果其流量不高；过段时间，你发了有关职场的内容，其流量提高了，你就会继续发布相关内容；结果又过了一段时间，你发现有关职场的内容难以获得流量，于是你又开始探索新的内容方向。

你发现了吗？这样一来，就算你的账号慢慢发展起来了，但内容一直在变，用户类型也就会越来越乱，到销售转化的时候支撑不了基础的转化率指标，这自然就会大大影响销售成绩。

所以，你需要固定一个内容方向，然后保持不变，通过内容优化去吸引更多的流量和粉丝。等到粉丝积累到一定程度，你就可以模仿同类型账号变现的方式进行转化，这样就能保证拥有比较高的基础转化率。

当然，最好的方式还是先想好怎么变现，这样你不仅有了固定的内容方向，也确定了内容的形式。比如，你只想通过直播卖货，那么其实你不需要把时间过多地花在短视频制作和运营上，而应尽可能把精力花在直播间的搭建、话术的优化及订单的转化上。先想好怎么变现，可以让你避免做很多无用功，从而提升效率。

说到这里，也许你会问，把这些雷都避开，就一定能把账号运营好吗？其实，你还需要做到两点：一是认真把这本书看完并且照着书里的方法展开实践，二是拥有良好的心态。

心态一：坚持就是胜利

你知道吗？很多人不是不知道方法，而是因为没能在短时间内看到正反馈，所以坚持不下去。我跟很多人讲过这样一个故事，这是发生在我身上的真实故事。2018 年 7 月，我开始研究短视频，当时市面上还没有太多相关课程，我只能靠自己一步一步去摸索，所以比较难以获得正反馈。

那时候，我一天发一个短视频，每次的播放量都只有几百次，我觉得效果不好，但不知道该怎么优化内容。我想到"大力出奇迹"，于是开始提高发布频率，一天发 3 个短视频。可是现实很残酷，哪怕我那么勤奋地更新内容，那么努力地找选题，依然没办法创作出爆款作品。我好几次都想过要放弃，怀疑自己真的不适合进入短视频领域。

后来，我给了自己一个月左右的时间，计划每天发 3 个短视频，发到 100 个时，如果效果还是不好，那我就回去继续专注于公众号文案。可就是这第 100 个短视频让我看到了希望，这个短视频在发布当天的播放量超过了 1100 万次，这也算是对我长期坚持最好的奖励。

如果你是我，在那一个月的时间里，你能不能坚持下去？我再问你一个问题，如果你每用心发一次作品，成功率是 1%，那么你成功一次的概率是多少？

可能有些人会说，这还不简单，1 次是 1%，那 100 次就是 100%，也就是 100 次之后必然成功。可是真的是这样吗？

我们想要计算在 100 次中至少成功 1 次的概率，不能直接用 100 乘以每次的成功率，而是要先明白，我们只需要成功 1 次就可以了，那也就意味着我们要用 100% 减去 100 次都失败的概率，由此得到的值才是 100 次中至少成功 1 次的概率，相关公式如图 1-21 所示。

$$100\% - (100\% - 1\%)^{100} \approx 63\%$$

图 1-21　在 100 次中成功 1 次的概率

1 次成功的概率是 1%，那么失败的概率就是 99%，99% 的 100 次方就是 100 次都会失败的概率，也就是约 37%，这也就意味着至少成功 1 次的概率是约 63%。

而如果我们希望成功 1 次的概率接近 100%，需要尝试多少次呢？答案是 450 次，你用同样的公式倒推回来，会发现 99% 的成功率对应的是 450 次的尝试。

所以，坚持真的很重要。你坚持得越久，你离成功就越近。而我们往往总在成功就要到来的时候选择了放弃，那是多可惜的事情啊。

心态二：不要投机取巧

你要相信，这个时代倡导"内容为王"，所有的技巧和方法对内容而言都只是锦上添花。某知名主播就是生动诠释"内容为王"的典型例子，他在直播间中讲述历史时侃侃而谈，说英语时出口成章，对文学有独到的见解，这让他成为当之无愧的直播界"顶流"。他根本就不需要所谓的运营技巧的加持，凭借优质的内容就能让流量大幅提升。

所以，我仍要把精力花在研究怎么做好选题、怎么写好脚本、怎么输出好内容上，而不应把时间浪费在那些投机取巧的"捷径"上。总会有人告诉你，你上传作品的方法是错的，这样上传的作品没流量，或者你一定要带上 ×× 热门话题，不然作品根本没机会成为爆款，等等。这些极易引发流量焦虑的言论让一些创作者越来越浮躁，认为自己有了"捷径"之后就能一夜之间"红透半边天"。

毕竟这个世界是公平的，你所获得的一定是你努力沉淀和积累的。我们没办法赚到认知以外的钱，所以最好的方法就是好好学习，吸收更多知识，提高自己的认知水平，积累更多的行业经验，这样成功才会离我们越来越近。

心态三：不要"玻璃心"

首先，你不要因为数据不理想就否定自己。记住，你在放弃的时候也许离成功最近。数据不理想没关系，调整内容方向，优化内容，做好复盘分析，一切都会慢慢好起来的。

其次，在账号运营中，你会收到很多评论，其中绝大多数来自喜欢和支持你的粉丝，少数来自不喜欢你的人。这个比例可能是 99：1，也就是 100 个评论里其实只有 1 个评论是攻击你的，但你看到这个评论时容易受到"聚光灯效应"的影响，觉得大家都不喜欢你，于是陷入否定自己的状态。

任何事情都有两面性，有人喜欢你，肯定也会有人不喜欢你。就好比你很喜欢一个艺人，他在你心中简直是完美的，但网络上一定会有骂他的声音，对吧？一个"完美"的人都会被骂，更何况平凡的我们呢？所以，不要太在意网络上的负面评论。也许评论者只是一个闲着没事的人，想通过网络发泄一下最近的不满情绪，并不是刻意针对你。这样想，你是不是就感到好多了。

我一开始录制真人出镜的短视频时，也遭受过很莫名其妙的攻击，有的人根本不理会短视频的主题，而是直接攻击我的长相、声音和动作。我因此一度很自卑，很不喜欢自己的声音，还到处去找声乐老师帮我调整发声方式。

但后来，一个学员对我说："你讲课的声音让人听着很舒服。"那一刻我才觉醒，我们本来就不可能让所有人都喜欢自己，我们要做的就是努力成为更好的自己，不负那些喜欢我们的人。

思考

看到这里，相信你对于在运营账号中可能踩的雷已经有了一定的了解。在这之前，你是否踩过一些雷，结果是什么？你又是怎么应对的？学习相关知识后，你有了哪些新的想法？

2

变现设计

↓

前面提到最好还是先想好怎样变现，这样你不仅有了固定的内容方向，也确定了内容的形式。如果你想做以美食类短视频为主的账号，那就多思考视频的选题和脚本，并且逐步提升拍摄和剪辑的能力。如果你只想通过直播卖货，那么你就不需要把时间和精力过多地花在短视频的制作和运营上，而应花在直播间的搭建、话术的优化及订单的转化上。先想好变现方式，可以让你避免做很多无用功，提升效率。

在本章中，我们来设计一下各种商业模式的变现闭环。这里提供视频号最常见的 6 种变现闭环，你可以在逐一了解之后，选择最合适自己的一种或者几种进行布局。

2.1 视频号 + 个人微信的变现闭环

2.1.1 如何打造视频号 + 个人微信的变现闭环

视频号作为基于微信生态的产品，可以和个人微信结合打造变现闭环。大多数平台都不愿让用户公开展示微信号，而视频号则不一样，在其账号中直接展示微信号并不会引发相关的警告或者处罚。

我们该如何引导用户添加我们的个人微信呢？可以从以下两个方面入手。

（1）账号简介

在图 2-1 中可以看到，这个账号在简介中明确标注"微信联络"，其后面便是微信号，这样可以方便用户进入账号主页的时候快速获取信息。

但要注意，这种方式针对的是那些已经进入了你的账号主页的用户，这也就意味着你要以好的内容吸引用户，让用户对你产生更多的期待，从而产生进入你的账号主页的动机。如果我们还无法吸引用户进入账号主页，该怎么办呢？别担心，我们还可以利用评论区。

（2）评论区

你可以根据视频的流量表现来判断是否将微信号留在评论区。比如，有个视频的流量表现很好，各项数据都在随着时间的推移稳定上升，你就可以把自己的微信号留在评论区，并设置评论置顶，这样看到视频并点开评论区的人都能看到你的微信号。

而如果一个视频的流量表现很一般，你就不应将微信号留在评论区，否则一来可能造成评论区

图 2-1 在账号简介中展示微信号

唯一的评论就是你自己的微信号的尴尬情形，二来会影响用户的观看体验。

在必要的时候，你也可以把微信号留在别人的评论区，当然，前提是对方同意你这样做。

在搭建账号矩阵的时候，你可以通过评论区在账号间引流。

2.1.2 打造视频号 + 个人微信的变现闭环需要注意什么

（1）输出更有价值的内容

用户因为认可和喜欢你的作品添加了你的微信，肯定是希望能跟你建立更深层次的联系，要么是想更接近你这个人，要么是想通过你获得更多的产品和服务。比如，你运营了一个娱乐型账号，你发布的搞笑内容成了很多人茶余饭后的"笑料"，粉丝可能会把你当作"明星"一样看待，喜欢你、敬仰你，甚至想加你的微信并成为你的朋友；又如，你运营了一个有关零食"种草"的账号，很多人通过你推荐的链接购买产品，认为加了你的微信也许会获得更多产品推荐。

所以，你需要输出更多有价值的内容，要么满足用户的精神需求，要么满足用户的物质需求。而如果用户添加了你的微信之后没有达到目的，那么用户就会流失。有研究表明，转化流程每增加一个步骤，就会产生 30% 的流失率。我们把用户从视频号引流到微信中，已经造成了一部分用户流失，因此我们更应该做好准备，别让用户在添加我们的微信之后再流失。

（2）添加好友数量上限

你知道吗？微信是有每天添加好友数量上限的，超过了上限就会添加失败，这会造成对方的体验感不好。此外，我们的微信好友总数也是有上限的，要注意好友总数，别因为超过了上限而无法添加新的好友。

千万不要觉得添加好友数量超过上限这件事情很遥远，当你知道了方法，使视频的播放量或点赞量超过 10 万次就不是难事。你想想，假如播放量为 1000 次时，只有 1 个人想加你的微信，那么当视频的播放量达到 10 万次时，想加你微信的就有 100 个了。而很多点赞量超过 10 万次的视频的播放量超过 1000 万次，这也就意味着，假如微信没有每天添加好友数量上限，一个点赞量超过 10 万次的视频就能让你的微信好友列表被填满。

所以，引导用户添加微信是个好办法，但最好将其用于那些客单价更高或者服务属性更强的账号，比如有关商业咨询、企业培训、家居装修、家电、奢侈品等的垂类账号。

> **思考**
>
> 你的账号适合做个人微信引流吗？你还知道哪种将用户引流到个人微信的方法？

2.2 视频号＋企业微信的变现闭环

2.2.1 如何打造视频号＋企业微信的变现闭环

视频号可以结合企业微信使用，是微信生态相比于其他生态的独特优势。企业微信已经可以和个人微信无缝连接，在这个基础上，企业微信相比于个人微信还有以下 4 个优点。

（1）企业形象的统一

企业微信的专业形象与视频号的形象相结合，可以打造更立体、更统一的企业形象。在视频号上呈现的很多产品和服务都可以通过企业微信更好地交付，给用户带来更好的体验。

（2）强大的客户关系管理系统

企业微信提供了强大的客户关系管理系统，可以有效地管理客户的信息，记录客户互动的历史，以及精准分析客户的需求，方便我们提供针对性的服务和产品，提升客户的满意度和忠诚度。

（3）专业的客户服务功能

企业微信提供了专业的客户服务功能，比如多座席客服、客户标签管理、消息自动回复等，甚至还可以开启视频会议，提升客户服务效率。

（4）内容营销的多样化

企业微信可以通过图文结合视频号短视频和直播的形式，实现更多风格和多样化的内容营销，满足不同客户的需求。

说到这里，你应该知道企业微信的重要性了，而我们在视频号的账号主页可以一键添加企业微信，具体操作如下。

首先，下载好企业微信的 App，创建并登录自己的企业微信账号，然后进入视频号的账号主页，点击右上角的 3 个点，如图 2-2 所示。

在弹出的菜单中点击"账号管理"按钮，即可进入账号管理页面。在"账号绑定"的栏目中，可以看到"企业微信"选项，如图 2-3 所示。

图 2-2　视频号账号主页

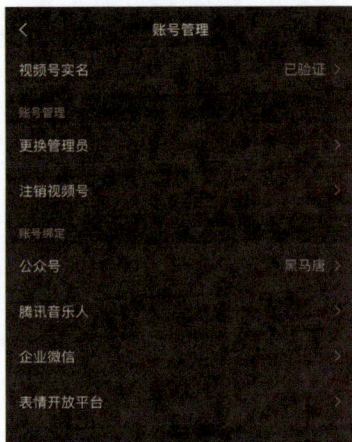

图 2-3　视频号账号管理页面

　　点击"企业微信"选项，点击"去绑定"按钮，系统就会弹出跳转链接，点击"允许"按钮，即可跳转至企业微信，相应页面如图 2-4 所示。

　　点击"绑定视频号"按钮，在弹出的页面中填入要绑定的视频号名称，比如我就填"黑马唐"，然后点击"下一步"按钮，系统会生成一个二维码，可以直接让视频号的管理员用微信扫码绑定；如果你自己就是管理员，则点击下方的"我是视频号管理员，去绑定"按钮即可。绑定完成后，别人进入你的视频号主页就会看到企业微信的入口，点击即可直接添加对应的企业微信，如图 2-5 所示。

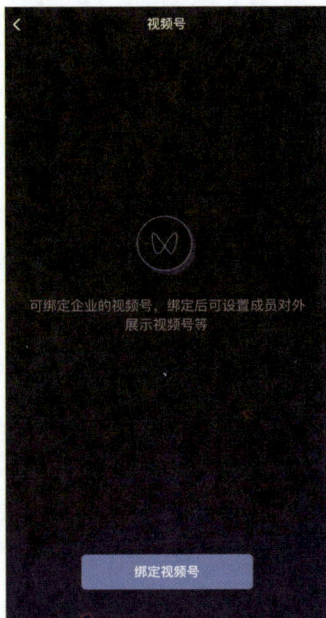

图 2-4　跳转至企业微信后的页面

图 2-5　企业微信成功绑定展示

2.2.2 打造视频号 + 企业微信的变现闭环需要注意什么

（1）明确企业微信的属性

和个人微信呈现更多价值的功能不太一样，企业微信更多呈现的是服务属性。你可以将企业微信简单理解为客服账号，用户添加企业微信通常是为了获取售前、售中或者售后服务，所以在你的企业有助理、客服或者新媒体负责人的情况下，一般绑定的是他们的企业微信，而不是你自己的。当然，如果企业刚成立，暂时只有你一个人，绑定你自己的企业微信即可。

对于个人微信和企业微信，用户在姿态上会有些不一样。面对个人微信的时候，用户通常是喜欢你，甚至敬佩你的，所以是微微仰视的姿态；而企业微信扮演的是客服的角色，用户需要你帮他解决问题，所以是微微俯视的姿态。

（2）企业形象很重要

如果个人微信更多是对个人圈层或者朋友圈魅力的呈现，那么企业微信更多是对品牌形象、企业形象的呈现，所以通过企业微信发布信息时，无论是发布文字还是图片，你都要考虑企业形象。在个人微信中随便发布信息叫"率真"，但在企业微信中这样发布信息就叫"掉价"，所以身份不同，做法也不同，这一点要特别注意。

（3）添加好友数量上限

和个人微信一样，企业微信也有每天添加好友数量上限。不过个人微信从头到尾都只能由一个人对接，而企业微信不仅可以设置多名客服同时服务一个用户，还可以设置基础问题的自动回复内容，这样既能省时省力，又能提升用户的体验感。

思考

你的账号适合做企业微信引流吗？对比个人微信和企业微信，试着总结一下两者的优缺点都有哪些。

2.3 视频号 + 公众号的变现闭环

2.3.1 如何打造视频号 + 公众号的变现闭环

公众号可以算是微信生态中的元老级产品了，很多运营公众号的机关单位和头部达人依旧坚持每日更新，而且相关数据也都很稳定，可见公众号不仅生命力依然旺盛，还有着巨大的商业价值。视频号和公众号强强联合，在功能方面实现了很好的融合，形成了产品生态在微信内部的闭环，并且有下面几个好处。

(1) 内容的互补

公众号的长图文内容和视频号的短视频内容结合，可以实现内容的多样化，为用户提供更加丰富的信息获取渠道。同时，公众号可以作为视频号的补充，提供更加深入的分析和详细的解读，让用户对视频号的内容有更立体的了解和感知。

(2) 用户的沉淀

在视频号通过内容吸引用户，实现曝光量和粉丝数增长的同时，公众号可以作为沉淀用户的平台，通过发布内容、参与话题互动、投票等功能组件帮你与用户进行更深层次的交流。

(3) 品牌形象的建立

公众号可以提供高度定制化的功能，比如专业的图文内容、自定义菜单、自定义自动回复、关键词触发、互动游戏等，这些功能十分有助于品牌形象的建立。

(4) 变现形式的拓展

除了视频号本身的变现功能，公众号还提供了多种成熟完善的变现形式，如广告变现、知识付费、电商变现等，可以提升企业整体的商业效益。

(5) 营销策略的整合

公众号可以设置各类营销活动，比如抽奖、发放优惠券等，和视频号一起形成一套营销组合策略，提升品牌的曝光度及用户的参与度。

公众号和企业微信一样，也可以直接在视频号账号主页呈现并支持一键跳转到公众号主页，相关操作如下。

点击视频号账号主页右上角的 3 个点，在弹出的菜单中点击"账号管理"按钮，选择"公众号"选项，在弹出的页面中点击"去绑定"按钮，如图 2-6 所示。

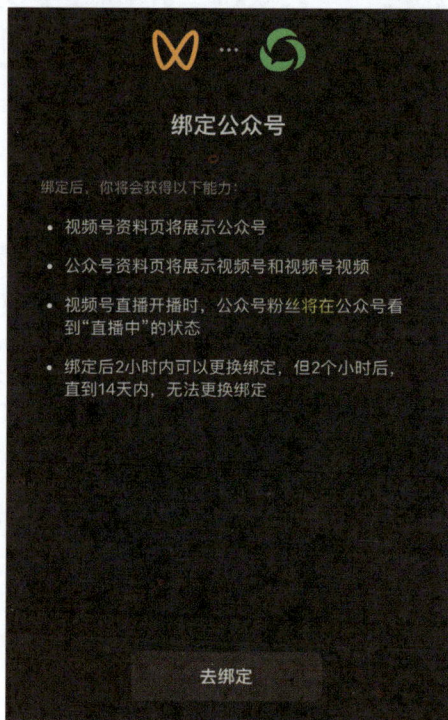

图 2-6　绑定公众号页面

系统会自动弹出你管理的所有公众号的列表，选择你要绑定的那个公众号，点击"绑定"按钮即可，这样视频号账号主页就会显示该公众号的跳转链接了，如图 2-7 所示。

图 2-7　公众号成功绑定展示

可以看到视频号的简介下方出现了"公众号：黑马唐"的字样，点击该字样即可直接跳转到公众号主页。

2.3.2 打造视频号 + 公众号的变现闭环需要注意什么

(1) 账号的搭建

如果你之前没有公众号，或者没怎么运营过公众号，那么你需要在公众号上将自定义菜单、关注自动回复、关键词自动回复等都设置好，最好再发表一篇图文内容，这样用户点进你的公众号的时候才不至于毫无头绪。要记住公众号是视频号用户的沉淀池，所以你要呈现对应的信息及服务来留住用户。

(2) 处理无关的内容

也许你对于公众号沉淀用户的功能很看好，但之前没有运营视频号的时候，你的公众号上都是你随意发布的内容。对此，你需要对这些内容进行删除或者隐藏处理，确保它们不会被用户看到。如何确保无关的内容都处理好了呢？教你一个最简单的方法，那就是用自己的微信个人号取消关注自己的公众号，然后重新关注，在"消息"栏中查看还有没有无关的内容，没有的话就代表处理好了。

(3) 清晰的定位

虽然公众号对于我们运营视频号有比较好的沉淀用户的作用，但它毕竟是一个相对传统的营销渠道。因此，如果我们把公众号视为一个发布渠道的话，客观情况下，一开始它的数据表现不会特别好；如果我们仅仅把它视为一个用户沉淀池，等用户积累多了之后，它的数据表现自然就会好许多。

思考

你怎么看待公众号和视频号的组合使用？你还知道哪些比较有效的公众号引流方法？

2.4 视频号 + 微信群的变现闭环

2.4.1 如何打造视频号 + 微信群的变现闭环

微信群可以说是我们再熟悉不过的一个产品，甚至现在我们日常提到的"群"，99% 指的都是微信群这个产品。微信群作为这么成熟的一个产品，势必对于我们运营视频号是有很大帮助的，具体体现在以下几个方面。

（1）预告与同步

在通过视频号发布内容之前，我们可以通过微信群进行预告，告知用户接下来要发布的内容主题，激发用户对于内容的期待。而在视频号上发布内容之后，也可以及时在微信群中进行分享，第一时间触达用户，同时还可以培养他们的浏览习惯。

（2）互动与讨论

可以在微信群中发起一些和视频号内容相关的问题讨论，引导用户互动，并且鼓励他们把独到的观点发表在视频号的评论区。同时，对于视频号中比较典型的评论，也可以将其以截图的形式分享到微信群中，让用户一起交流各自的观点。

（3）反馈与优化

我们还可以通过微信群去收集用户对于内容的反馈，比如他们对当前选题的看法，或者对于未来选题的期待，都可以成为我们的参考，我们可以根据这些反馈去调整内容策略。只有抓住用户真正的诉求，才能打造出好的内容。

如何将视频号用户引流到微信群呢？主要有两个方法。第一个方法很简单，首先生成微信群二维码，然后通过视频号的后台，利用私信直接将其发给对应的用户，引导他添加即可。第二个方法是使用视频号中的"链接"功能。

目前视频号的链接功能只支持添加两种链接，一种是公众号文章，一种是红包封面，如图 2-8 所示。

红包封面我们暂时不考虑，优先考虑比较容易操作的公众号文章。首先编辑一篇公众号图文内容，其标题可以采用"点击获取 ××××"这类引导性话术，然后在公众号图文内容中插入预先准备好的微信群二维码即可。

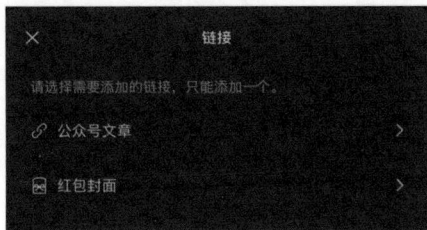

图 2-8　视频号"链接"功能选项

因为视频号仅要求添加的链接是公众号文章，对于其出自哪个公众号没有要求，所以你可以用自己的公众号，也可以用亲朋好友的，但为了保证视频号运营的统一性，建议你还是用自己的公众号。

同时，公众号文章应是已经发布成功的文章。如果你觉得文章仅适用于引流，不适合被其他公众号用户看到，那么你只需要在发布它的时候勾选"只发送给自己"就可以了，这样文章发布成功后一样能生成链接并用于视频号。

2.4.2　打造视频号 + 微信群的变现闭环需要注意什么

（1）微信群的管理

随着微信群中的用户越来越多，一些无关的人会混入其中，通过私自添加好友或者乱发广告来引流，所以管理微信群变得越来越重要。我们在邀请人员进群的时候，要多审核一下，如果一个人的朋友圈中都是乱七八糟的链接分享，那么他大概率会进群发广告。你也可以根据自己的经验去判断，如果一个人看起来就是同行，那么他大概率会进群私自添加好友，把你当作流量渠道。对于这类人，应学会甄别，不要邀请进群；若他们已经进群，在找到他们之后也要及时移除。

（2）内容的维护

微信群如果没有定期的内容维护或者话题引导，很容易变成一个"死群"。相信每个人都加了很多微信群，除了工作群等，真正能让我们参与互动的群是很少的。从用户的视角看，愿意花时间浏览相关内容并且互动的，一定是一个能满足其一定需求、解决一定问题的群。

比如，我自己就加入了两个很愿意在其中互动的群。一个是宠物群，不同的人会分享他们遇到的新问题，我会愿意去帮助解决，而当我遇到问题的时候，我也希望得到别人的帮助，所以群里形成了一种很好的氛围。还有一个是有关汽车的群，群主每天会发布一些有关车辆保养或者维护的干货。我遇到不懂的问题，比如不知道某个功能按钮在哪儿，都会直接在群里问。所以，我们在运营微信群的时候也需要学会换一个视角，运营一个让自己也喜欢参与互动的群，这样用户自然就会愿意参与互动了。

（3）规则的制定

每个微信群都要有自己的规则，比如常见的什么能发、什么不能发，私自添加好友的限制，发布广告的限制，发布无关话题的限制，等等。只有制定了规则，用户才会去遵守。很多新手觉得用户愿意进群已经很不容易了，增加规则似乎提高了用户进群的门槛，导致用户更不愿意进群，但事实恰恰相反，正因为很多人没有制定规则，才造成越来越多的群逐渐变成广告群，最终演变成"死群"。

（4）微信群的分类

到微信群运营中后期，我们可以尝试分类微信群：可以按用户的属性分类，比如"铁粉"群主要服务那些很喜欢你的粉丝用户，日常群服务普通的用户；或者按用户的层级分类，比如高复购率用户群的用户可以享受更大的优惠力度，普通群的用户在复购率提高之后可以加入高复购群。

给微信群分类可以帮助我们更好地分配时间和精力，把更多的时间和精力留给更有价值的用户。这看似增加了工作量，但其实因为微信群得到了更精准的分类，反而提升了工作效率。同时你的忠实粉丝或者高复购率用户也能感受到你对他们的重视，其黏性和体验感都会提升很多。

思考

你之前是否运营过微信群？你觉得微信群结合视频号运营还有哪些难点？

2.5　视频号＋电商的变现闭环

2.5.1　如何打造视频号＋电商的变现闭环

相信在不少人设想的变现闭环中，电商是不可或缺的一环。电商模式主要有两种，一种是自营小店，一种是带货分佣。我们会在后面的章节中详细地讲解它们，现在我们先大概介绍一下视频号和电商结合的好处。

（1）直接的流量变现

用户在视频号上浏览视频的时候，如果视频附带商品链接，链接就会在画面左下角标题上方弹出，用户点击链接即可购买商品，如图 2-9 所示。用户越喜欢这个视频，停留时间越长，点击购买的转化率就会越高。而你的视频越精彩，就越容易被更多人看到，从而直接实现流量变现。

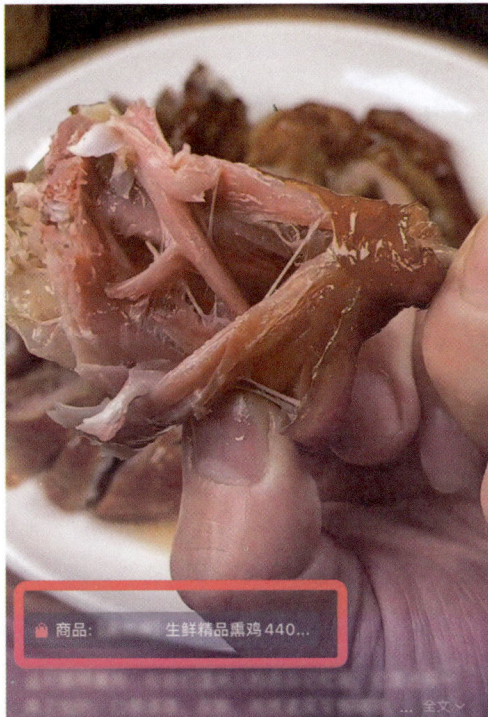

图 2-9　左下角的商品链接在用户浏览视频时呈现

(2) 更精准的营销

内容是基于用户最近的喜好和购买需求推送的。比如最近我有购买鸭舌的需求，在平台上搜索了相关商品，但一直没找到合适的，那么我在观看视频的时候，平台就会给我推送对应的视频，而视频会附带对应的商品链接。

这就是兴趣电商，和传统电商不同。以前是人找货，我们想到要什么的时候再去搜索购买；而现在是货找人，平台知道你的兴趣和需求，给你提供精准的推送服务，在优质内容的加持下，营造出了更强的购买氛围。也许你之前的购买欲望还没有那么强，只是想简单了解一下，但如果缤纷多彩的内容就像为你定制的一样出现在眼前，你的购买欲望就会大大增强。

(3) 更精准的数据分析

在视频号中，视频的各项数据指标都被分别记录，比如播放量、点赞量、评论量、商品点击率、商品购买率等，这些指标可以帮助我们更好地了解用户的需求，从而进行商品的优化或迭代。

举个例子，如果你的视频播放量很高，点赞量也很高，但是商品的点击率和购买率很低，那就证明用户对于你的视频内容是感兴趣的，甚至是认可的，但对与其关联的商品兴趣不大，这可能是因为价格，也可能是因为包装，等等。对此，你应有针对性地进行数据分析，调研粉丝，或者调研同行，这样就能很好地得出应对方法。

2.5.2 打造视频号＋电商的变现闭环需要注意什么

(1) 厘清电商模式

前面说了，电商模式有两种，一种是自营小店，一种是带货分佣。它们的区别就在于，前者需要你有相应的资质或者营业执照，开设一个自己的线上商店，选品、包装、上架、售后这些都需要你自己去负责，但赚到的钱除去成本就都是你的；而后者只需要你负责选品，其他的都不需要考虑，但你只能拿到商家分给你的佣金，有些商品销量高但对应的佣金低，有些商品销量低但对应的佣金高，就看你怎么去选择。

如果你只是想通过副业赚点零花钱，带货分佣是很好的选择，前期你投入的成本很低，见效也比较快；而如果你本身就有自己的线下门店或者线上商店，那么建议你选择自营小店，这样你可以把部分销量从线下转移到线上，实现多渠道运作。

(2) 弄懂平台规则

关于电商，每个平台都有与之对应的，很详细的规则，视频号也不例外。尤其是基于整个微信生态的视频号电商，关于很多商品的规则会更加系统和成熟，我们要提前了解这些规则。

　　了解这些规则的方法是进入你的视频号账号主页，点击右上角的 3 个点，在弹出的菜单中选择"创作者中心"选项，进入"创作者中心"页面后，向上滑动屏幕，可以看到页面底部有一行小字："如有更多问题，可查看'帮助与反馈'"；点击"帮助与反馈"链接，进入专题页，在"规则中心"找到"带货相关"选项，其中有详细的平台电商规则。

思考

你选择哪一种电商模式更合适？原因是什么？

2.6 视频号＋直播的变现闭环

2.6.1 如何打造视频号＋直播的变现闭环

直播可以说是当下互联网用户非常熟悉的一种内容形式，很多人总会把直播比喻成这个时代的电视购物，这个比喻虽然很形象，但并没有把直播结合视频号的好处精准地表达出来。要知道，在视频号上直播可以带来更强的变现能力。

（1）及时反馈

一开始，短视频平台中衍生出了直播这样的产品，并不是为了带货，而仅仅是为了让用户能得到更及时的反馈。你在短视频创作中，从构思选题到拍摄剪辑，再到发布成品，这个过程再快也存在时间延迟，而用户看完短视频之后会发表评论，你看到评论之后会给予回复，这个过程也存在着时间延迟。

这些时间延迟造成用户的体验感并没有那么好，因此短视频平台才衍生出了直播这个产品。借助直播，用户可以直接和创作者进行实时的沟通，创作者也可以及时地给予用户反馈，因此用户的体验感大大提升。

（2）内容多样

和短视频主题单一、时长较短不同，直播可以切换多个主题，从情感交流到干货分享，都可以根据用户的需求进行内容输出，让用户多种多样的需求得到更好的满足。

（3）增加互动

如果用户的多样化需求能得到满足，他们就会更愿意停留在直播间中。直播时间越长，直播间的互动量也就会越大；互动量越大，直播间越能吸引更多的用户，从而实现正向循环，提升账号的商业价值。

（4）增强黏性

用户的体验感提升后，他们自然会更愿意参与直播互动，甚至逐渐进阶成我们的"铁粉"，这样就能为我们的账号带来稳定的活跃度，使账号得到平台更多的流量扶持。

这也正是短视频平台相比于其他纯电商或者纯直播平台更有魅力的原因。说到底，能留住用户的平台才是好的平台。

2.6.2 打造视频号 + 直播的变现闭环需要注意什么

(1) 设定直播目标

我们要直播，就要先设定这场直播的目标是什么，如果是宣传品牌、提升品牌知名度，那就以曝光为主；如果是积累前期的种子用户，那就以"涨粉"为主；如果是提升产品销量，那就以带货为主。弄清直播目标可以帮助我们在直播的时候不被用户打乱节奏。

(2) 设定时间节点

我们需要想好什么时候直播，直播前用多少时间去朋友圈或者微信群做宣传，直播什么时候结束，下一场直播什么时候开始。这样一来，当用户问起相关内容的时候，我们可以第一时间给予明确的答复，用户便会觉得我们很用心，对我们的信任感就会提升。

> **思考**
>
> 你会考虑通过直播的方式变现吗？如果会，原因是什么？

3

落地优化

↓

从这一章开始，我们就要进入操作环节了。请你准备好要运营的账号，它可以是一个你刚注册的账号，也可以是你运营了一段时间但没有坚持运营的账号，或者是你一直在运营但需要优化的账号。

请你一边阅读本书，一边对照着自己的账号去思考、去优化，千万不要想着先把整本书看完了再慢慢优化。这其实是拖延症的一种表现。

先完成，再完善。边看边做不仅能让你马上落地，培养自己的执行力，还能让你及时发现问题，找到解决方法。

3.1 定位优化，你的定位可能一直都是错的

"定位"这个概念是全球知名的营销专家艾·里斯和杰克·特劳特提出的，被称为"有史以来对美国营销影响最大的观念"。他们写了一本很厚的书，旨在说明一件事，那就是怎么把定位做好。我们不需要去硬啃下那本大部头，只需要了解定位其实就是，我们的品牌、产品或者我们自己在用户的心目中相对于其他同类型的品牌、产品、人而言占据的位置。

简单来说，当用户想到一个品牌或者产品的时候，第一时间想到的就是你，那么你在定位方面就做得很好。举个例子，如果我说"手机"，你的脑海里是不是会浮现出一款产品的名字？这就证明它做好了定位。

3.1.1 通过简单 3 步优化你的账号定位

你知道吗？可能你一直以来所做的账号定位都是错的，只是你没有发现。现在我们就一起来梳理一下，帮你找到优化账号定位的方法。一般来说，账号定位的信息会通过账号的名字、头像、简介清晰地呈现在用户眼前。我们可以通过简单 3 步优化账号定位。

第一步：说明你是谁 / 你是做什么的

你千万不要认为自己在圈子里很有名气，所以不需要再过多地对自己进行解释和说明。很多时候我们运营视频号，获取更多公域流量，为的就是破圈，而破圈就意味着我们会遇到很多不认识我们的人，因此我们需要把自己当作新人去介绍。

举个例子，如果我的账号名字就叫"黑马唐"，账号主页没有任何简介信息，那么用户也就只能知道一个名字，无法知道我是做什么的，大概率也不会花时间去网上搜索我的资料。因此我要做的，就是让他们直接就能获取相应的信息。

所以我还需要补充说明，我是广东省人力资源和社会保障厅创新创业导师，中山大学新媒体专业教师，同时也是多省乡村振兴项目培训师，这样用户就知道我是做什么的了。

我在这里穿插补充一个很重要的知识点——时间成本。用户每增加一个操作动作，其流失的概率就会提升。这是因为用户往往是"懒惰"的，而我们要做的，就是让用户用最少的操作动作获得最多的信息。

给你举个最简单的例子。相信你一定听说过"每天喝 8 杯水对身体好"这个观点，我也相信你希望自己的身体永远保持健康，但你真的能做到每天喝 8 杯水吗？这是不是很难做到？别说 8 杯水，有时候我连续讲一整天的课，连 1 杯水都没时间喝。

那你说，是因为我不想喝那么多水吗？是因为我不想拥有更健康的身体吗？不是，只是因为我没时间、嫌麻烦。现在请你做这样一个假设，你有一个贴身助理，他24小时守在你的身边，唯一的工作就是提醒你喝水。那么在这种情况下，一天喝8杯水你会很难做到吗？

你其实就要扮演用户的"贴身助理"，你应随时随地想着怎么帮助用户节省时间、省去麻烦。而本书提到的所有技巧和方法也都围绕着帮用户降低时间成本这个核心。因此，为了更好地服务用户，我们要多麻烦自己，少麻烦他们。

第二步：说明你有什么优势／你和别人的区别是什么

现在用户知道你是谁了，但这还远远不够，因为用户依旧不知道你的优势，以及你和别人的区别是什么。说白了，用户需要在同类型账号中做出选择，你需要用足够充分的理由去说服他选择你。

还是以我自己的账号为例，我需要说明自己曾经指导了300多家企业进行新媒体布局，同时也是多个企业家的新媒体顾问，我每年还会写一本有关新媒体的书。这些就是我的优势，能让用户增强对我的信任感。

在说明优势和区别的时候，有几个地方需要注意。

① **隔行如隔山**。用户或许并不知道你所在的行业有多"卷"，因此并非只有成为行业第一才能叫优势，你把能彰显自我价值的数据呈现出来，便能给用户提供参考。比如我每年写一本书，在很多粉丝看来，这已经是很厉害的成绩了，但其实我的同行中，有一些人一年可以写好几本书，可能他们一年写的书比我这么多年写的书都多，这么一比较，是不是我这方面的成绩已经不能算优势了呢？

但其实不然，我跟同行比可能的确没有多大优势，但如果在阅读本书的读者眼里，每年写一本书就已经很厉害了，那就够了。

② **分清主次**。很多人看完前面的内容，觉得自己能呈现的数据有很多，于是写下一大堆信息。这不是不可以，但你要知道，视频号的账号简介最多展示4行内容，超过4行的内容会被折叠起来。

虽然用户只需要点击"展开"按钮就能看完账号简介，但你依旧要明白，为了降低用户的时间成本，你要让用户的操作最简单，让他们不需要点击"展开"按钮就可以看到所有信息。此外，如果你实在有许多内容要呈现的话，请分清主次，把最重要的信息放在前面4行，这样用户直接就能看到，剩下的信息就当是加分项，用户就算没看到也没关系。

③ **知识的诅咒**。"知识的诅咒"是樊登老师讲书的时候很喜欢讲的一个概念，也是对我影响和启发较大的一个概念。这是一个心理学术语，指的是我们一旦知道了某个知识点，就无法想象不知道这个知识点时的状态，在向他人分享这个知识点时很难去理解对方的心理状态。

我们有时会问对方："这不是常识吗？你怎么会不知道？"但其实对方是真的不知道。很多在营销方面做得很好的品牌，其实都慢慢学会了跳出知识的诅咒，在理解用户方面取得了很大的成功。比如，某纯净水品牌在广告中提到其纯净水经过了 27 层过滤，用户会觉得这种纯净水真的很"纯净"，自然就会更愿意购买这个品牌的纯净水。但你知道吗？其实所有品牌的纯净水都要经过多次过滤。

某酱油品牌在广告中提到其酱油很鲜，因为晒足了 180 天。但同样地，其实所有酱油在制作过程中都需要进行相同时长的晾晒。对此，用户是不知道的，而很多厂商都知道。但正因为这些厂商都知道，所以其会本能地认为这是一个"常识"，是不需要说明的，更不用强调，因此也就错失了一个很好的营销机会。

所以你看，我们不需要做到和同行有很大的差别，甚至可以和同行是一样的，但我们要把同行没有提及的技术、没有说明的数据呈现出来，这样用户便会认为我们很靠谱。

我再举一个例子，之前我在湖南衡阳筹办房地产经理人大赛的时候，就遇到了这样的问题：很多学员都表示自己是刚入行的新人，没办法像那些入行很久的前辈一样，随随便便就能说自己"从事地产行业 6 年""在地产行业深耕 10 年"，于是不知道自己的账号定位要怎么写。

我是这样跟他们说的："人外有人，山外有山，我们其实没办法做到极致，但这不等于我们没有努力朝着目标稳步迈进；我们要服务的是用户，不是同行，所以我们只需要有足够的专业度让用户满意即可，而不是一味地和同行比较。"

此时你完全可以不强调自己的从业数据，而是用案例说话，比如"经手过 ×××、×××、××× 等多个地产项目"，或者"先后交付过平层、别墅等户型"。

也许你要问，如果是刚毕业或者刚入行的人，连案例都没有，又该怎么办呢？其实答案很简单，如果你是新人，那么意味着领导对于你的销售业绩是没有太高要求的，因此你也没必要用转化率来给自己施压，可以先将"把自己知道的第一手地产信息分享给你"作为自己的亮点。

你千万不要以为我在开玩笑，这是一个很好的亮点。因为你作为刚入行的新人，你遇到的每个知识点都是新奇的，都是有价值的，这让你可以很好地站在用户的视角去看待问题，这样你自然也能输出用户真正想看的内容，而你在行业待久了，反而容易遭遇知识的诅咒。

这些信息的确也是第一手信息，你可以用知识分享的方式将它们传递给用户，这样你会发现自己的成长速度比别人快很多，因为最好的学习方法之一就是"以教为学"。当你抱着分享的心态去学习一个知识点，到头来你会发现，收获最大的就是你自己，你会倒逼自己去接触更多行业知识，去挖掘更多用户想知道的信息，你自己也能在这个过程中快速成长。

而你也会因为这些内容的输出而得到越来越多用户的喜爱，销售转化自然也就水到渠成了。在那场房地产经理人大赛中，人均月成交的房子套数从 0.7 套提升到了 1.6 套，很多刚入行的销售新人都成功实现了销售转化。

所以，不要因为刚入行没任何经验就否定自己，任何事情都有两面性。我们在任何行业都可以参考上述案例举一反三，试着找到自己的价值并放大它，这样会收获意想不到的惊喜。

第三步：说明你能提供什么价值

大多数账号没做好定位，都是因为忽视了说明自己能提供的价值。为什么呢？因为很多人没想明白个人价值或者品牌价值和账号价值之间的关系。

很多人没有破圈心态，总认为自己在行业里有很高的名望，来到视频号上当然也是一样，只要亮出名字，用户就会知道自己是做什么的。

但其实这种影响力只有知名艺人和 IP 等才有。比如某知名艺人在注册抖音的时候，还没发视频就已经拥有众多粉丝了；又如小米，哪怕你没有购买过它的手机或者汽车，你肯定也知道它。而对于我们来说，成为知名 IP 是一件非常难的事情。

我举几个例子。樊登读书（2023 年更名为"帆书"）的樊登你听说过吧，你是不是觉得这个人的名气大到所有人都听说过他了？其实，我参加过一些不同圈层的沙龙或者酒会，提起樊登老师的时候，不少人表示不知道他。注意，是不知道，而不是不熟悉。

你在大街上问一下路人刘慈欣是谁，不少人可能回答不上来，但如果说到《三体》和《流浪地球》，知道它们的人就多了，而刘慈欣是它们的原著作者。

所以，一个人在圈子里很有名，只能说明他足够专业。要想真的很有知名度，一定是要破除圈层，实现"出圈"的。我们是谁很重要，但我们在做的事情同样重要。

当你理解了这一点，你就能明白，运营一个账号的时候，你要说明这个账号能给用户带来什么价值，而账号要么是宣传品牌价值的，要么是补充和延展品牌价值的。

比如，樊登读书视频号的价值和品牌本身的价值是重合的，那就是通过短视频的方式帮你拆解一本书，把里面的精华读给你听，你不需要花很多时间和精力就能获得这本书的重要信息。又如，中国移动视频号的价值就是普及一些行业知识或者传递最新资讯，而其品牌价值当然就是提供与通信相关的产品，也就是我们熟悉的 SIM 卡、宽带等。

在线下讲课的时候，我很喜欢讲一个有关唐僧的案例，在这里我也将其分享给你。《西游记》中，唐僧在取经的路上会经过很多国度，君主都会召见唐僧，然后问"来者何人？"，唐僧就会面带微笑、淡定地说"贫僧唐三藏，从东土大唐而来，去往西天拜佛求经"。

你看，其实唐僧说的这 3 句话对应的就是我们讲的 3 步中的 3 个问题。

第一句"贫僧唐三藏"。"贫僧"是职业，回答了"你是做什么的"。"唐三藏"是名字，回答了"你是谁"。

第二句"从东土大唐而来"。很多人会说，这句话不就是在进一步回答"你是谁"吗？其实不是，这句话完完全全地回答了"你有什么优势"。唐僧前往西天取经发生在唐朝贞观年间，当时的唐朝有多强大，领土有多广袤，历史书上都有清清楚楚的记载。所以这句话其实体现了一种自豪感，翻译成粗俗的话就是"我是从大唐来的，你应该清楚大唐是个强国，给个面子吧"。所以你看，这句话是不是优势？

第三句"去往西天拜佛求经"。求取经书是为了回到大唐宣讲佛学，从而"普度众生"，这是造福人民的大事业，不是简简单单的小事，而这就回答了"你能提供什么价值"。

所以我们在做账号定位的时候，想一想唐僧是怎么做自我介绍的，思路是不是就清晰多了？

这个时候可能有人要质疑：账号定位怎么可能这么简单？但其实就是这么简单，就好比魔术一样，看起来很神奇、很玄幻，但你知道原理的那一刻同样也会觉得它"不过如此"。很多时候，方法就是那么简单，而恰恰是因为简单，很多人不相信，好的方法也就渐渐淡出了人们的视野。

3.1.2 账号定位的注意事项

介绍完优化账号定位的 3 步，再补充介绍账号定位的注意事项。

（1）客观性

我们运营视频号，最终是为了商业变现，而我们在构思账号定位的时候，一定要客观考虑现有情况及能力。比如，你本身就有一家线下门店，其业绩一般，那么你的视频号就应该以这家店的线下引流或者线上销售为主，而不是将重点放在别的方向上，否则容易造成两头都顾不好，事倍功半。

同时，我们也要客观地结合自己现有的能力进行布局。比如，你参考了某个前辈的账号，发现他每天更新两个作品，于是你也决定每天更新两个作品。这也是不太客观的决定，因为你才刚开始运营视频号，在选题、拍摄和剪辑方面还需要经历一段时间的摸索，如果直接按照一个成熟账号的发布频率去要求自己，一来可能给自己造成巨大的压力，二来会让自己因为追求指标而降低内容质量，这就适得其反了。

根据自己的实际情况来，小步快跑，快速迭代，才能用更小的成本撬动更大的成绩。

（2）统一性

如果在此之前，你已经运营过抖音和小红书，或者你想在运营视频号的同时运营抖音和小红书，那么建议确保你的账号定位在所有平台保持一致，尽量保持信息在各平台同步，这样便于品牌信息在各平台上保持统一性。

到账号运营中后期，在搭建多平台多账号矩阵的时候，可以延展更多的账号定位，但这不是我们现阶段需要考量的。对于矩阵搭建，我在本书后面内容中会详细地讲解。

（3）适应性

　　账号定位的作用是给你提供一个内容方向，让你不至于在运营账号的过程中逐渐跑偏。同时，你也要时刻关注行业的动向，进行策略上的调整。毕竟谁也不知道未来会发生什么，一个行业可能会因为一个意想不到的事件而发生天翻地覆的变化，这个时候如果你固守原有的账号定位，明显是不明智的。适者生存，真正厉害的人都有强大的适应性。我们应在时刻变化的时代保持警觉，随机应变。

思考

　　如果你现在还没有视频号账号，请结合以上知识点思考你的账号定位应该是什么并写下来；如果你之前就有视频号账号，请根据以上知识点优化你的账号定位，指出哪些地方需要调整。关于账号定位，你还有什么启发和感悟？

3.2 人设优化，认认真真打造个人品牌

人设其实指的就是人物设定，可以简单地理解为我们在公众视野中呈现的样子。也许你会问，我们的人设可以是我们本来的样子，不做任何改变吗？当然可以！大家千万不要被网上那些有关人设崩塌的乱象影响了，人设本身就是立足于真实的自己的，只是我们在打造人设时可以选择性地隐藏一些特点，适当地呈现其他特点。

就好比我们发朋友圈，大多数情况下都是展现美妙的时刻，但真实生活是什么样的只有自己知道。所以你看，我们也在打造一个有人设的朋友圈，这并不是在制造假象，只是筛选，只是"报喜不报忧"罢了。

在视频号上也是一样，我们把自己好的一面呈现出来，只传播正能量，帮助传递正确的价值观，就是在打造一个好的人设。

当然，人设其实不一定是真人形象，还可以是卡通人物，甚至是动物。比如，"一禅小和尚"中的小和尚就是一个卡通人物；又如"会说话的刘二豆"就是一只会"说东北话"的猫咪。但这些都不影响它们以"人设"的形式被大众熟知和喜欢。所以，如果真人不方便出镜，就可以用卡通人物或动物代表自己，这也是一个很好的选择。

3.2.1 人设快速优化

（1）称呼

称呼可以简单理解为人设的名字，但可以比名字更亲切。比如，我的账号叫黑马唐，其实我姓唐，但很多学员喜欢叫我黑老师，叫着叫着，黑老师也就成了大家公认的一个称呼。叫黑老师是不是就比直呼"黑马唐"要亲切一些？

给自己的人设想一个有亲切感的称呼，会给自己加分。比如，我很喜欢的一个账号叫"安吉丽娜柱子"，这个名字很长，但在日常发布的内容中，博主会引导粉丝叫她柱子，"柱子"在评论区出现的次数多了，她自然也就有了这个统一的称呼。

为什么要先优化称呼呢？这是因为称呼是很重要的一个细节，我们习惯了在与人沟通的时候使用称呼。比如，读书的时候我们会问："李老师，请问这道题怎么做？"又如，上班的时候我们会问："王主任，这份报告什么时候交给您？"这不仅是礼貌的表现，更成为一种习惯，如果不使用称呼就直接开启对话，我们就会感觉哪里不对劲。

举个例子，假设你在一个酒会上想找个人说说话来缓解在陌生环境下的焦虑感，这时你的眼前有两个人，一个是叫得出名字的，一个是叫不出名字的，你会选择哪一个？当然是选择前者，因为你叫出了对方的名字，自然就拉近了你们的距离，也就方便开展接下来的对话。

分享一个学员的案例。这个学员的账号叫"商务英语不求人"，其定位是成人商务英语学习。用户通过他教的方法，每天花点时间就可以自学商务英语并达到很高的水平。你是不是觉得这个名字起得还挺好的。的确，如果不考虑人设的打造，这个名字已经很好了，但如果需要给这个账号打造一个人设，就会出现问题。

因为这个账号从头到尾都没有说明出镜人的名字或者称呼，这会造成用户遇到不清楚的问题时不知道该怎么开口，账号的整体互动量就一直不理想。

后来我给他提了建议——结合人设，加入称呼。他就把账号的名字改成了"商务英语求哥"，还在账号简介中做了补充说明："求哥，在商务英语领域深耕 10 年"。就这么一改，评论区瞬间就热闹了起来："求哥，这个语法怎么理解？""求哥，想考雅思要做什么准备？"……你看，仅增加了一个称呼，效果就完全不一样了。

这个名字不仅保留了原名字中的"求"字（因为原头像就是一个"求"字），也增加了"求哥"这样一个符合男性人设的称呼，同时还融入了"你想学好商务英语吗？想的话，来求我啊"的"梗"，可谓"一箭三雕"。

可能有人要问了，如果我运营的是一个企业号，也需要有这样的称呼吗？我的建议是需要。企业号本身相对于个人号而言和用户的距离较远，也更不容易得到用户的认可，所以企业号最好也要有一个固定的称呼来改善这个劣势。

当然，这不是说企业号要改名，毕竟大多数情况下，企业号的账号名来源于营业执照上的企业名称，但这不等于我们不能让人设的称呼出现。举个典型的例子，一个专注于家居家装的企业叫"尚品宅配"，它的企业号也叫这个名字，因为出镜的是一个女性，所以该企业为其想了一个称呼叫"尚姐"。这个称呼既和尚品宅配中的"尚"呼应，也让原本的企业号瞬间有了个人号的亲切感。

(2) 形象

形象指人设的外在表现，比如妆容、发型、服装、配饰、道具，甚至是常用的肢体语言等。在这里，我想先问你一个问题，你觉得形象在前期应该固定不变还是经常变换呢？

在你回答之前，我再问你一个问题，三国时期有一个名将叫关羽，也就是我们常说的关二爷，他在你的心目中长什么样子？

他是不是有着红红的脸蛋、长长的胡须、高大威猛的身躯，身着一件绿色长袍，手持一把青龙偃月刀，骑着一匹日行千里的赤兔马？这是不是跟你想的差不多？为什么？那是因为在所有的小说、影视剧、演出节目中，只要关羽这个角色出场，他都是这个形象。这使得在不同人的心目中关羽的形象都相对统一。

所以对于形象在前期应该固定不变还是经常变换这个问题，我相信你已经知道了答案，那就是固定不变。只有这样，我们才能在短时间内给用户呈现一个难忘的形象，让他们更容易记住我们。

但细心的你应该发现了，我在这里强调的是"前期"，也就是一开始的时候，我们为了增加人设的记忆点，可以固定形象。但随着时间的推移，用户就算再喜欢我们的形象也可能会逐渐产生审美疲劳，所以当账号运营进入中后期的时候，在用户对我们已经比较熟悉和了解之后，我们就可以优化形象，以缓解用户的审美疲劳，提升他们的新鲜感。

在形象的打造上，我们也需要转换视角，把自己当作用户，去思考什么样的形象是用户更容易喜欢并产生信任感的。

如果你是一名小学乒乓球教练，那么身穿运动装，脚踏轻便的运动鞋，留一头干净利落的短发，就是比较合适的形象。如果你穿着休闲长裤和大头皮鞋，染着一头黄色的头发，你觉得家长会让孩子看你的视频，甚至把孩子送到你那里去学打乒乓球吗？

如果你是一家宠物店的老板，那么戴着眼镜，扎着马尾，画着清新的妆，穿着白色的衬衫和裙子套装，配上一条印着小猫、小狗图案的可爱围裙，怀里一直抱着一只可爱的小布偶猫或者小贵宾犬，就是比较合适的形象。如果你穿着脏兮兮的衣服，蓬头垢面，一脸疲惫，用户怎么可能愿意把自己心爱的宠物交到你手里？

如果你是一家牙科诊所的医生，穿着白大褂，戴着蓝色的口罩和白色的医护帽，用户会愿意跟你互动，并且去你的诊所看牙。如果你的形象给人凶巴巴、冷冰冰的感觉，那肯定不行。

如果你是一个美食"种草"达人，经常去各种地方试吃美食，你可以穿着可爱的碎花小裙子穿梭在大街小巷，看到美食的时候会两眼放光，品尝美食的时候会大快朵颐。

如果你是一个读书爱好者，可以穿浅色的 T 恤，白色的板鞋，坐在湖边的长椅上静静地翻阅图书；言谈举止间，流露出你对作者的敬仰和对内容的喜爱，辞藻丰盈而不过分华丽，发音字正腔圆而铿锵有力。用户自然可以从你的身上感受到读书给你带来的改变，也就会更愿意跟随你一起多读书。

你看，其实我们的形象不需要多么浮夸，关键还是在于要有亲切感，或者贴合行业本身的一些特性，这样才会更容易得到用户的认可。

(3) 个性

如果形象是人设的外在表现，那么个性就是人设的内在表现。它可以是说话的语气，可以是举手投足间的表情，可以是眼神传递的情感，还可以是通过作品中的旁白、对话、音乐等营造出来的一种氛围。

不同的个性对于人设的呈现尤为重要。比如一些成功的主播，你会发现他们大多在直播的过程中，哪怕是在卖货时也有自己说话的节奏，抑扬顿挫，适当的时候沉默留白，让用户思考，这是一种独特的魅力。

如果你是开餐饮店的老板，热闹非凡的火锅店需要你热情洋溢，而安静的西餐厅需要你温柔浪漫。

如果你是一名小学英语老师，那么你说话时应更加亲和，甚至偶尔可以带着一些稚气；而如果你是一名成人英语老师，那么你说话时可以更加娱乐化，甚至偶尔可以加点搞笑的段子，这样才能让原本就有生活压力的成人愿意跟着你学英语。

找到最适合你人设的个性呈现方式，可以让人设更加立体和饱满，快速拉近你和用户的距离，达到快速转化的目的。

采用上述方法可以让你的人设趋近完美。这里我还想告诉你一个加分方法，那就是用一点"不完美"来让你的人设"完美"。

什么意思呢？简单来说，就是给人设增加一些小缺点。为什么要这么做呢？因为我们在打造人设的时候，总会想着把所有的不好都隐藏起来，只呈现出完美的一面，所以很多人设都是非常美好的、完全没有缺点的。

但这样你就会发现，这种人设会显得不真实、不接地气，从而产生一种虽然让人很喜欢，但只可远观的感觉。而且每个人多多少少都会有一些缺点，正因为优点和缺点的相互交织才让我们每个人都独一无二。

所以，如果你想"本色出演"，那么可以保留一些小缺点；如果你是在努力塑造一个完美的形象，那么同样可以适当地保留一些无关紧要的小缺点，让人设更真实。

你有没有发现，在打造人设方面很成功的"超级英雄"系列电影中，那些一次次拯救人们于水火、让地球免受灾难的超级英雄们，都有着各自的小缺点。比如漫威英雄中的钢铁侠就是一个喜欢单打独斗的"浪子"，不仅不愿意跟美国队长一起行动，还经常过分自信；又如美国队长，虽然大多数情况下都以大局为重，但也因为自己和冬兵的友谊而一度造成复仇者联盟的激烈内战；再如年轻的蜘蛛侠在失去钢铁侠这个就像父亲一样的依靠之后，开始习惯性地逃避现实，会经常独自一人垂头丧气地跑到天台上去缅怀钢铁侠，也会宁愿在社区里配合各种变身表演而不愿意去面对这个残酷的世界；等等。

所以你看，这些缺点的加入并没有破坏人设，反而让其更加真实，更加亲切。

不过要谨记的是，这里设置的缺点不是让人设掉分的，而是给人设加分的。所以你不能设置会破坏人设的缺点。比如，你是一家宠物店的老板，但你的缺点是不爱干净，甚至不喜欢小动物；又如，你是一名英语老师，但你的缺点是不守时，甚至没耐心；再如，你是一个美食达人，但你的缺点是不吃含有碳水化合物的食物：这些缺点就真的会让人设掉分了。我们一定要学会灵活运用缺点，把缺点变成加分项。

为了让你更好地理解人设的打造，我将用一个例子进行分析。

比如，我要运营一个有关装修的账号，帮助用户找到性价比更高的装修解决方案，使用户省钱的同时还能获得想要的效果，那我的账号名字可以叫"二妹聊装修"。

- 称呼：二妹。
- 形象：一个瘦小的女生，笑起来眼睛会眯成一条月牙般的缝，喜欢穿碎花长裙，但裙子上总会粘些石灰粉或者水泥。
- 个性：活泼，喜欢聊天，爱学习，偶尔会犯傻。
- 事迹：带客户看房的时候总是会不小心弄脏衣服。会制订有提前量的时间表并严格执行。
- 缺点：有"拖延症"，总到最后一刻才行动。

你看，个性中的偶尔犯傻、不小心弄脏衣服，就跟形象中的裙子上粘着石灰粉或者水泥呼应上了。而拖延看起来是缺点，实则是加分项：这个女生虽然拖延，但是她愿意将截止日期提前以敦促自己，这显得她为了服务好客户很用心。

所以你看，人设的打造不能随意，应使每个元素之间都能产生一定的关联，这样不仅可以让整个人设更加真实和立体，也能极大地增强用户对人设的接受度和喜爱度。当然，加分项不是必选项，如果实在想不到可以不考虑，千万不要为了找加分项而随便加一个缺点，否则容易造成不加分反而减分的情况。

3.2.2　优化人设的注意事项

注意以下 3 个细节可以帮助我们更好地优化人设。

（1）保持真实

我始终建议，人设的打造应基于真实情况，尽可能多地挖掘自己身上闪闪发光的地方，千万不要为了达到某些目的而过分夸大个人的能力，更不要伪造相应的数据或者信息，否则容易造成人设崩塌。同时，拍视频的时候可以适当美颜，但不要过于夸张。你要知道，未来你的账号发展壮大之后，就可能会被平台邀请出席一些活动，甚至是粉丝见面会，如果你之前美颜过度，很容易造成人设崩塌。

跟大家分享一个真实的案例。一个大学生因为长相相对而言比较成熟，所以尝试扮演霸道女总裁，结果大获成功，短时间内就拥有了极多的粉丝。但问题是，这个女生有比较明显的表演型人格，面对镜头的时候可以随意发挥，但现实生活中却非常含蓄内敛。这让她的人设在一场线下粉丝见面会中轰然崩塌。面对热情洋溢的粉丝，她却突然变回了学校里内向的形象，粉丝们一时根本接受不了，纷纷"取关脱粉"。

还有一次，我们面试某主播，之前收到她的简历后我们就通过她的直播间对她进行了一定的了解。结果我们在电梯里遇到她的时候根本就没有认出她，直到跟她一起走进面试的会议室时才发现，她就是来面试的那个主播。原因就是她本人其实就已经很好看了，但非要过度美颜，结果适得其反，让我们认不出来，这就不符合人设打造的标准了。

所以我们在打造人设的时候，对于形象和个性，都应尽可能地在原有的基础上进行优化处理，保持该有的真实性，这样的人设才有价值。

（2）简单明了

很多电视剧会用比较长的剧情来将主角的故事徐徐展开，循序渐进地呈现主角的人设，甚至有时候主角一开始扮演的是一个让人很讨厌的角色，但在后面的故事中逐渐变成一个让人喜欢到无法自拔的人。这是很多传统电视剧打造人设的方法。

而短视频不同，其要求我们在有限的时间里快速呈现自己的人设，通过一个镜头、一句话、一个表情，甚至一个眼神，就要让用户看出我们是什么样的人。因此，人设需要足够简单明了，没有复杂的背景信息，没有烦琐的人物关系。

（3）保持统一

这里的统一涉及3个层面：第一是内容层面，不管我们的选题怎么变化，人设都是始终保持不变的；第二是平台层面，不管我们在什么平台，视频号也好、抖音也好，人设都需要保持统一，不能在视频号上是一个样，到抖音又变成了另外一个样；第三是运营层面，不管是谁在运营账号，如账号所有者、合伙人或者企业的员工，在回复用户的评论或者私信的时候，都需要保持人设的个性不变。因为在用户的认知里，账号由其所有者运营，他们渴望得到账号所有者本人的回复和重视。

> **💡 思考**
>
> 　　看到这里，相信你对于人设打造有了一定的了解。在你的心目中，哪个账号的人设是你最喜欢的呢？为什么？

3.3 主页优化，这是"路转粉"的及格线

账号主页的优化一直以来都是很重要的一个环节，但恰恰被很多人忽视。

你要知道，用户在看到一个视频的时候，其固有的行为逻辑往往是这样的：被开头吸引—继续看，表示还不错—看完，表示很喜欢该账号—对这个账号的其他内容产生期待—点击头像进入账号主页进行查看。这个时候，账号主页就仿佛是店门外的一块招牌：用户如果喜欢招牌上的内容，就会进店慢慢体验；如果招牌显得粗制滥造，用户可能就会转身离开。

视频号账号主页的呈现形式和其他平台都不同，如图 3-1 所示。

图 3-1　视频号账号主页的呈现形式

如果我们在浏览视频号中的视频时点击头像，账号主页会以从下往上展开的形式呈现，同时不影响原视频继续播放，这种展现方式类似于评论区的展开方式，方便用户一边浏览视频，一边进行下一步操作。

除此之外，如果我们直接通过视频号的搜索框搜索某个账号的名字，再点击进入账号主页，账号主页就会全屏呈现，和其他平台一样。

因此对于视频号来说，平台更注重当前用户浏览视频的体验感，以及浏览视频和进入账号主页这两个动作之间的联动性。而你要注意的是，当主页展开的这一刻，用户依旧还是"路人"，他只有被你吸引了，关注你或者下单了，才会从"路人"变成"粉丝"，也就是我们说的"路转粉"。

这就是为什么我们说，吸引人的账号主页是及格线。如果账号主页不吸引人，用户就流失了，而且可能永远都是"路人"。

所以我们千万不能单纯地认为账号主页没那么重要，总觉得只要我们的内容好或者产品好就可以了。那账号主页到底应该如何优化呢？

3.3.1 优化账号主页的 4 个元素

我们前面提到，用户愿意点击头像进入账号主页，代表其已经对账号的其他内容有所期待。这种期待可以用我们的丰富内容来满足，也可以用我们的人设魅力来满足，还可以用我们的企业调性来满足，而这些都和账号主页的 4 个元素密不可分。

从图 3-2 中可以看到，账号主页包含 4 个元素，它们分别是头像、名字、简介、封面。

图 3-2　账号主页的 4 个元素

（1）头像的优化

你知道吗？在很多平台注册账号的时候，往往第一个要上传的就是头像，所以头像扮演着很重要的角色。而且每当用户看到我们的视频时，画面左下角一定会有我们的头像；直播的时候，画面左上角也一定会有我们的头像，因此我们要非常重视头像的优化。

优化方法一：用自拍、写真做头像。一张很喜欢的自拍或者一张在照相馆拍的写真，可以把我们最好的形象呈现出来，让用户对我们有清晰的认知。比如，在图 3-2 中，金刚熊的头像就是他模仿金刚狼拍摄的一张写真，展示了强健肌肉的同时，也契合了"金刚熊"的形象。

优化方法二：用职业照做头像。自拍、写真更多是呈现人物本身的魅力，而职业照更多是呈现人物所属的行业。比如，你是一家牙科诊所的医生，那么穿着大白褂，拿着口腔镜就是一个很合适的形象；你是一名装修工人，那么戴着安全帽，穿着工作服，手里拿着滚筒刷就是一个很合适的形象；你是一名美食"种草"达人，穿着可爱的衣服，一手拿着奶茶，一手拿着爆米花，做出看到美食快要流口水的表情就是一个很合适的形象。

优化方法三：用卡通图做头像。随着图片美化工具和 AI（Artificial Intelligence，人工智能）技术越来越成熟，我们可以直接把自己的照片一键变成卡通图，这样既保留了原本人设的风格，又可以让形象变得更加生动有趣，也比较适合年轻的用户群体，同时还为那些不方便出镜的人提供了便利。

优化方法四：用带有 Logo 的图做头像。如果你运营的是企业或者机构的账号，或者你有个人专属的品牌 Logo，可以直接用带 Logo 的图做头像。不过这里有一个细节需要注意，视频号账号的头像是圆形的，而如果你选择的图是方形的或者其他形状的，请确保整个 Logo 能完整地呈现在圆形中。

优化方法五：用带有行业元素的图做头像。比如，你是一家烧烤店的老板，可以用以表现吱吱冒油、热气腾腾的烤羊肉串的图做头像；你是一名牙科医生，可以用以洁白的牙齿"微笑"的表情图做头像；你是一个旅行爱好者，可以用你拍摄的最美的风景图做头像。

优化方法六：用带有行业关键词的图做头像。我们可以把所在行业比较常用的关键词筛选出来并设计成一张图片来做头像。比如，你专注于汽车养护维修，可以直接用带有"汽修"或者"修车"两个字的图做头像；你专注于萌宠，可以直接用带有"萌宠"或者"狗狗"两个字的图做头像；你专注于美食探店，可以直接用带有"美食"或者"探店"两个字的图做头像。

这些优化方法，你在其中选择一个即可，但要注意两个细节：一是头像一定不能使用模糊不清的图片，否则账号有可能会被平台直接判断为低质量账号，这不仅会减少自然流量，还会造成用户体验感不佳；二是头像一定不能使用和账号定位无关的图片，虽然这不会对账号的流量造成什么影响，但浪费了头像本身能带来的价值和意义。

这里有一个很经典的，在一段时间内的头像优化案例（见图 3-3），看完之后相信你会很有启发，对于头像的使用也会有更深刻的理解。

图 3-3　樊登读书头像优化史

　　樊登读书在一开始的时候就直接采用了优化方法四，使用带有品牌 Logo 的图做头像。这个品牌 Logo 的设计很巧妙，其外形就像一本书，"书"倒扣的样子又很像一间小屋子，"书页"像灯光一样，明亮耀眼，表达了"书中自有黄金屋"的寓意，也跟"樊登读书"这个品牌名字紧密关联。

　　虽然头像的寓意很好，但它依然有一个很大的问题：用户在只看到头像的情况下，并不能知道这个 Logo 对应的品牌名字。头像经过优化之后，"樊登读书"4 个字出现在了 Logo 的下方，整个头像似乎更完整了。

　　可是你要知道，这毕竟是头像，在手机屏幕不大的情况下，用户根本看不清那 4 个字是什么。此外，这个时候还属于账号布局的前期，是品牌认知度提升的关键节点，好的名字比 Logo 更容易被用户记住。于是头像再次接受优化，直接使用"樊登读书"4 个字，同时通过背景色保留了"黄金屋"的元素，让人对樊登读书这个品牌一目了然。

　　接下来，品牌进入矩阵搭建状态，需要铺设更多的账号，让更多人知道樊登读书，提升其影响力。而随着账号的覆盖面越来越大，越来越多新鲜群体的问题也出现了，比如用户不知道樊登读书是做什么的，关注它有什么用，甚至有人连"樊"字怎么读都不知道。由此可见，随着人群基数越来越大，用户了解品牌或者账号价值的时间成本依然较高。

　　樊登老师一开始为什么会创立樊登读书呢？那是因为樊登老师本身就是一个很喜欢读书的人，于是总会不经意间跟身边的亲朋好友聊到对于一些书的看法和见解，但却发现身边的人都较少读书，一问原因，大家都说没时间读。樊登老师就想了个办法，把书中的内容进行拆解并做成 PPT，发给想读书而没空读的人，但他发现他们也没空看 PPT。

　　无奈之下，樊登老师又想到了一个办法，那就是对书中的知识点进行解读，将其做成音视频，这样人们就可以一边走路一边听书，一边挤地铁一边听书，再也不能把"没时间读书"当成借口，也更容易获取知识了，樊登读书这个产品也就应运而生。

　　所以你发现了吗？樊登读书的本质就是一款让用户可以利用一切空余时间听书的产品。"读书"只是吸引人的招牌，"听书"才是服务交付形式。于是，其头像干脆直接使用"听书"两个字，结果粉丝数在所有内容质量不变的情况下得到了非常显著的提升，甚至一下子翻了好几番。

　　而当整个品牌账号矩阵搭建完成后，用户趋于饱和状态，也差不多都认识樊登老师了。樊登读书的头像便改为展示樊登老师的个人形象，这就进一步提升了人设的价值。

你看，虽然头像只是一个小小的元素，但如果你结合对用户的洞察，思考用户的时间成本和品牌价值，就可以收获意想不到的惊喜。

（2）名字的优化

在前面的内容中，我们知道了称呼的重要性，而账号的名字也一样重要，好的名字会自带流量，因此我们可以多花一些工夫，根据下面的方法，对现有的账号名字进行一定的优化。

优化方法一：改成个性化名字

企业号的名字正常情况下与营业执照上的名称应是有关联的，但如果我的账号名字就叫我的企业名称"广州功不唐捐信息科技有限公司"，它太长了不说，用户也无法通过名字获取比较有用的信息。

这个时候，可以对企业号的名字进行个性化的处理。你可以用公司的身份去注册一个商标，比如我就注册了"黑马唐"这个商标。然后你就可以通过上传商标所有权证书的方式，把账号名字改成商标名字。同样的道理，你可以注册一些个性化且跟公司的业务方向比较匹配的商标，然后就可以用商标名字去指代原本的企业名称了。

曾经有学员测试过一个应对审核的方法，该方法也被部分其他学员验证过，但不能确保百分百成功，我将它分享给你。比如，我的企业号叫"广州功不唐捐信息科技有限公司"，我想把名字改成"黑马唐"，就可以先把名字改成"功不唐捐"，通过审核后再改成"功不唐捐黑马唐"，如果还能通过审核，就可以尝试去掉"功不唐捐"，只保留"黑马唐"，多尝试几次也许就能成功。但这里有一个前提，那就是没有其他企业号叫"黑马唐"，因为在任何平台，企业号的名字都有唯一性，别人以某个名字注册了，你就没办法用它注册了。

优化方法二：加入关键词

为了让你更好地了解关键词的使用，我在此进行知识点的延展。

短视频平台有着鲜明的娱乐属性，用户更多是把它当作娱乐休闲型平台。但当平台的内容越来越丰富多彩的时候，用户会本能地开始搜索，通过输入关键词的方式直接获得自己想要的内容。你回想一下自己日常的操作就会发现，你可能会在抖音搜索一则热点新闻，可能会在小红书搜索一个旅游攻略，可能会在视频号搜索一个"网红"达人，这就是平台从娱乐属性向工具属性转变的一个很重要的表现。

也正因为用户会有这样的变化，关键词的布局才变得越来越重要。关键词被布局得越好，能被用户搜索到的概率就会越高，你的账号得到展现并且被喜欢和关注的概率也就会大大提升。

关键词主要有两种，一种是行业关键词，一种是地理关键词。

首先是行业关键词，使用行业关键词要遵循两个原则。首先，这个词要跟你所在的行业息息相关，最好能让用户在看到的第一眼就知道相对应的行业。比如，"毛坯"对应着装修行业，"拉花"对应着咖啡行业，"床套"对应着家居行业。如果是"高级""典型"这一类词，单独出现就无法达到良好的效果，需要跟其他内容结合，比如"高级床套""典型酿造工艺"等；其次，需要尽量避免高深的术语，而选择用户较为常用的词，比如"做饭"和"烹饪"，前者可能会被更多人使用，又比如"辅材"和"水泥"，知道后者的人可能会多一些。

在账号名字中加入行业关键词，能方便用户搜索到账号，比如"黑马唐说职场""黑马唐聊装修""爱美食的黑马唐"，当然"美食俱乐部""装修特工队""职场干货"也是很好的名字。

接下来是地理关键词，其主要用于一些地域性比较强的内容账号。比如，有关装修、餐饮、旅游、健身等行业的账号主要依赖于所在区域覆盖的用户，因此可以通过地理关键词去锁定范围。比如，"广州吃喝玩乐"和"重庆吃喝玩乐"覆盖的用户肯定是不一样的。

结合人设，还可以采用"黑马唐吃遍广州""黑马唐新西兰之旅""黑马唐在东北""黑马唐广州天河汽修""黑马唐深圳南山健身"等。我们可以根据需要选择地理关键词，比如"广州天河"和"深圳南山"对应城市小区域，而"东北"对应多省大区域。

优化方法三：名字要好读好记

你可能知道，一些"网红"为了与众不同，会使用一些特殊的账号名字。对于大多数人而言，这类名字在现阶段不是很适用。等到你对账号运营及流量获取有一定的掌控能力之后，可以再使用这类极具个性的名字，起步阶段名字还是应追求好读好记。

比如，一个美食类账号叫"广州美食日记"，每天介绍广州的各种好吃好喝的，这个名字让用户一听马上就能记住。但如果它叫"美食燚燚"，很多用户不仅读不出来，输入时也很困难。又如，我叫"黑马唐"，这个名字还算比较好记，但如果我叫"黑马唐·谢列兹涅夫"，用户估计念起来都够呛。

社交平台中有一个不成文的标准，那就是如果用户听到你说这个名字的时候，就可以准确无误地将其写出来，那它就是一个很好的名字。因此，应尽量避免"谐音梗"。

说到这，我给你举一个例子。曾受旅行爱好者喜欢的网站蚂蜂窝，其名字与"马蜂窝"谐音，吉祥物是一只小蚂蚁和一只小蜜蜂，意思是旅行爱好者们就像蚂蚁和蜜蜂一样，虽然渺小，但很团结友爱。但这里存在一个问题，那就是当用户在输入"蚂蜂窝"这个名字时，需要在列表里找很久才能找到"蚂"字，也就付出了较高的时间成本，这自然就大大提升了用户的流失率。因此后来，公司管理层毅然决然把"蚂蜂窝"改成了"马蜂窝"，降低了用户的时间成本，用户自然就有了更好的体验感。

优化方法四：加入人设

不管是企业号还是个人号，都可以通过加入人设的方式让账号更接地气。比如，"华南建材"可以改成"华南建材老刘"，"装修日记"可以改成"小白的装修日记"，"广州吃喝玩乐"

可以改成"阿强的广州吃喝玩乐日记"，等等。结合前面我们分析的个人号和企业号的区别，以及用户对于两种账号的心理变化，我们可以更好地理解这个优化方法的意义。

当然，我们在加入人设的时候，要尽量避免与其他账号的名字相仿，不然可能就给别人做了嫁衣。比如，留学机构的郭老师想到一个名字叫"留学郭老师"，但其实平台上已有一个粉丝挺多的账号叫"留学郭校长"，这样就可能造成用户以为"留学郭老师"是小号，也就会去关注"留学郭校长"了。

同时，尽量做到名字在所有平台保持统一。比如，我在视频号中叫"黑马唐说职场"，那么在抖音或者小红书也要叫"黑马唐说职场"。视频号作为连接私域最顺畅的平台，用户在抖音或者小红书看到你的作品并表示很喜欢，想跟你拉近距离，很可能会第一时间在视频号搜索同样的名字，期待着能找到你的账号，因此保持名字统一很重要。

(3) 简介的优化

视频号和抖音、小红书不同，没有背景图，因此关键信息主要通过账号简介呈现。简介不仅可以让用户第一时间直观地了解到账号能"提供什么价值"，也能验证账号能否满足自己预先的期待。

比如，我们运营了一个专注于家常菜的美食账号，刚开始上传的视频作品还不是很多，但每个视频都是我们用心去拍摄的。这时，一个全职妈妈看到了我们的视频，她刚好在思考今天中午做点什么菜给孩子吃，结果视频里展示的鱼香肉丝做法很简单，而且成品色香味俱全，她就想着，这个账号如果每天都能更新一个菜式的做法该多好啊。于是她满怀期待地进入了我们的账号主页，看到简介的第一句话就是"每天分享一道美食的做法"，这不就完全满足了她的期待。哪怕我们的作品还不多，也足够让她认可我们，于是她自然就会点击关注了。

但我发现，不少人对于简介并不重视，具体情况有以下几种。

第一种：没有填写简介。这样不仅浪费了呈现内容价值的机会，也辜负了平台的良苦用心。你有没有注意到，几乎所有平台的账号主页布局都是大同小异的，而账号的简介往往都处于名字和头像以下的位置，为什么？因为有用户行为研究表明，用户在打开一个新的页面时，目光会本能地锁定在这个位置，所以各个平台的产品经理才会把这个位置留给账号简介。

第二种：简介无关紧要。有些人虽然写了简介，但简介和账号的定位或者人设的定位毫无关系。比如，美食类账号的简介写的是"爱好交友"，职场类账号的简介写的是"向往自由的人生"，这会让用户一头雾水，不知道简介要表达的是什么，也不知道关注账号之后能得到什么价值。

第三种：简介没有特色。没有特色的简介虽然跟账号定位相关，但并不能体现出一定的独特魅力或者价值优势。比如，装修号的简介写的是"做装修，我们是认真的"，美食号的简介写的是"爱生活，爱美食"，这完全体现不出账号的价值和特色，自然也就失去了让用户选择关注的理由。

第四种：简介内容主次不分。要知道，视频号账号的简介最多只能展示 4 行，超过的部分会被平台折叠，用户需要点击展开才能完整看到。而我们发现，大部分的用户其实不太愿意点击展开，毕竟 4 行的内容已经算是比较丰富的了。因此我们要分清主次，想写"小作文"没关系，但一定要把重要的内容放在前面 4 行。

那么我们可以怎么优化简介呢？

优化方法一：体现价值

虽然我们的简介内容可以帮助用户很好地了解账号的价值，但我们不可能让用户把所有内容都看完才知道价值有哪些，而应让他直接通过几句话就清楚了解到。价值可以表现为几个信息点，如这个账号是专注于什么的，会发什么内容，用户看完内容能有什么收获。

比如，你运营的是一个美食号，"每天分享一道美食的做法""带你逛遍广州的每个小吃摊""从此再也不用为思考晚饭吃什么而发愁了"等都可以作为价值；你运营的是一个宠物号，"每天分享小胖墩的日常""以后我就是你的电子宠物""分享各种萌宠最新资讯"等都可以作为价值；你运营的是一个职场号，"每天分享职场干货""周一到周五每晚八点，直播解答职场困惑""睡前看一看，快速提升职场竞争力"等都可以作为价值。

当然，也可以在简介中加入一些优势，比如在地产行业从业 5 年、专注于咖啡产品研发 3 年、家有 4 只布偶猫、毕业于中山大学、曾指导过中国移动进行新媒体布局等都能成为优势。

如果我们有线下门店，还能结合一些近期的活动主题，比如"店庆期间享半价""新客免费享受一次宠物洗护服务"等也能对自己的价值进行展示。

优化方法二：够简洁

简介，顾名思义就是简单的介绍，因此简介应足够简洁，以使用户获取信息的效率提高，从而降低他们的时间成本。比如，简介是"我们的店在广州已经开了 20 多年，是一家资深老店"，就可以优化成"我们是在广州开了 20 年的本土老店"，这样更加干脆利落，同时也能为其他信息留出空间。

当然，简介在简洁的同时，也要确保用户看得懂、能理解。很多时候，隔行如隔山，你认为很简单的事情在用户看来就是很难的，甚至从来没听说过。举个简单的例子，我很喜欢一个成语——功不唐捐，意思是付出的努力不会白费，但其实很多人都不知道这个成语的意思，甚至不知道这个成语。

所以，如果我直接在简介中写"功不唐捐"，简介够简洁，但部分用户看不懂。这个时候，如果我将其换成"人生没有白走的路，每一步都算数"，用户就很容易理解了。

你要明白，如果短视频是为了给同行看，那怎么专业怎么来，但如果是为了给用户看，要实现破圈，就需要从用户的视角去表达信息。

分享一个对我影响很深的理念，即国内知名商业咨询师刘润说的"浅者觉其浅，深者觉其深"，它是什么意思呢？就是说我们在讲解知识时，可以让基础薄弱的人觉得"哇，原来这么简单啊"，同时也可以让本身就有一定基础，甚至比较资深的人觉得"哇，原来还可以这样"。

刘润老师讲了这样一个案例，我也将其分享给你。有这样一道小学数学题，一个笼子里有很多只兔子和鸡，已知它们一共有 35 个头、94 只脚，那么笼子里分别有多少只兔子和多少只鸡？

你是不是想说，这还不简单，用二元一次方程，将兔子的数量设为 x，鸡的数量设为 y，$x+y=35$，$4x+2y=94$，很容易就能算出来兔子有 12 只，鸡有 23 只。方法没错，但问题是这是小学数学题，小学生其实不知道二元一次方程，你要用小学生能听得懂的方法去解这道题，该怎么办呢？你可以合上书思考几分钟。

现在我来揭晓答案。我们可以认为，兔子不是有 4 只脚，而是有 2 只"手"和 2 只脚，也就是说，兔子和鸡都有 2 只脚，一共有 35 个头，所以共有 70 只脚；而剩下来的 24 只脚就是"手"，对应的是 12 只兔子，那么鸡便有 23 只。

你是不是有一种豁然开朗的感觉？这就是"浅者觉其浅，深者觉其深"的体现：小学生能轻轻松松理解这道题的解法，并且可以举一反三；而学过二元一次方程，甚至微积分的人，也会有一种获得宝藏般的欣喜。一个方法如果能用这种形式去呈现，一定能得到很多人的喜欢。

优化方法三：给指令

心理学研究表明，给用户下达明确的指令，能有效地引导用户的行为。这个方法其实也被运用在了很多常见的场合中。比如，在一个拥挤的车站，很多游客在排队等候上车，而只要安全员对着喇叭喊一句"列车进站，请不要超过黄线区域，依次排好队"，队伍前面的游客往往会低头看看自己是否踩到了黄线；你看直播看得很入神，这个时候如果主播说一句"直播间的朋友们帮忙点点赞，谢谢你们的支持"，你往往会不自觉地给主播点赞。

给指令的底层逻辑，其实也是降低用户的时间成本。用户不需要去思考下一步该做什么，直接按照你说的做就可以了，前提是用户足够喜欢你、信任你。

我们在前面提到的"每天分享职场干货"中的"每天"其实就是一种指令，告知了用户我每天都会更新，所以用户喜欢我的话就可以每天来看。在简介中加一句"欢迎关注"，用户也会更愿意关注。当然，用于引导用户的信息，比如"点击商品链接"其实也是一种指令。

（4）封面的优化

账号主页中，封面也是非常重要的组成部分。好看的封面不仅为单个视频带来了很高的吸睛度，也能为整个账号主页增添美感。

优化方法一：呈现主题

如果说简介的存在是为了让用户第一时间知道账号的内容方向，那么封面的存在就是为了让用户第一时间知道视频的核心内容。呈现主题有两种形式。一种是在封面中加入显眼的文字，比如"装修最容易踩的 4 个坑""来广州最不能错过的 3 种美食"。还有一种是直接呈现场景，也就是用图片呈现出要表达的主要内容是什么。比如，旅游号可以呈现伊犁的大草原、武汉大学的樱花、三亚的沙滩或者拉萨的无瑕蓝天；美食号可以呈现一把羊肉串、一把鱿鱼须、一盘酸菜鱼或者一只烤全羊。

有的时候，图片比文字更能说明主题，所以我们根据自己账号的情况去选择封面的呈现方式，能把主题呈现出来即可。

优化方法二：置顶作品

和抖音一样，视频号支持置顶 3 个作品，而置顶作品的变动也会造成封面画面的变化，因此在选择置顶作品的时候也要考虑整体呈现的效果。

建议优先置顶 3 种作品。第一种，曾经获得较高流量的作品。我们很难保证一直都能创作出数据表现那么好的作品，因此置顶这种作品能让用户知道我们曾经创作出了受欢迎的内容，从而对我们的其他内容感兴趣。第二种，转化效果比较好的作品。很多时候，流量最高的作品不一定就是转化效果好的，你可以置顶转化效果比较好的作品，让更多的用户看到，这样就能促成更多的转化。第三种，最新的介绍视频。如果是企业号，可以置顶企业新的宣传片，介绍企业的服务或者新产品；如果是个人账号，可以置顶新拍摄的有关人设故事或者成长感悟的视频。

这样用户就能在第一时间看到你觉得最重要的 3 个视频，你也就能达到让用户了解你并且转化的目的。

优化方法三：策划系列作品

策划系列作品，为不同系列的作品设计不同的封面风格，能让主题更明确也能让用户更快速地知道不同作品的类型。最常见的方法就是把所有选题分组，比如一个美食号可以设置"每日菜谱"和"健康知识分享"两个组，"每日菜谱"以黄色为主题色，"健康知识分享"以绿色为主题色，然后为每个组连续发 3 个作品，账号主页就会呈现出一行黄色、一行绿色的效果，统一而美观。

在这个基础上，我们可以以 3 的倍数进行选题设计，做出三联封面、六联封面甚至是九联封面，如图 3-4 所示。

图 3-4　视频号三联封面

比如，围绕"职场人士必须知道的 12 个心理学知识点"，每个视频讲 4 个知识点，就可以做出三联封面；每个视频讲 2 个知识点，就可以做出六联封面。

3.3.2　账号主页还有哪些加分项

细心的你可能发现了，我在介绍账号主页时明明只说了 4 个元素，图 3-2 中却标注了"⑤"，那是因为那里是可以让我们加分的区域。

加分项一：跳转链接

在第 2 章中，我们提到了很多种变现闭环的打造，其中提到的企业微信、公众号、自营小店及带货橱窗的功能搭建完成之后，都会直接在这个区域显示跳转链接，用户点击链接即可快速跳转，这有助于完成整个转化流程。因此，如果你已经梳理好了自己账号的变现模式，就可以进行相关账号的开通和信息绑定了。

加分项二：标注原创内容

账号主页原创内容的显示如图 3-5 所示。可以看到公众号跳转链接的下方有"74 条原创内容"，这类内容需要我们在发布视频的时候勾选原创标识，在视频经过平台审核后才能显示，因此这能增强用户对账号的信任感。目前平台对于图片素材及时长少于 5 秒的视频无法声明原创，因此我们如果需要添加原创标识，就需要上传时长超过 5 秒的视频。那怎么添加原创标识呢？

图 3-5　视频号主页原创内容显示

在我们发布视频之前，页面最下方就会出现一个"原创声明"按钮，如图 3-6 所示。完成声明后，视频就可以展示原创标记，同时还能得到获得广告收入的机会。

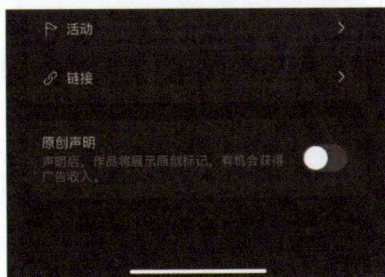

图 3-6　视频号"原创声明"按钮

设置好了这些，账号主页的优化就算完成了。相较于抖音或者小红书，视频号的账号主页相对简约一些，我们把 4 大元素优化好，就可以进入下一步了。

思考

看完本节内容后，你认为自己的账号主页是否需要优化？原因是什么？

3.4　选题优化，拥有取之不尽的灵感

你是不是觉得运营账号不难，难的是能一直拥有选题灵感？是不是总觉得好像自己的内容支撑不了多少个视频？其实我遇到的 90% 的学员都和你一样，有这样的内容焦虑。

其实这主要出于两个原因。一个原因是之前我们讲的知识的诅咒。其实对于我们来说，再简单的信息都可能是用户不知道的知识点。举个例子，如果我说乘法口诀表，你肯定知道，对吧？那如果我说把相关内容发在视频号上，你觉得会有多少人点赞？你在心里预估一个答案，然后打开视频号搜索一下"乘法口诀表"，结果是不是让你有点吃惊？如果你在抖音或者小红书搜索，你会发现结果更让你吃惊。

这样简单的内容居然可以在这么多平台都获得这么好的数据表现，甚至超过你精心制作的内容。把任何信息都当作知识点分享，你会收获很多惊喜。

还有一个原因是我们不懂得怎么才能找到好的选题。当你找到了合适的方法之后，你会发现，选题只会"用不完"，而不会"不够用"。就像我父亲很喜欢看新闻，但以前的渠道只有电视，并不能满足退休在家的他对新闻的需求。于是我在他的平板电脑上下载了一个新闻类 App，现在他每天都不用看电视了，App 上面的新闻完全够他看，而且图文、音频、视频等形式应有尽有。他晨跑的时候可以听新闻，下午喝茶的时候可以看新闻，晚上睡觉前还可以看，不亦乐乎。

所以你看，找到一个好的方法就可以使选题灵感取之不尽。那如何激活我们的选题灵感呢？

3.4.1　用 7 个方法激活你的选题灵感

选题方法一：对标账号选题法

通过对标账号来获取自身账号的选题内容，可以说是最直接的一种方法。我们先来说明一下什么是"对标账号"。我在线下讲课的时候发现，很多学员觉得对标账号就是行业内运营效果最好、粉丝量最多的头部账号。但对标账号其实不完全是行业头部账号，甚至可以说绝大多数情况下都不是，为什么呢？

这不是说行业头部账号的内容不好，而是我们判断内容好不好时主要依赖数据表现，而能影响这些数据的因素太多了，具体如下。

因素一：庞大的粉丝基数。哪怕 100 个粉丝中只有一个人认可新发布的视频，拥有 100

万个粉丝的账号也可以轻轻松松获得上万次的点赞量。对于视频号账号而言，这样的点赞量足够支持其视频被更多人看到。

因素二：强大的运营团队。一个成熟的账号背后往往都有一个成熟的运营团队，其成员分工明确，效率极高，能快速生产高质量的内容，从而使账号在竞争中更容易胜出。比如，镜头前是某一线主播一个人，而镜头后是 500 个工作人员在分工合作。

因素三：雄厚的投放资本。我曾经给一家企业做新媒体顾问，其平均每天发布一个作品，而对应的投放预算有 2 万元，也就是说其每天都可以花 2 万元来给作品增加曝光度，这还没算上给有爆款潜质的作品预留的投放预算。可见资金也是非常重要的影响因素。

这些因素的存在就让账号的内容及数据表现无法作为我们的衡量指标。而真正的对标账号，应该是我们踮起脚尖再努力一下就能够得着的账号。和抖音或者小红书不同的是，视频号并不显示对方账号的粉丝量，所以我们只能通过点赞量等互动数据大概去对比和参考。比如，你刚注册一个新号，没有任何粉丝，作品点赞量可能只有十几二十次，甚至更少，这个时候如果你直接选择作品点赞量超过 10 万次的账号作为对标账号，显然是很不理智的。你可以选择作品点赞量稳定在 40~50 次的账号作为参考。

随着运营经验的增加，你的账号的数据表现也会慢慢变好。当你作品的平均点赞量达到了 50 次，你就可以选择作品平均点赞量为 100 次的账号作为对标账号。以此类推，等到什么时候你的作品的点赞量多次过万，你就可以朝着点赞量超过 10 万次的目标迈进了。

所以要记得，不要一开始就去与那些和你的账号差距特别大的同行账号对标，你可以参考其拍摄手法或者剪辑节奏，但对于选题和脚本不宜做过多的参考。不过有一种例外的情况，那就是其账号也是新号，但其作品的数据表现却特别好，如果你能挖掘到这样的账号，可以好好学习。

现在我们知道怎么去找对标账号了，那要找多少个呢？建议 5~10 个比较好，这样我们可以参考的选题会比较多。而且如果短时间内有某一个选题是他们一直在做的，那我们就更应该去重视这个选题。不过我要强调的是，我们是去参考别人的选题，然后写出自己的脚本，而不是照抄别人的脚本或者搬运别人的视频素材。

举个例子，你运营了一个专注于美食的账号，最近发现很多对标账号都在发与用电饭煲做蛋糕相关的作品，那么你就可以参考这个选题，模仿你喜欢的一个案例所用的拍摄角度和分镜，自己一边做蛋糕一边拍，这样就可以保证选题既是最近比较火的，同时作品也是自己的原创。而且用电饭煲做蛋糕其实涵盖了两个元素——分别是电饭煲和蛋糕，所以你要么照着创作一个表现用电饭煲做蛋糕的视频，要么再构思一个用电饭煲可以做出的美食，以及一个展示用其他厨具做蛋糕的作品，选题方向也就得到了延展。

再举个例子，你运营了一个有关旅游的账号，最近发现很多对标账号都在发穷游稻城亚丁的攻略，那么你就可以判断出可能有两个要素是比较火的，一个是"穷游"，一个是"稻城亚丁"。你可以根据这两个要素延展出至少 3 个选题方向，分别是"穷游""稻城亚丁"及"穷游稻城亚丁"，这样是不是一下子就多了几个可以选择的方向？

一般情况下，我们想到一个选题的时候，除了对标账号的参考选题是已经被数据验证过的，其他延展出来的选题则需要我们去验证。验证就是我们把自己想到的选题在视频号上进行搜索，看看视频号上曾经是否有过同类型的选题且数据表现还不错，如果有，那么这个选题就通过了验证，否则我们就需要重新构思一个新的选题。

现阶段我们都需要进行这一步验证，不要觉得平台还没有某个选题就意味着它是"蓝海"，我们是比较难"触碰"到所谓的"蓝海"的。你没看到类似的选题，只能说明相关作品要么因为数据表现不好被删除了，要么因为违规被平台下架了。所以为了保险起见，就用被验证过的选题即可。

举个例子，我们发现稻城亚丁可能是一个好的选题方向，于是我们想出了"稻城亚丁 5 日游攻略"这一选题。视频号推荐页的右上角有一个放大镜图标，点击该图标，在输入栏中搜索"稻城亚丁 5 日游攻略"，可以看到如图 3-7 所示的页面。

图 3-7　搜索结果

可以看到，图中上方有两个选题一模一样的作品，一个的点赞量为 127，另一个的点赞量为 997。作品的点赞量接近 1000 甚至更高，意味着其选题算是比较好的，所以该选题验证通过。

选题方法二：热门问题选题法

运用这个方法时，应关注 3 个维度。

第一个维度，通过其他平台去寻找选题。以美食号为例，如果你完全没有头绪，那么你就可以在抖音或者小红书上随便浏览，当你发现最近经常能看到榴梿相关的选题的时候，你就知道这是一个可以参考的方向。

你可以在抖音上搜一下"榴梿"，然后按"最多点赞"对搜索结果进行排序，这样你就会发现有关"如何挑榴梿"的作品中有的拥有近 200 万的点赞量；或者你在知乎上搜索，也发现"如何挑榴梿"是一个很热门的问题，那这就是一个很好的选题方向，同时这些数据也很好地对你的选题做了验证。

第二个维度，在日常生活中多关注和用户或者亲朋好友的沟通。他们经常提及的问题或者表示不理解的地方，也是很好的选题方向。当然，这需要我们有较为敏锐的洞察力，以及能从用户的视角思考问题。

比如，我以前写文案的时候，经常一坐就是一整天，而且完全不注意挺直腰背，造成腰肌劳损，给生活带来了很大困扰。我试过推拿、电疗、按摩仪等，都没有使症状得到任何缓解。一个偶然的机会，我认识了运营"金刚熊说康复"的苗振老师，他了解了我的情况之后教了我一个很简单的动作，让我每天做一次就可以，结果没多久我的症状就得到了缓解。后来在与他聊天的过程中，我跟他说到我身边很多前辈也都多多少少有同样的问题，于是后面几天我就看到他在账号上连续更新了 3 个讲解如何快速缓解腰肌劳损的视频，每一个都成了爆款。

之前在一家企业做中层管理的时候，我总会听到一些同事在谈论与五险一金相关的话题，尤其是很多刚入职场的新人，完全不知道五险一金到底有什么用。后来我转型进入自媒体领域，有一次在运营职场号时没了头绪，不知道该做什么选题。我突然想起之前同事那些关于五险一金的言论和困惑，立马以此为选题创作了好几个作品，结果这些作品大多数都获得了超过百万的播放量。

生活中我们遇到的大多数问题其实都不是个别情况，加上互联网效应可以把散落于世界各个角落的具有同样情况的人汇集到一起，所以只要你善于洞察，并给予他们相关的信息及解决方案，就很有可能获得不错的数据反馈。

第三个维度，围绕已经被验证过的选题，优化一下脚本或拍摄剪辑方式后再发布一个相关作品。不用纠结选题重复了怎么办，粉丝已经看过一次了怎么办，除非你的粉丝已经增长到天花板，那时你要做的事就是维护现有的粉丝，用过的选题就不能再用。

举个例子，如果你的账号是引流型账号，专注于装修，那么之前的爆款选题其实已经完成了它的任务，看到并喜欢视频的人会跟你联系，跟你聊好了会直接找你装修，而当他的房子开始装修之后，他也就没必要再关注相关的内容了；看到但不喜欢视频的人也就完全不会在意视频的内容。所以，你在优化选题后再发一个相关视频，之前看过视频的人大概率不会再看了，而之前没看过的人却可能被转化。

我曾经看过一个很"极端"的案例，大家可以参考一下。一个专注于家居设计的账号从头到尾只发有关一个房型的内容，这并不是因为作者手上只有一个案例，而是他发现这个案例的转化率是最高的，于是干脆就一直关注一个房型。他可能今天强调的是客厅，明天强调的是厨房，相当于只用了一个选题就构建了整个账号的内容体系。

对于爆款型账号，比如专注于旅游攻略的账号，情况也是如此。去一个地方玩过的人如果认为那里好玩，肯定还想再去一次，而上次觉得那里不好玩的人，也许会想换一个方式去弥补之前的遗憾，所以同样的选题一样可以重复使用。以稻城亚丁为例，如果你发完作品之后，发现有关稻城亚丁5日游攻略的选题非常火，那么你可以继续发布3日游、4日游、5日游、6日游或7日游的攻略。

所以，不用担心一个选题是不是之前用过，而应去看相关内容值不值得再发一次，如果值得，"单曲循环"都不为过。毕竟大多数情况下，铁粉都已经转移到私域，对公域内容的选择可以大胆一些。

选题方法三：热点选题法

热点携带着巨大的流量，利用好它们就能帮助我们的内容快速破圈，得到更多的曝光。那怎么找到热点呢？其实给热点换一个名字你就知道答案了，这个名字就是"热搜"。以微博为例，这个平台可以说是很多热点的获取渠道。获取的方法很简单，打开微博之后，点击下方菜单中的"发现"按钮就可以看到"微博热搜"的部分话题，点击"更多热搜"链接就能看到完整的热搜榜了。

此外，各个短视频平台的热搜榜也是了解热点的重要渠道，其和微博热搜的主要区别是，除了有微博中的相似话题，还有一些和自身平台相关性比较大的话题。

比如，你运营了一个装修号，要追世界杯的热点，就可以发带有大电视的客厅的内容，并配上标题"叫上朋友一起，在这样的客厅看世界杯得有多爽！"。同理，你运营了一个美食号，就可以发有关小龙虾的内容，然后配上标题"在这个季节，只有小龙虾和世界杯是绝配！"。你看，是不是都完美地追上热点了？而且你还可以举一反三，把"世界杯"换成"亚洲杯""欧冠""世乒赛""澳网"等。

虽然热点事件都是随机发生的，但对于有些我们是可以预估到结果并提前做好充足准备的。还是以世界杯为例，整届世界杯中，最大的热点一定是决赛冠军得主。但在决赛之前你其实就可以准备好两个作品，后面谁夺冠，就发与谁对应的作品。这就是为什么很多媒体总能在决赛结束的下一秒发布庆祝长文，他们的长文都是提前准备好的。所以别再感叹别人"反应快"了，其实那都是源于"强准备"，毕竟机会都是留给有准备的人的。

热点虽好，但需要使用得当。那如何正确追热点呢？给你介绍我自创的追热点的六度法则。

① 时效度

热点往往都有很强的时效度，因此你需要在有限的时间段内发布内容。拿世界杯举例子，一般决赛之后的半个月内，关于冠亚军的选题依旧层出不穷，越往后数据表现就越不好，我们也就没什么必要继续追这个热点了。

② 关联度

同样地，我们追的热点也要跟账号方向相匹配，不然会导致热点带来的流量不精准。假设你在视频中添加了与账号方向不符的热点，即使该热点让你的视频上了热门，让你不仅有了很多流量，还多了不少粉丝，你会很开心，但你要记得，这些粉丝大概率都是因为这个热点关注你的。他们虽然关注了你，但却不是你的账号的精准用户，因此大概率不会再看你的其他内容。这会造成不活跃粉丝逐渐增多，账号的数据就会大大受到影响。

③ 风险度

热点引发的情绪有正面的和负面的，而很多热点的背后其实隐藏着负面情绪，这种情况下我们去追热点就会有风险。比如，你是一家果蔬店的老板，如果追"某男子囤菜获利150万元"这一热点就有很大的风险，虽然它与你的职业关联度很高，但它本身并不是正向的，一来容易引发用户在你的评论区中宣泄不满情绪，二来也会造成用户把内容和账号进行强关联，觉得你的账号总是传播这类信息，这对品牌及账号的运营都会产生不良影响。

④ 速度

我们总说"追热点"，热点需要"追"，自然就跟速度有很大关系。比如，一个热点刚产生的时候你就知道了，不久你的同事过来跟你分享该热点，你是不是已经没有什么感觉了？用户也是一样的，对同样一个话题看得多了，自然就会产生疲劳，从而失去对话题的兴趣。比如，你发现了"芝士味小龙虾"是最近很热门的选题，但因为工作忙就没有马上跟进，而是等过了一个星期之后再发布相关内容，这个时候你的目标用户可能早就看了很多类似的作品，对你的作品自然就没有那么感兴趣了。因此在条件允许的情况下，一定要第一时间跟进热点。

⑤ 角度

有些人可能会说，平时工作就很忙，等到自己看到热点的时候，可能别人都已经发了相关作品，自己永远慢一步，怎么办？其实我们可以换一个角度去看同一个热点。任何事情都有两面性，都有延展性。热点不仅仅是当前大家看到的样子，还可以延伸出更多。

比如，2024 年巴黎奥运会中，中国选手樊振东夺得乒乓球项目男子单打金牌，大家都在追有关中国队的热点，这个时候你也可以尝试追一下有关瑞典的热点，如 2002 年出生的瑞典运动员特鲁斯的亮眼表现，以及对中国队造成的影响。

所以如果实在没办法达到别人的速度，就多思考一下还有没有别的角度可以选择。不过这需要我们多去练习，练习得越多，对于各个角度的敏感度也会越高，自然就不怕追不到热点了。

⑥ 创意度

好的创意价值千金，而且是其他人很难模仿的，因为创意和普通内容不同，普通内容很容易引发跟风现象，但创意的原创度很高，因此就算别人跟风，网友也会不买账地吐槽"这不是别人的创意吗？"。

我给你举一个我最喜欢的例子。在举例子之前，我想先考考你，如果你是一名厨师，需要你追有关世界杯的热点，你能想到什么有创意的点子？看到这里，你可以先把书本合上，给自己 10 分钟的时间想一想。

这个例子是这样的。一名厨师对于刀工的要求是比较高的，那么如何体现刀工呢？雕刻。雕个什么呢？他突然发现，长长的金黄色的大南瓜很像世界杯冠军奖杯——黄金打造的大力神杯。于是他用菜刀把一个大南瓜雕刻成了大力神杯，既追上了有关世界杯的热点，又体现了自己精湛的刀工，这个创意直接让他"涨粉"无数。

不过，创意可遇不可求，有时候你绞尽脑汁都想不出来，但有时候可能上个厕所就能灵光一闪。因此不用苛求自己的每个视频都富有创意，有时间可以多思考，但想不出来也没关系，将创意当作自己的加分项就好。

选题方法四：营销日历选题法

什么是营销日历？它和我们平时看到的日历很像，只是多了节日、节气、世界级比赛日、纪念日或明星的生日等。借助营销日历，我们可以提前梳理可以利用的时间节点，确定相关选题。

比如，你是一家理发店的老板，知道还有 3 天就要放暑假了，就可以通过视频推出学生暑假洗剪吹套餐，展示各种适合学生的发型；你是一家装修店的老板，现在正值世界杯举办期间，你就可以输出一些与电视墙、电视柜等相关的内容，这样内容就可以和看世界杯很好地结合在一起。

营销日历上标注的事件是可预知的，在正常情况下到了时间一定会发生。

那我们去哪里找营销日历呢？其实每年到了年末的时候，很多人都会提前做好下一年的营销日历，我们直接在浏览器中搜索"营销日历"就能找到很多，从中选择内容最丰富的即可。

选题方法五：用户痛点选题法

这个方法需要我们具有比较强的观察力和总结能力，然后针对目标用户进行细分，同时对细分之后的人群进行痛点分析。

比如，你是一家装修店的老板，你的目标用户覆盖 25~40 岁的人群，这个人群可以细分为职场新人、职场老人、新婚夫妇、家庭主妇、创业者等，他们的痛点可能与找工作、通过副业赚钱、沟通、婆媳关系、梦想、旅行、升职加薪、辞职等有关。你首先需要把对应的细分人群与其痛点结合并确定选题，比如"新婚夫妇＋婆媳关系""创业者＋梦想""家庭主妇＋通过副业赚钱"等。接下来，你要进行选题验证，在这些关键词的基础上加上对应行业，比如搜索"新婚 婆媳 装修"，可以看到类似的选题"准婆婆送给儿媳的婚房，装修成这样真令人羡慕"，这很符合你的要求，同时视频的点赞量近 1 万，选题验证通过；又如搜索"家庭主妇 副业赚钱 装修"，你会发现相关的视频并不多，可见这 3 个词相结合没办法形成一个好的选题，因此选题验证不通过。

选题方向六：九宫格选题法

九宫格选题法就是先画两个九宫格，然后在左边九宫格的中心写上"用户需求"，在右边九宫格的中心写上"内容标签"，再尽可能地把两个中心周围的 8 个格子分别填满，如图 3-8 所示。用户需求就是用户希望通过你的视频达成的目标，内容标签就是用户在意的内容包含的关键词。比如，你是一家装修店的老板，用户需求可以是方便、安全、卫生、省钱、保障、送货、大气、简约等；而内容标签可以是阳台、卧室、客厅、设计、布局、水电、电视、灯饰等。

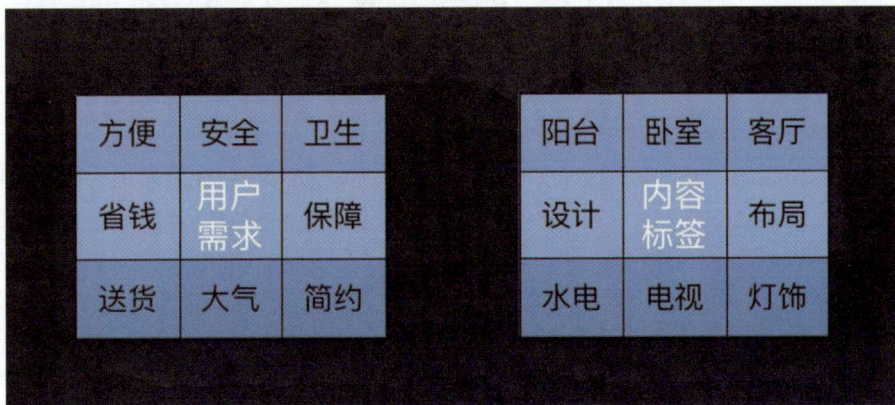

方便	安全	卫生		阳台	卧室	客厅
省钱	用户 需求	保障		设计	内容 标签	布局
送货	大气	简约		水电	电视	灯饰

图 3-8　九宫格选题法

我们可以把两个九宫格中的内容随意结合，这样就可以产生多个选题，比如"阳台＋省钱""电视＋大气"。接下来我们来进行选题验证，搜索"阳台 省钱"，可以看到热门视频有 8 万多点赞量，这就是一个很有潜力的选题；搜索"电视 大气"，可以看到对应视频的点赞量有 1000 多，因此这两个选题都通过了验证。

选题方向七：自身经验选题法

当我们在一个行业待的时间足够久，我们自然会对该行业有一定的认知和了解。这个时候，我们也可以直接通过自己的经验确定选题。建议使用"三有"原则确定选题，"三有"分别是有用、有料、有情。

有用指的是我们的内容要有足够的知识点，让用户看完之后能学到东西，比如"狗狗不爱吃狗粮？这 3 个方法就能帮你解决"。

有料指的是我们的内容要有足够的亮点，包括行业内的冷知识或者工作中有趣的笑料，比如"80% 的装修师傅都容易忽略的 4 个细节"。

有情指的是我们的内容要能引发用户的共鸣，比如"2 个小动作，拯救你的油性皮肤"。

同样地，记得要在想到选题之后进行选题验证。

3.4.2 如何有效借鉴优秀选题进行二次创作

我们进行选题验证的时候，可以看到平台上有很多可以参考的作品。学习拆解这些作品，能帮助我们更好地理解优秀选题，提升我们打造选题的能力。

我将举两个例子来帮助你更好地理解如何借鉴优秀选题。

选题一：做设计的，不允许你没参考过迪士尼的厕所！

这个选题来自一个室内设计师的账号，符合我们账号的内容方向，同时用"设计"和"厕所"锁定了行业关键词。

这个选题使用了一个技巧，那就是追了迪士尼的热点。如果把它改成"做设计的，不允许你没参考过这个厕所"，数据表现就会大打折扣。

那我们可以怎么参考呢？这个选题的重点在于迪士尼，我们要么直接采用类似的选题，去迪士尼拍厕所的细节并展示和讲解；要么在迪士尼中寻找其他细节，比如休息间的细节、母婴室的细节等，然后把标题信息换掉即可；还可以找同类型的园区，比如环球影城、长隆等也是不错的选题方向。

因此，如果你也是室内设计师，可以采用以下选题。

· 做设计的，我不允许你没参考过迪士尼的卫生间
· 做设计的，我不允许你没参考过迪士尼的休息室
· 做设计的，我不允许你没参考过环球影城的厕所
· 做设计的，我不允许你没参考过广州长隆的厕所
　…………

选题二：摆地摊花束包装教学 100 期之第 12 期，@ 摆摊的他一起来学！

这个选题来自一个花店的账号，用户看到视频的时候会发现相关内容有 100 期，会持续更新很久，感兴趣的用户会很愿意去点赞或者关注账号。摆地摊花束包装教学能提升用户的获得感，会让用户认为自己看完之后马上可以学会，并且也可以去摆地摊卖花，只需要准备简单的花束加上精美的包装，就可以让价格翻好几番。

此外，让用户去 @ 摆摊的人，这样就可以更好地把视频传播出去。因为该账号的名字本来就包含了行业标签 "花艺"，所以该选题很符合账号的内容方向。

那我们可以怎么参考该选题呢？这里我们可以参考的最大亮点就是体现内容的长期价值，我们可以采用类似于 "100 期" 的相关选题，比如 "100 期花语揭秘" "100 期鲜花介绍" 等。

体现内容的长期价值有助于 "涨粉"，这在其他行业也一样适用，比如 "100 期狗狗训练小妙招" "100 期水果创意拼盘" "100 期无器械健身动作" 等。我们可以用同样的框架拍摄各期视频，并且在封面和标题注明这是 100 期中的第几期等。

拆解这两个案例后，相信你对于借鉴选题及二次创作已经有了一定的了解。那我们拆解选题之后，还需要注意什么呢？

（1）覆盖面

覆盖面指的是选题可以覆盖的人群，我们需要根据自身的情况去选择覆盖面。比如，参考选题是 "厦门装修的 8 个注意事项"，如果我们在广州市，能否直接改成 "广州装修的 8 个注意事项"？当然是可以的，但厦门市的面积远远小于广州市，直接将 "厦门" 改为 "广州" 的话，可能会导致覆盖面太大，比如在花都区买的房子，是不太可能找一个南沙区的装修公司去装修的。因此，这个时候把选题变成 "天河装修的 8 个注意事项"，也许会更接近参考选题的效果。

但如果一个装修号要在 "10 万元以内的装修" 和 "50 万元以内的装修" 这两个选题里选一个的话，建议选择前者，因为大家虽然都想看用 50 万元甚至更多的装修费能将房子装修成什么样子，但更多是抱着看热闹的心态。而真正需要装修的用户，大多以省钱为主，因此 "10 万元" 以内能覆盖更多用户。

（2）痛点

痛点可以理解为用户的实际需求。比如，你是一名牙科医生，在 "电动牙刷应该如何选择"

和"如何快速缓解牙疼"这两个选题里，你会选择哪一个？

答案当然是后者。不管用户有没有被牙疼折磨过，至少都会从他人口中得知牙疼有多可怕，自然会更希望知道如何快速缓解牙疼，这样一来可以为自己未来应对牙疼做准备，二来也可以给朋友提供帮助。而电动牙刷虽然越来越普及，但人们并不是非它不可，就比如我在家用电动牙刷，但出差或旅行时一样用一次性牙刷，也不会觉得不方便，更不会太在乎品牌之类的。

但如果要我在"电动牙刷应该如何选择"和"一次性牙刷应该如何选择"中选择，那么前者对应的痛点相对来说会更明显，因为痛点本身就是相对的，只是看跟什么比较。

除了痛点，我再补充一个类似的概念——痒点。二者的区别在于，痛点是指让用户痛苦的问题；痒点指的是能让用户心动而想去实现的一个目标或者愿望。比如，你要推荐餐饮相关产品，"9.9 元抢豪华自助餐"和"1 元领新品——哈密瓜口味甜筒"，前者比后者更有吸引力；你是一家旅行社的老板，"4999 元领略秀美黄山"和"9999 元畅行欧洲 8 个国家，无购物要求、无套路"，也许后者对用户的吸引力会更强。

（3）时效

时效指的是选题应与当下的社会热点、生产实践等相关。假如现在是 5 月，在一个有关冬天的选题和一个有关夏天的选题中，后者明显会更合适；在一个有关 2026 年世界杯的选题和一个有关 2022 年世界杯的选题中，明显是前者更合适，毕竟 2022 年世界杯已然成为历史，而 2026 年还没到来。

我们在找参考选题的时候，尤其要注意这一点，因为我们搜到的一些选题有可能已经是很久以前的了，不一定适用于现在。了解我的朋友也会发现，我从 2020 年开始每年会写一本书，到 2024 年已经写了 5 本了，我为什么要不停地写呢？其中很大一个原因就是时效。不同的平台、不同的规则、不同的玩法层出不穷，我也需要跟上节奏，掌握最新的知识。

（4）互动

互动指的是选题具有较强的话题性，能够引发用户的互动行为。比如，"卧室这么装修更好看"和"婆婆看了都喜欢的卧室应该这么装修"，后者就比前者更有话题性，因为加入了"婆媳关系"；又如，你是一名游戏主播，那么主打推荐聚会可以玩的游戏、情侣玩的游戏、目前市面上最火的游戏当然就会更有话题性，相反如果你推荐的游戏是很冷门的或者是适合一个人玩的，可能话题性就没那么强了。

（5）相关

相关指的是选题要跟账号本身的内容方向相关，因为有的时候我们会发现，有些选题虽然可以通过关键词标签搜索出来，但可能和账号的内容方向并不相关。比如，你是小吃店的老板，通过搜索"夜宵"可以找到"夜宵摊水果捞少称，摊主还态度蛮横"，这是新闻资讯类选题，这类选题因为话题性很强，自然有比较高的流量，但却跟你没有什么关系，因此这个选题就不能作为账号的选题。

不少账号禁不住流量的诱惑，容易看到什么话题火就发相关内容，不去考虑选题是否与自身账号的内容方向相关，这样其实就算做出了爆款，也会发现粉丝是不会增长多少的，因为这些流量是火的话题带来的。所以，保持选题与账号的内容方向相关可以说是我们运营账号的一个基本原则，这也是我们一开始就确定账号定位的意义。

(6) 情绪

一般情况下，我们把情绪分为正向高唤醒、正向低唤醒、负向高唤醒和负向低唤醒。正向高唤醒指的是崇拜、兴奋、激动等情绪，正向低唤醒指的是舒适、愉悦、轻松等情绪；负向高唤醒指的是恐惧、慌张、焦虑等情绪，负向低唤醒指的是低迷、沉默、不适等情绪。

我们常见的爆款选题一般都激发了正向高唤醒或者负向高唤醒情绪，也就是强正能量和强负能量，这两种情绪最容易调动用户的感知，引发用户的共鸣。比如重大灾难、危险警告等，这些都是容易获得高流量的选题。

但我想在这里强调一点，除非特殊情况，我们应尽可能只输出正能量的内容，毕竟我们作为公众表达者也要有自己的人设，负能量的内容发多了，哪怕跟我们没有直接关系，久而久之也容易让用户产生情绪关联，觉得我们的账号就是充满负能量的，这对于转化成交是很不利的。当然，如果你是通过行业内某条负面新闻切入，换个角度去输出正向的内容，这也是可以的，但这很考验你的文案写作功底。

> **思考**
>
> 看到这里，相信你对于选题的筛选、优化、借鉴、延展都有了一定的了解。你觉得哪一种选题方法更适合你？为什么？你有没有其他很独特的选题方法？

3.5 拍摄优化，提升画面冲击力

我们知道了如何给账号找更合适的选题，也看到了对标账号的一些可以参考的内容，现在终于轮到我们自己去拍摄了。于是很多人又开始犯怵了，总觉得拍摄是一项很专业的技术活，自己搞不定。

其实，对于我们而言，一个人、一部手机，就已经完全足够了。在拍摄过程中，你会逐渐成长起来，慢慢发现，手机的功能已经满足不了你了，你自然就会越来越专业，当然这都已经是账号运营中后期的事了。而现在，你只需要拿出你的手机就可以开始了。

3.5.1 3个原则助你拍出更美的画面

不管你是喜欢拍照片，还是喜欢拍视频，只要记住 3 个原则，你的拍摄水平就能得到很大的提升。我在线下讲课的时候，总会在讲这个部分之前先邀请 3 个学员给我拍几张照片和几段视频；然后我开始讲这 3 个原则，讲完之后我会邀请他们再帮我拍一次。两次的成片一对比，效果就会非常明显。

现在请你拿出你的手机，按照下列要求拍 4 个素材。

- 拍一张展现桌子上水果的照片，比如一个苹果或者几根香蕉。
- 拍一张展现户外风景的照片，照片的主角可以是一棵树、一朵花或者一间房子。
- 拍一段展现家人或者朋友面对镜头坐着的视频，表现其上半身的形象。
- 拍一段展现家人或者朋友走路的视频，你从侧面跟拍，表现其全身的形象。

请完成以上拍摄任务，将照片保存在手机中，再继续往下看。

我们提到的 3 个原则分别是稳定、清晰、三分法，下面一一来讲解。

(1) 稳定

对于你拍摄的展现家人或朋友走路的视频，你是不是明显感觉到画面在晃动？当我们手持设备一边拍摄、一边走动的时候，大概率就会造成画面不稳定，这其实很影响用户的观感。

　　所以如果你需要长时间在户外边走边拍，建议你配置一个稳定器。现在几百元的稳定器性价比还是很高的，不仅支持手持，还可以展开尾部变成三脚架立在桌子上，有些品牌的稳定器还支持人脸跟踪，这样我们就不用担心拍不好主角了。

　　如果我们不需要大量走动，主要拍摄固定场景，可以用立式三脚架，这样方便固定机位，能使每次拍出来的画面更加统一。

　　尤其是只有一个人操作时，三脚架就可以起到很多作用。你知道吗？李子柒早期就是靠自己一个人不停地摆放三脚架完成所有素材的拍摄的。这里有两个小技巧可以帮你提升拍摄效率。首先，在购买三脚架的时候，可以选择有远程蓝牙遥控功能的，根据自己的需要选择蓝牙遥控距离，一般情况下选择 10~20 米即可。这样你只需要固定好机位，远程控制拍摄即可，也省去了后期剪掉多余片段的工作。其次，在户外拍摄中如果遇到大风，大风很容易把三脚架吹倒，为避免这种情况，可以购买配备挂钩的三脚架，以便把背包或者其他重物挂在三脚架上，以增强其稳定性。

（2）清晰

　　以下 4 种情况会影响画面的清晰度。

　　第一种情况，光线条件不好。如果你拍摄前面 4 个素材的时候，室内光线比较暗或者室外乌云密布，这大概率会造成画面有较多噪点，整体不是很清晰。这是因为手机系统自带光补偿功能，会通过后期把画面调亮，这会让画面增加很多白色的光点，也就是我们说的噪点。所以在光线不足的情况下，我们需要配备补光设备。

　　相信你看到过一些直播间的布置场景，其中的环形补光灯就是最常见的一种面部补光灯，可以给人脸补充足够的光线，让拍摄出来的画面更清晰；可以让人的面部更加白皙透亮，气色更好；还可以在瞳孔中投射出圆环形的光影，使人眼就像戴了美瞳，一举多得。照相馆中那些很大的白色灯罩也是补光灯的一种。还有一些补光灯是为物体补光的，比如拍摄美食或者农产品，需要更好地体现物体本身的色彩和质感，就需要配置专门的补光灯。

　　补光灯的类型很多，我们根据实际情况和需要配置即可。对于大部分人来说，环形补光灯都是够用的。

　　第二种情况，手机参数不对。现在手机一般支持 1080p 的分辨率和 30fps 的帧率，更高的分辨率还有 2k、4k 甚至 8k，更高的帧率还有 50fps、60fps 等。高级别的组合对于设备的运行能力要求更高，同时对于存储空间的要求也会更高。在大多数情况下，1080p/30fps 就够用了。如果我们想用更专业的设备，比如单反来拍摄，并且用计算机来剪辑成片，可以考虑4k/60fps，或者更高级别的组合。

　　第三种情况，拍摄的过程不对。不少人有"容貌焦虑"，觉得不用美颜相机根本不能出镜，而通过美颜相机拍摄的视频虽然能让形象更好，但画质会大打折扣。因为美颜相机的系统算法把更多功能放在了美化处理上，从而降低了画质，如果再通过其他软件对视频进行后期处理，就能明显感觉到视频质量下降。

因此一般情况下，还是尽可能用手机自带的相机进行视频拍摄，然后根据自身的需求，通过后期加入美颜效果。这样不仅能保留视频原有的画质，也能达到你想要的美颜效果。

第四种情况，传输的过程不对。很多人用手机拍完素材之后直接用微信传输，虽然勾选了"原图"，但其实素材的质量还是会被压缩，所以建议拍摄完之后直接在手机上剪辑，或者尽量使用网盘工具来传输素材，以确保素材质量不被压缩。

（3）三分法

一个画面好不好看，很大程度上取决于构图。构图方法有很多，比如中心构图、对角线构图、螺旋形构图等，对此感兴趣的朋友后续可以通过各种课程及书籍进行更专业化的学习。对于现阶段的大多数人而言，只需要运用一个构图方法就够了，那就是三分法构图。

什么是三分法构图呢？简单地说，就是在水平、垂直方向分别用两条分割线将画面平分成 3 份，总共分成 9 等份，如图 3-9 所示。

图 3-9　三分法构图

上方的这根横线和其上的两个交点很重要，我们在构图的时候，应尽量把最重要的地方放在这根横线上，或者其上的两个交点上。

拍摄人物的时候，你觉得人物的什么部位比较重要？没错，是头部。那再具体一点呢？你看向一个人的时候，会最先看他的什么地方？没错，是眼睛。我们在拍摄人物的时候，把人物的眼睛放在上方的横线上，画面的构图就会更好。

为了让你更直观地感受到构图带来的差异化效果，我用图 3-10 来举例。

图 3-10　竖屏构图图示

如图 3-10 所示，右图直接用人物撑满了这个画面，会让人产生一种拥挤感；中间的图把眼睛放在了画面中央，造成头顶上方多出了很多空间；而左图采用了三分法构图，眼睛刚好经过分割线，这样头顶上方有一定的空间，画面整体更协调。

横屏构图也是一样的，我用图 3-11 来举例。

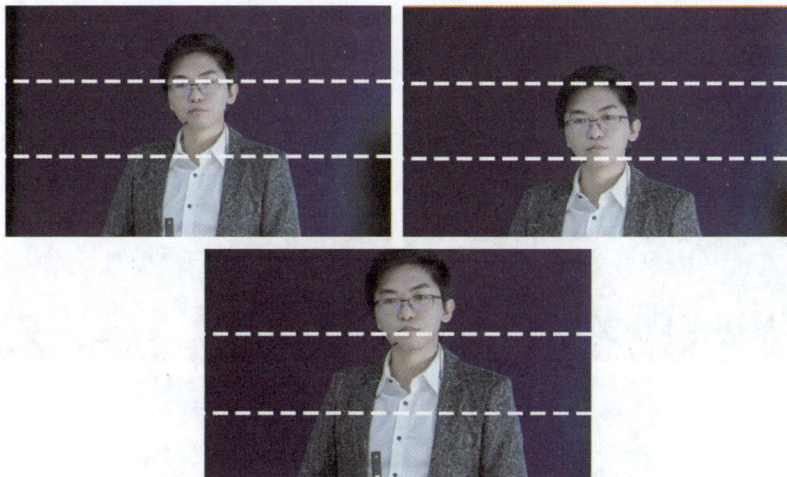

图 3-11　横屏构图图示

你是不是可以明显感受到，当眼睛经过上方的横线的时候，整个画面是最和谐的？

那分割点需要怎么运用呢？当拍摄主体，比如一只小狗、一朵小花、一颗草莓、一个湖泊等，在整个画面中的占比相对较小的时候，我们就可以把这个主体放在分割点上。

下面再给你举一些例子，图 3-12 是我平时运用三分法拍的照片，它们可能没有那么出众，但至少能让你理解竖屏中分割点的运用方法。

图 3-12　竖屏中分割点的运用图示

　　左边的图表现的是在青海果洛拍摄的阿尼玛卿山，前景中有一个石堆，它被放在左下方的分割点上，既不影响背景中阿尼玛卿山的雄伟，也给整个画面增加了抓人眼球的元素；中间的图表现的是在西宁南山公园拍的一片花海，我将其中一朵花作为主体放在右下方的分割点上，突出了它的鲜艳，同时虚化背景；右图展示的是在飞往青海的飞机上拍的雪山，雪山被放在了下方的分割线上，同时山尖的部分被放在左下方的分割点上，配上蓝天白云，整个画面就特别美好，这是目前我的所有摄影作品中我最喜欢的一张，我一直将它用作手机壁纸。

　　横屏的分割点运用也是一样的，我们再来看几个我拍摄的案例，如图3-13所示。

图 3-13　横屏中分割点的运用图示

　　图 3-13 中，上方左侧的图表现的是江西庐山上的一个湖，我把湖岸线放在了下方的分割

线上，并把湖上的凉亭放在了左下方的分割点上，这样的构图使凉亭在山水之间成了最美的点缀物；上方右侧的图表现的是在大理洱海拍的日出，我把水平线放在下方的分割线上，将一只海鸥作为主角放在右上方的分割点上，整个画面就显得很唯美；下方的图表现的是在三亚的蜈支洲岛上拍摄的一架观光直升机，我把它放在了左上方的分割点上，在蔚蓝的天空下，白色的机身及红色的点缀物成了最美的元素。

现在请根据上述 3 个原则，再次拍摄前面提到的那 4 个素材。

拍摄完成后，对比之前拍的 4 个素材，相信你自己就能看到其中的进步。所以你看，拍摄一点都不难是不是？下面我们进入下一个阶段的学习。

3.5.2 不同景别的拍摄技巧

在前面的练习中，我们拍摄了桌子上的水果，也许有些人在拍摄时距离苹果很近，这时苹果在画面中的占比很大；也许有些人是站在比较远的地方拍的，这样苹果可能只是画面里的一个小点。这种因为拍摄主体与拍摄者距离的关系造成的画面占比的区别就是景别。

景别按拍摄主体与拍摄者距离由远到近分为：远景、全景、中景、近景、特写。

(1) 远景

远景一般用来展示人物及其周围广阔的空间环境、自然景色及群体活动等大场面，从较远的距离拍摄人或景，视野宽广，人物较小，背景占主要地位，画面给人一种宏大的整体感。

图 3-14 所示是一张在宁夏沙漠拍摄的照片，图中我站在当地最高的一个沙丘顶上，显得沙漠特别浩瀚，天空更是无比宽广，这就是典型的远景。在有的电影中，主角登上山顶或者站在船头的时候，镜头通常会以主角的视角去呈现其眼中的场景，来表达一种豁然开朗、守得云开见月明的畅快感。

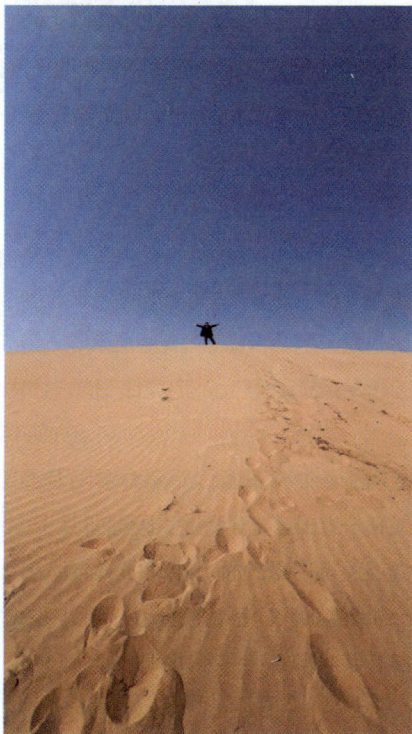

图 3-14　远景示例

（2）全景

全景一般表现人物的全身，整体的活动空间较大，将人物的体型、衣着打扮，甚至身份都交代得比较清楚。全景比远景更能够全面地诠释人物和环境之间的密切关系，反过来也可以用特定的场景环境来表现特定的人物。

图 3-15 所示是我某次在线下讲课的时候由摄影师抓拍的照片，照片展示了我的全身，我头上戴着耳麦，手上拿着翻页笔，站在讲台上，这就可以体现出我作为一名老师的身份。我们在看影视剧的时候，会看到一个人走在办公室的全景并明白他是一个职场人士，会看到一个人躺在病床上的俯视全景并明白他是一个病人，这就是我说的人物和场景密不可分的意思。

图 3-15　全景示例

（3）中景

我们把画面的底边刚好卡在人物膝盖附近来表现人物形象的画面称为中景。但有一点要注意的是，在拍摄中比较忌讳将画面的底边刚好卡在关节部位，比如膝盖、脚踝、手肘等。所以拍中景的时候，可以将画面的底边卡在膝盖往上一点的大腿处，也可以卡在膝盖往下一点的小腿处。

中景和全景相比，背景的范围有所缩小，环境变成了比较次要的存在，重点在于表现人物的上身动作。中景可以更好地表现人物的身份、动作及人物通过做这一动作想要达成的目的。画面中有多人时，中景还可以清晰地表现人物之间的关系。

图 3-16 也是我某次在线下讲课的时候摄影师抓拍的，画面的底边卡在大腿处，这就是典型的中景。你可以清楚地看到我拿着翻页笔正在认真地聆听，前景中还有一些虚化的人，这就可以交代出当时我在和学员互动，人与人的关系更加突出，而背景就相对弱化了。在影视剧中，当男女主人公在一个路口再次相遇时，两人的关系往往是通过互相切换两人的中景画面来表达的。

图 3-16　中景示例

(4) 近景

　　近景一般把画面底边卡在人物胸口附近的位置，主要用于着重表现人物的面部表情，从而展现人物的内心世界，是刻画人物性格的有力的景别。拍摄近景的时候，构图应尽量简练，背景一定要避免杂乱，否则会很容易夺取用户的注意力，弱化人物。因此条件允许的话，我们可以尽量用长焦镜头拍摄，这样就可以利用小景深来虚化背景。

　　这里提到了"景深"这个词，景深指的是拍摄的时候由于光圈和焦距等因素，造成拍摄主体及背景清晰范围产生比较明显的区分效果。大小景深效果的区别如图 3-17 所示。

图 3-17　大小景深效果的区别

　　可以看到左图中人物和背景都是清晰的，我们甚至能清楚地看到背景中 PPT 上的文字，这种情况我们称为"景深大"，也就是清晰的范围大；而右图中除了人物的脸部，讲台和背景都是虚化模糊的，这种情况我们称为"景深小"，也就是清晰的范围小。

　　但对于这两张图片，你是不是反而觉得右图的清晰度更高一些？有研究表明，"清晰"是一个主观的概念。当我们注视一个物体的时候，余光所及的其他地方其实都是虚化的，所以大脑会自动把我们看到的画面分成 3 层：前景层、注视层和背景层。

　　例如，此刻你把书立起来放在桌子上，在书的前面放一个鼠标，当你注视着这本书上的文字时，你会发现，前景层的鼠标是模糊不清的，背景层的墙壁或者书桌也是模糊不清的，只有书本上的文字是清晰的。这个时候，大脑才会告诉你"清晰"这个概念。如果前景层、注视层和背景层都是清晰的，你反而就没有清晰的感觉了。

言归正传，我们继续说近景。在图 3-18 中，我的表情和我的肢体语言都是非常清楚的，你能看出来我在努力表达自己的观点，眼神坚定地看着一个方向，你可以推测出我是在看着一个学员，回答他提出的问题。你看，在这个时候，背景几乎是可以完全忽视的，你的注意力会全部集中在人物的表情和肢体语言上。

图 3-18　近景示例

（5）特写

也许你不一定听过以上 4 种景别，但特写你一定听过。特写镜头中，拍摄主体占据画面的大部分，这样就能给用户带来直接的视觉冲击。

但要注意的是，特写一定不能滥用，偶尔用一次可以画龙点睛，但一直用特写不仅会削弱画面的表现力，还会让用户产生厌烦的心理。

图 3-19 是摄影师抓拍的一个特写镜头，你可以清晰地看到人物眼神坚定地看向远方。这就是一个很典型的特写示例。

在经典电影《大话西游》中，紫霞仙子对着至尊宝眨眼的特写镜头惊艳了许多人。当你学会运用景别之后，你会发现自己看电影的时候，不再是单纯地去看剧情，而是会去关注导演使用的景别。也只有这时，你才能真正体会电影最本质的魅力，你甚至会因为一个远景镜头而潸然泪下，会因为一个特写镜头而惊叹不已。这才是我们学习的意义。

如图 3-20 所示，细心的你应该发现了，我所使用的图片示例中，除了远景示例使用了中心构图，其余两个示例都使用了三分法构图。

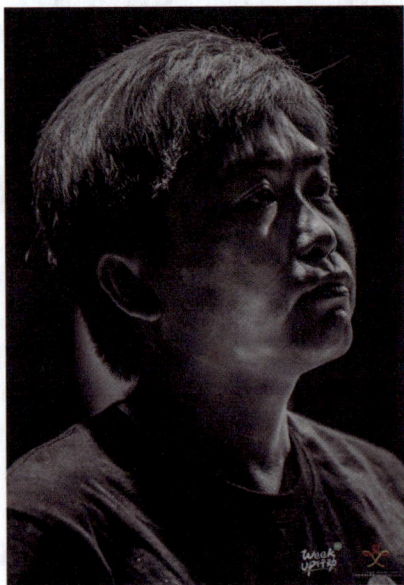

图 3-19　特写示例

所以我们在学习的时候，要学会融会贯通。

图 3-20 景别和三分法构图的结合

3.5.3 让镜头动起来

在前面的练习中，我要求你从侧面跟拍你的家人或者朋友，这种拍摄手法其实就是运动镜头的一种。

所谓运动镜头，顾名思义就是不将手机或者相机用三脚架固定在一个地方，而是根据需要将其进行移动。这样的操作可以让画面更有代入感，就仿佛镜头代替了你的眼睛，带你去看很多难得一见的场景，可大大提升你的观感。

那运动镜头都有哪些呢？

（1）推镜头

推镜头指的是把镜头逐渐推向拍摄主体，使拍摄主体在画面中的占比越来越大，一般用于突出拍摄主体。比如，一名特工正在街上环顾四周熙熙攘攘的人群，突然锁定了其中一个很可疑的人，这个"锁定"动作往往就需要用一个推镜头呈现。

（2）拉镜头

拉镜头指的是使镜头逐渐远离拍摄主体，它是推镜头的反方向操作，这样就会让拍摄主体在画面中的占比越来越小，从而呈现出拍摄主体所处的场景，以及拍摄主体和场景的关系。比如，特工锁定目标之后，按理说就可以直接行动了，可是镜头慢慢拉远，目标人物的身边还有 5~6 名健硕的保镖，这也就交代了特工遇到了新的困难和麻烦。

(3) 移镜头

移镜头指的是手持设备在移动的状态下进行拍摄，这个过程中，画面中的景物会因为镜头的移动而徐徐呈现。

(4) 跟镜头

跟镜头指的是跟随拍摄主体一边移动一边拍摄，比如可以跟在他的身后，也可以在他的前面及侧面。利用跟镜头拍摄的画面中，拍摄主体从始至终都在相对固定的位置，而其身后的场景一直在变化。

很多人总是分不清跟镜头和移镜头的区别，的确，它们有类似的地方。比如，我们在运行的火车上拍车窗外的景色，就是移镜头。这个时候，不远处开来了一辆火车，两列火车平行行驶，镜头中的火车是相对静止的，而火车后的风景一直在往后飞速"滑动"，这个时候就变成了跟镜头。你发现了吗？其实二者的区别就在于有没有固定的拍摄主体，没有就是移镜头，有就是跟镜头。

(5) 摇镜头

摇镜头指的是设备所处的点位保持不变，但镜头左右或者上下摇动。你可以理解为在摇镜头的过程中，镜头在空中画出了一个扇形。摇镜头一般用来表现拍摄主体在扫视周围时的第一视角，比如你进入一家新开的公园，进门后你环顾了一下四周，此时你的眼睛就在"摇镜头"。

很多手机都有全景模式，拍摄全景的过程中你需要持续转动手机，以把180°甚至更大角度范围内的内容都呈现在一张照片上，这个过程其实就是摇镜头。摇镜头可以用第一视角把拍摄主体所处的环境交代清楚，能增强画面的代入感。

(6) 环镜头

环镜头指的是将镜头环绕着拍摄主体进行拍摄，一般用来呈现拍摄主体胜利时的喜悦和氛围感，比如在山顶上高举双手，在船头振臂欢呼，就可以用环镜头来呈现。

(7) 高角度

当镜头上升到很高的高度，比如摩天大厦的顶部、山顶或者航拍无人机上，它就能用鸟瞰的形式重新"观察"这个世界。有些电影喜欢用高角度来表现人类的渺小，会让镜头从人类头顶一直上升，直至云层甚至太空。

(8) 低角度

因为我们习惯了日常生活中的视角，所以只要改变一下视角，就会有非常不同的感官体验。

低角度就是把镜头缓缓下降到地面，甚至水下。很多短视频创作者会用自拍杆固定手机，然后慢慢地将手机置于水中去拍水下的世界。我们看到那些漂动的水草和可爱的小鱼小虾时，就会觉得很新奇，这就是因为不同视角给我们带来了新的感官体验。

所以我们在拍摄的时候，可以多运用运动镜头来让画面鲜活起来。

思考

在 3 个原则中，哪一个对你的启发最大，或者让你的作品变化最大？和之前的作品相比，你现在的作品有哪些显著的提升？

3.6 剪辑优化，增加内容的节奏感

剪辑能让你的作品锦上添花！很多人会花很多时间在拍出 100 分的素材上，但其实很多时候，你只需要拍出 80 分的素材，剩下的 20 分完全可以交给剪辑来完成。

对于视频剪辑，相信大家多多少少都有所了解，而且现在剪辑软件越来越"保姆化"，大家只要愿意花点时间去摸索一下，就非常容易上手。我将近 70 岁的母亲用剪辑软件用得可顺畅了，我时不时就看见她坐在沙发上，戴着老花眼镜奋力创作。对于基础简单的操作我就不展开讲了，主要跟你分享 3 个提升剪辑效率的妙招和 3 个进阶的剪辑技巧。

首先是 3 个提升剪辑效率的妙招。

妙招一

我先问你一个问题，如果你拍摄视频的时候发现自己忘词了，这个时候是应该先暂停拍摄，等想起来该说什么再继续拍摄，还是直接继续拍摄？

答案是直接继续拍摄。不少新手在拍视频的时候会紧张，容易忘词，如果不停地暂停拍摄，就会让相册里存满小段的素材，这样剪辑起来会比较费劲。同时，因为你多了一个暂停动作，你的位置甚至是你的状态都会发生改变，剪辑出来的画面也会受影响。

所以，如果你在拍摄的过程中发现忘词了，正确的做法是不动手机，让自己停顿几秒钟，想想台词，然后继续往下说。这样当你把素材导入剪辑软件的时候，素材是一整段，而且当软件自动识别字幕时，你会发现字幕和字幕之间存在着比较大的间隔，这些就是你当时忘词的片段，将其剪掉即可，这样是不是方便很多？

妙招二

很多人说：我就是记不住台词，怎么办？在前期，我们可以使用一个工具——悬浮提词器，直接在微信中搜索"悬浮提词器"，能看到有不少对应的小程序，选择一个你用得顺手的即可。这样你就可以一边拍视频一边看着台词说话了。

但是我要强调一点，我们在前期不熟练的时候可以照着台词去读，慢慢熟练之后，应把台词换成一些关键词，甚至不再使用悬浮提词器，这样你的表现会显得更加自然。很多人对悬浮提词器有很强的依赖感，花太多的精力盯着台词，也就忽视了说话时的状态，在镜头面前显得很木讷，这样用户的观感就会不好，所以学会正确使用悬浮提词器很重要。

妙招三

操作不正确也可能导致画面不清晰，关键在于拍摄和导出两步。在拍摄视频的时候，建议采用原相机，通过化妆及补光来提升画面质感。

在导出视频的时候，记得选择和拍摄时一样的分辨率和帧率，比如你拍摄的时候选择的是 1080p 和 30fps，那么你在导出视频的时候也应采用同样的设置，这样就能让画面保持在最佳状态。

说完了提升剪辑效率的 3 个小技巧，我们开始学习进阶的剪辑技巧。我们以剪映这款剪辑 App 为例进行操作说明，其他剪辑 App 的操作与之类似，大家可以举一反三。

3.6.1 如何使用转场效果让不同素材衔接得更流畅

在素材衔接的过程中，难免会出现不同景别相邻的情况，比如上一个镜头是表现人物的全景，下一个镜头就变成了近景，因为人物不变，甚至场景不变，这样的景别相接可能会让画面跳脱，显得不自然。这个时候我们就可以在两个素材之间加入转场效果，让它们衔接得更自然。

在剪映中添加多个素材之后，素材和素材之间会出现一个白色按钮，如图 3-21 所示，点击该按钮即可进入转场效果选择页面。

图 3-21　剪映转场效果选择页面入口

从图 3-22 中可以看到，在弹出的页面中，最上方是搜索框，如果你比较熟悉有关转场的术语，就可以直接输入术语搜索，比如"闪光""转黑"等，再从搜索结果中选择最喜欢的效果即可。

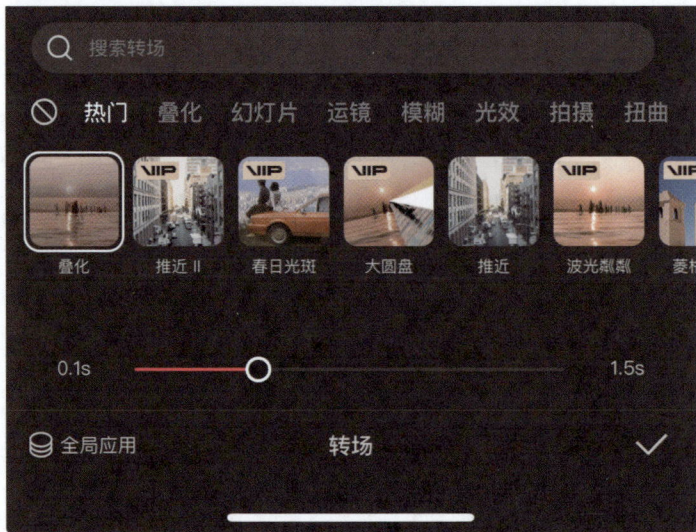

图 3-22 剪映转场效果选择页面

在搜索框的下方，我们可以看到"热门""叠化""幻灯片""运镜"等选项，这些是转场效果的大类，每一个大类都包含很多效果，点击具体效果就可以直接预览其在素材中的呈现效果。"0.1s""1.5s"指的是转场效果持续的时间，如果素材的时长较长，且节奏比较缓慢，那就可以设置1s或者1.5s，但如果素材的时长短，节奏也比较快的话，最好设置0.5s。

点击页面左下角的"全局应用"按钮可在所有素材之间都插入一样的转场效果，一般情况下不使用该功能。除非某些特定的视频对转场效果有固定的要求，这个时候就可以用"全局应用"一键完成布局。

你会发现，加入转场效果之后，素材和素材之间的衔接不会显得过于突兀，而是更加自然和顺畅，用户的观看体验也能得到较大的提升。

举个例子，你要拍摄领导在台上演讲的视频，但其演讲的过程中出现了一些状况，比如话筒没声音了，等换好了话筒之后，领导继续演讲，不仅领导的位置有了比较大的变化，而且领导的语气和状态也会因受到一些影响而与之前不同，如果你只是简单地把换话筒的那一段剪掉，就会让整个视频看起来不顺畅。如果你在前后内容衔接处加入"推近"这一转场效果，用户便会觉得你切换了机位，自然也就不会觉得视频不顺畅了。

3.6.2 如何使用曲线变速提升视频的节奏感

我们都知道可以通过对视频进行变速处理，把一段较为冗长的视频变得更加简短。一般我们用到的都是常规变速，也就是匀速变速。"延时摄影"就是很典型的匀速变速，其可把原本持续了几个小时的云卷云舒过程用几十秒呈现出来。

曲线变速则能让视频有更强的节奏感。在剪映中选中需要曲线变速的视频，点击下方的"变速"按钮，就可以看到"常规变速"和"曲线变速"两个选项，点击"曲线变速"选项，可以看到"自定""蒙太奇""英雄时刻""子弹时间""跳接""闪进""闪出"等功能选项，如图 3-23 所示。

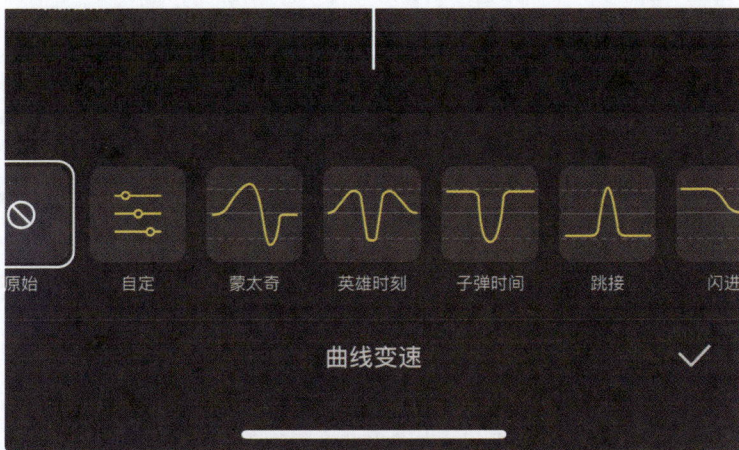

图 3-23　曲线变速功能选项

如果你对于曲线变速有比较独到的见解，完全可以自定义变速的节点，从而达到理想的效果。如果你对此还没有什么经验，建议先试用平台提供的常见曲线变速功能。

我们要学会看曲线变速的图，图中有 3 根横线，中间的直线表示视频的正常播放速度，上方的虚线表示加速，下方的虚线表示减速。以"蒙太奇"为例，其效果表现为视频一开始按正常速度播放，逐渐加速之后突然减速，然后回归正常速度。其常用于介绍户型或者展厅：一开始走进大门的时候可以用正常速度的跟镜头，但从大门走到第一个有亮点的地方可能用时比较久，这个时候可以用加速的跟镜头来帮助用户省去多余的时间，来到有亮点的地方时用减速的摇镜头，就可以把亮点很好地呈现在用户的眼前，然后回归正常速度。这样就可以把亮点更好地呈现出来，同时不会导致视频过长。

《复仇者联盟》中就经常使用曲线变速，复仇者联盟大战从四面八方围过来的敌人时，导演通过使其打斗速度越来越快来呈现战场的激烈程度，然后用一个减速的环镜头，让观众看到每一个超级英雄最帅的打斗姿势：他们看似各自为战，实则互相帮助，并且呈现出各自的特色。之后继续呈现快速打斗的场景，一下子把观众拉回残酷激烈的现实中。

所以合理运用曲线变速，可以给作品带来不一样的效果。比如，我们要拍美食，在呈现准备过程时可以加速；在呈现细节的时候可以用正常速度；当展示成品的时候，可以通过减速来更好地呈现其特点。这样整个视频也就拥有了定制的节奏点，更容易抓住用户的眼球。

当然，这需要我们在脑海中对于想呈现的内容进行安排，就像放映电影一样在脑海里将画面预览一遍，这样才知道什么时候该加速，什么时候该减速。如果你现在还做不到，没关系，在学习和实践中，你慢慢也会获得这项技能。

3.6.3 如何妙用关键帧锦上添花

也许有些小伙伴还是第一次听说"关键帧"这个词，它是什么意思呢？简单来说，它就是视频中某个元素的位置、大小、颜色等属性的标记，如果两个标记之间发生改变，那么系统就会通过计算直接生成平滑的过渡效果。

比如，为画面左上方的一个图标添加一个关键帧，5 秒之后，把这个图标移到画面的右下角，并添加一个关键帧，那么系统会自动生成一个 5 秒的视频，画面中有一个图标从左上角一点一点地移动到右下角。

再如，画面中有一个图案是黑色的，为它添加一个关键帧，5 秒之后，把这个图案的颜色设置为白色，再添加一个关键帧，那么系统就会生成一个 5 秒的视频，画面中的图案由黑色逐渐变为白色。

所以如果你能用好关键帧的话，它就能帮助你实现很多效果。那"关键帧"按钮在什么位置呢？答案如图 3-24 所示。

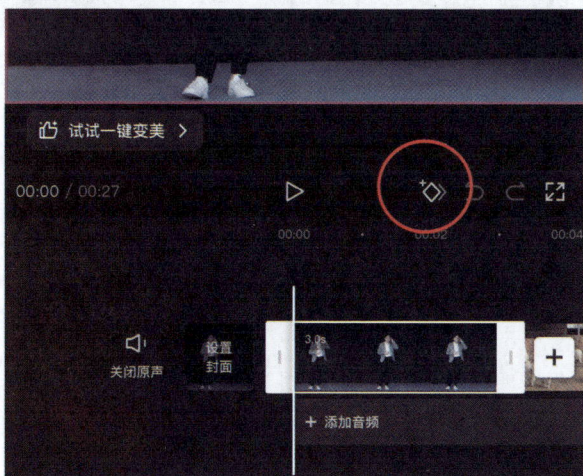

图 3-24　"关键帧"按钮

当我们选中素材的时候，时间轴上方会出现一个菱形的图标，这就是"关键帧"按钮。当你理解了关键帧的用法，你就可以产生非常多的创意。

举个例子，我们即使只有一张图片，也能用关键帧实现移镜头的效果。找到一张横屏图片，导入剪辑软件，图片默认在画面中居中显示，造成画面上下出现黑色的空白部分。把图片等比例放大，使图片的上下两边和预览框贴合，这时图片是满屏呈现的，而我们只能看到图片的局部。

把图片移动到预览框的左边，使图片的上、下、左 3 边都和预览框贴合，然后把时间轴上的对齐线移动到图片的开头，如图 3-24 所示，点击"关键帧"按钮。然后平移图片，直到其右边和预览框的右边贴合，并把对齐线移动到图片的末尾，再点击一下"关键帧"按钮，这个时候预览，你就会发现，原本的图片像移镜头一样，画面从左到右平滑地呈现出来。对于关键帧的操作，如果你看不太明白，可以上网查找资料，网络上相关内容很多。

思考

　　如果你之前剪辑过视频，你剪辑的视频中有哪些地方是可以优化的？如果你没有剪辑过视频，那么看完以上内容，你最大的收获和启发是什么？

3.7 指标提升，给你增加正反馈

运营账号很重要的一点就是坚持。很多朋友之所以没能坚持下来，是因为方法不对，这导致没有理想的播放量，没有良好的互动效果，更没有有效的转化。没有这些正反馈的鼓励，你是很难坚持的。如果你一边阅读本书一边操作，这时你应该已经发布了一些新作品，你也会发现，只要用对了方法，正反馈自然就有了。

此节旨在帮助你获得更多正反馈，找到源源不断的运营账号的动力。

3.7.1 如何提升视频的播放量

想要知道如何提升视频的播放量，就需要先知道播放量是怎么产生的。

除了我们自己将视频发到朋友圈或者微信群里产生的播放量，其余的播放量主要源于4个渠道：第一，朋友给视频点赞后，他们的朋友可以通过好友点赞的推荐算法看到我们的视频；第二，很多人给视频点赞之后，平台检测到视频有热度，会将视频推荐给更多人；第三，如果我们所用的关键词刚好契合用户的兴趣点，用户大概率也会看到我们的视频；第四，用户关注我们之后，我们每次更新，平台都会优先为用户推荐我们的视频。

（1）多渠道发布作品

在抖音、小红书这些以公域流量为核心的平台中，你发布了一个作品之后，把作品链接发到朋友圈、微信群等私域中，并不能得到较为持久且有效的流量支持。而且以公域流量为核心的平台都是以用户的互动量及停留时长等指标来判断内容的质量和账号的健康度的。如果我们在私域发抖音、小红书这些平台的作品，就会造成流量高，但用户的互动量和停留时长完全不达标的情况，这反而会造成系统判断账号不健康的情况。

视频号的底层算法则不一样，在私域发布视频有助于提高账号流量，甚至很多头部账号都是依靠私域的忠实粉丝的数据支持才能出现在更大的流量池中。因此，我们可以整合一切跟微信相关的私域流量渠道进行内容分发，甚至和一些比较活跃的微信群主达成互相推送的合作协议，他们的账号内容可以推送到你的粉丝群中，而你的账号内容可以推送到他们的粉丝群中，这样就可以覆盖更大范围的人群。

此外，既然你已经决定了要好好运营视频号，就不要"玻璃心"，别害怕丢脸。你可以将用心创作的视频发到朋友圈里，而且还可以多次转发，提醒好友观看。有个段子说得很好，想成功要拥有 3 个特质：第一，坚持；第二，不顾面子；第三，坚持不顾面子。虽然这看着像是一个笑话，但其实话糙理不糙，你足够不顾面子反而才是你决心做好这件事的前提。

我给你讲一个我的真实故事。当初刚开始运营新媒体的时候，我获得第一个粉丝后专门发朋友圈宣传了一下，我记得那条朋友圈应该是当时我点赞量最少的一条，因为它并不是那么容易获得大家的认可，甚至有人觉得我"不太正常"，但正因为这样，我才能把运营新媒体这件事做成。

（2）多在作品中使用关键词

在前面的内容中，我们提到关键词主要有两种，一种是行业关键词，一种是地理关键词；并且介绍了使用行业关键词的两大原则，以及如何将关键词和账号名字结合。

除了账号名字，我们还可以在很多地方使用关键词，让平台更容易抓取关键词，自然也就能将我们的作品推送给更多精准用户。

第一，在简介中使用关键词

还记得吗？简介需要体现价值、够简洁及给指令。在这个基础上，我们还要尽可能地把关键词融入简介。

比如，一个职场号的简介是"你身边的职场小帮手，每天更新职场心得，欢迎关注"。你会发现，不管是"你身边的职场小帮手"，还是"每天更新职场心得"，从整个简介中能提炼出的关键词其实就只有"职场"这一个，且还是职场领域核心的关键词（因为一个行业中的核心关键词往往是行业名称本身）。

也许你会问，直接使用核心关键词不就等同于获取了最大的流量潜力吗？的确没错，但同时，你也获取了足够多的"竞争对手"。

这个领域里，几乎所有同行都会使用"职场"这个核心关键词。也正因为这样，每个视频都能被系统提炼出这个关键词。那么用户在搜索"职场"的时候，就会把所有行业账号都搜索出来，而你的账号自然也就被淹没在了茫茫的"号海"中。因此，我们需要结合更多关键词，让用户的覆盖面更大，同时获得更多让账号被用户用其他关键词搜索出来的机会。

思考一下，职场人士会涉及哪些用户常用的关键词呢？我们可以看这个人群平时在聊天的时候会聊到什么话题，比如升职、加薪、加班、领导、面试、KPI（Key Performance Indicator，关键绩效指标）、辞职、调休、开会、工作汇报等，我们应尽可能把这些词融合到简介中。

比如，我们可以把简介修改为"你身边的职场小帮手，每天更新升职加薪小技巧，赶紧关注我吧"。你看，简介一下子就增加了"升职""加薪"两个关键词，就可以覆盖更多用户可能搜索的内容，极大提升了账号被搜索到的概率。

第二，在标题中使用关键词

很多时候，我们写的标题虽然很长，但缺少有效的关键词，甚至完全没有关键词。举个例子，你开了一家女装店，你写的标题是"这套衣服也太好看了吧，你穿出去一定会有很多人对你竖起大拇指"。乍一看，这是一个很长的标题，但其中几乎没有有效的关键词。

因此，拟好标题的关键不在于长，而在于把和行业、内容相关的关键词很好地结合在一起，变成一句很通顺的话。为了检验你对关键词的理解，接下来我们用几个案例来进行练习和分析。请优化以下标题。

> 标题一：做对这几步，你家也会变得很好看
>
> 标题二：喜欢吃烧烤的可以看过来
>
> 标题三：这几套衣服也太好看了吧
>
> 标题四：我们来看一下这套房子

你可以拿出纸和笔写下你的答案，然后继续往下看，对比一下我给出的答案和你的有什么区别。如果你受到启发或者有更好的答案，可以和身边的朋友交流分享。

> **优化后的标题一：客厅装修中一定要"避坑"，你家也能变成样板房**
>
> 分析：在原标题中，有效关键词只有"家"，这样比较难覆盖足够多且有装修需求的精准人群。在标题中加上"客厅""阳台""浴室"这类词，更容易抓住用户的眼球；把"装修"这个行业关键词加上，同时"避坑"作为装修人群很喜欢搜索的词，便能很好地替代"这几步"；把"很好看"这个比较抽象的形容词换成用户比较好理解的"样板房"，毕竟很多人在买房之前，都会先看看样板房，这样就可以把"很好看"具象化。
>
> **优化后的标题二：羊肉串、烤扇骨、小龙虾、烤生蚝……还有什么比下班之后来一场朋友聚会，和朋友吃烧烤更"嗨"的呢？**
>
> 分析：在原标题中，有效关键词只有"烧烤"，而随着烧烤的种类越来越多，用户的需求也越来越细化。因此我们可以把烧烤的具体名称说出来，比如"羊肉串""小龙虾"等，然后突出有关夜宵场景的关键词，比如"下班""朋友聚会""吃烧烤"等，这样就可以让标题中的关键词更丰富。

优化后的标题三：这些适合 2 岁宝宝的童装也太好看了吧！"宝妈"可以闭眼入手！

分析：在原标题中，有效关键词只有"衣服"，对于童装店来说，"衣服"这个词过于宽泛，容易造成触达用户不精准及流量流失的情况，因此换成"童装"。用"2 岁宝宝"去限定用户，能使触达的用户更精准。同时要知道，童装的消费人群一般都是"宝妈"，因此可在标题中加入"宝妈"与之匹配。

优化后的标题四：在武汉，花 10 万元就能搞定的精装修小三房到底是什么样的？

分析：在原标题中，有效关键词只有"房子"。要知道，大部分的房产交易都有明显的区域属性，也就是北京的用户一般不会跑到深圳来买房，甚至深圳南山区的人不会跑到深圳龙华区去买房，因此这类标题中最好加入地理关键词。同时，用户肯定更关心房子的价格、装修程度和户型，因此在标题中加入"10 万元""精装修""小三房"，就可以让用户更明确地知道房子的相关信息，从而减少沟通成本。

第三，在封面中使用关键词

封面很重要，是一个有可能让用户"路转粉"的元素。封面既要呈现主题，使用户了解内容的大概，也要融入关键词。我们需要把之前优化的标题再精简，将其用于封面，使其在保证主题明确的同时，又不冗长。

标题可以在字数允许的范围内尽可能利用关键词把事情说清楚，但封面不同，文字太多会让封面失去原本的意义，也会导致用户看不清具体内容。

以前面 4 个标题为例，我们可以像下面这样使用关键词设计封面。

封面一：客厅装修"避坑"指南

封面二：下班聚会吃烧烤首选地

封面三："宝妈"闭眼入的 2 岁宝宝服装

封面四：武汉 10 万元的精装修小三房

经过对比，你就能明显地感知到在封面和标题中使用关键词的区别。

第四，在话题中使用关键词

话题指的是携带"#"的关键词，本身自带链接属性。举个例子，你在视频号中搜索"职场"，可以找到很多职场相关的视频，其中一些视频的标题后就携带着"# 职场"这个话题，点击这个话题还会跳转到话题专题页，如图 3-25 所示。

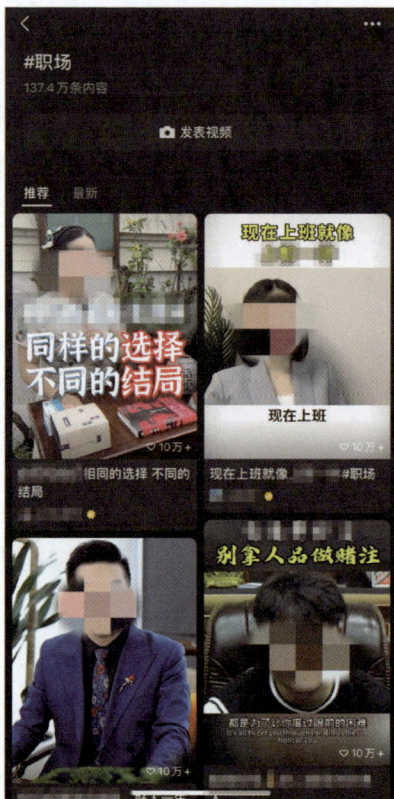

图 3-25　话题专题页

可以看到，话题专题页的上方会显示"# 话题"相关的内容条数，数值越大，代表内容越多，而内容越多，就表示平台对于此类内容的推广力度及用户的需求越大。我们可以先把行业关键词全部梳理出来，然后在视频号中分别查看对应话题的相关内容条数，根据内容条数排序，优先使用内容条数较多的行业关键词。

3.7.2　如何提升视频的完播率

用上面的方法，我们提升了视频的播放量，这也就意味着我们可以让视频覆盖更多用户。

在视频号的数据后台可以看到 4 个指标，它们分别是播放量、完播率、平均播放时长及 3s 以上播放率，如图 3-26 所示。其中，"完播率"指的就是单个视频作品的整体完播率，比如观看了视频的用户中，有一半的用户看完了整个视频，整体完播率就是 50%；而"3s 以上播放率"其实也就是"3 秒完播率",即看完前 3 秒的用户占总浏览量的比例,这也就符合"黄金 3 秒"的说法。

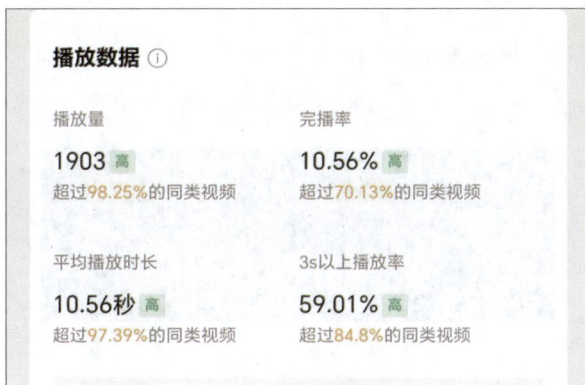

图 3-26 视频号数据后台

"黄金 3 秒"是短视频领域一个较为常见的概念,指的是视频开头的 3 秒非常重要,把握住了这 3 秒,就能极大地吸引用户的注意力。这其实是用户行为学上的一个研究结论,用户在一件事情上投入的时间越多,其就越愿意在上面花时间。3 秒便是一个基础的门槛时间点,类似于经济学中的"沉没成本"。

那我们应该如何提升视频的完播率呢?

方法一: 减少时长

很多人在运营视频号的时候往往会忘记短视频具有"短"的属性,他们讲个人故事也好,介绍企业文化也好,恨不得说上 10 分钟。在用户对我们还没什么基础认知的情况下,这样做怎么可能实现完播率提升呢?而且视频时长越长,完播率就越难提升。所以在前中期,建议优先把视频时长缩短到 1 分钟甚至更短,这样可以更好地保证视频的完播率。

方法二: 亮点前置

可以把视频内容的主要亮点呈现在视频的前 3 秒,以抓住用户眼球。最常见的形式就是把视频中人物表情最夸张的、人物姿态最优美的、画面最美好的、人物动作最搞笑的、视觉效果最震撼的内容剪出来放在前面,就好像剧透一样,这就叫亮点前置。

方法三: 互动引导

我们可以在视频标题、内容及评论区中进行相关话题的互动引导,比如"看到最后有惊喜""多看几遍,每次都有新的收获""8 个大坑,最后一个最重要"等,都能提升用户看完视频的概率。当然,我们的内容一定要满足用户的期待,我们对于内容的分配也要注意这一点。就以"8 个坑"为例,其中第一个坑一定要是颠覆用户常规认知的,能让用户第一时间被吸引;

而因为文案说了"最后一个最重要"，所以最后一个坑应比第一个坑更令人震惊，不然就会"高开低走"，用户由于期待得不到满足，下次就不吃这一套了。

3.7.3 如何提升视频的点赞量

前面讲过，和其他平台不同，视频号中有两种点赞，如图 3-27 所示。

图 3-27　视频号中的两种点赞

可以看到，视频的右下角一共有 5 个按钮，它们分别是"关注""私密点赞""转发""点赞""评论"。从名字就能看出，这两种点赞的区别就在于是否公开。"点赞"也就是"爱心赞"，点击"爱心赞"，会让朋友圈中的好友都看到你点过赞。而如果你点击的是"私密点赞"，也就是"拇指赞"，那么系统只会显示"有一个朋友点过赞"，但不会公开具体是谁点的赞。这就体现了视频号原本就很完善的私域生态，既保护了用户的隐私，又不妨碍内容被推广。

那我们如何提升视频的点赞量呢？我们要弄清楚用户点赞的动机，其动机一般有两个，一个是表示对内容的认同和喜爱；一个是通过点赞这个动作将内容进行"收藏"，便于以后慢慢看。没错，其实很多用户都习惯用点赞来收藏内容。

怎么在视频号上找到我们点过赞的视频呢？点击个人主页右上角的人像，就可以看到"我的浏览"页面，如图 3-28 所示。

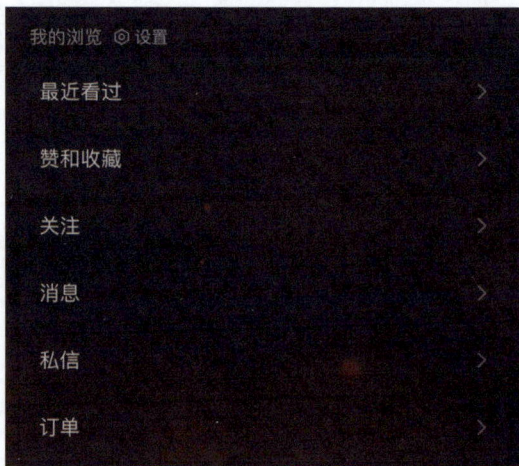

图 3-28　视频号"我的浏览"页面

在这个页面中，点击"最近看过"可以翻阅 7 天内看过的视频。如果突然想起来之前看过的某一个视频特别好，但又忘了对应账号的名字，就可以在这里找。"赞和收藏"中就是我们点赞和收藏过的视频，不管是公开点赞还是私密点赞，这里都会有记录。

因此，结合用户点赞的这两个动机，我们可以采用以下 3 个方法来提升点赞量。

方法一：增强引导

如果用户停留下来看我们的视频，并且已经快看完了，这其实就说明用户对于视频内容是认可的，这个时候用户往往会沉浸在内容中，甚至会忘了点赞互动，所以我们就需要加入合理的指令，比如"喜欢这个视频的话，别忘了点赞哦"或者"记得点个赞哦，你的支持是我最大的动力"等，这样便会大大提升用户点赞的概率。

这种指令可以放在标题中，也可以放在评论区置顶，当然最好由你在视频的结尾很有诚意地对着镜头说出来。

方法二：强化结尾

点赞行为往往出现在观看视频的中后期，除非视频开头就非常让人惊艳。因此，我们可以利用这个时间节点来对账号的价值进行强调，比如在结尾加一句"爱心点起来，下期更精彩"或者"点点小心心，升职又加薪"，这样用户就能对账号的价值及其今后发布内容的价值产生明确的感知，自然也就更愿意点赞了。

方法三：丰富内容

把更多优质的信息收集整理在一起，丰富整个视频的内容，就会让用户觉得视频很好，但是一下子看不完，于是会通过点赞来收藏视频，便于以后慢慢看，这也一样可以提升用户点赞的概率。

3.7.4 如何提升视频的评论量

你知道吗？评论量可以说是所有指标中"性价比"最高的了。为什么这么说呢？你肯定知道完播率很重要，但你有没有发现，绝大多数用户在点开评论区的时候，并不会暂停视频的播放，这也就意味着，用户在评论区停留的时间越长，视频的完播率就会越高。此外，如果我们回复了用户，他们可能会点进视频继续回复我们，这个过程不仅提升了播放量，还提升了完播率。同时，在一来一回的沟通中，评论量也在逐渐提升。因此我们只要提升了评论量，就可以顺便使播放量和完播率都得到提升，一举三得。

那怎么提升视频的评论量呢？

方法一：第一时间回复

用户给我们评论，一般有两种目的：一种是借助这个视频的热度展现自己的才华；一种是对内容有想法，想得到进一步的反馈。不管是出于哪种目的，用户都希望自己的评论能被更多人看到。而我们作为创作者本身，就应该满足这个需求，积极地给予回应，甚至是第一时间就回复。你会发现，很多用户在收到回复的时候会很惊喜地表示"哇！你居然回复我了"，可以看出来，他们对我们的回复很期待。

想象这样一个场景，你看完一个视频之后，感觉很喜欢它，点开评论区后发现一共有 8 个评论，每个评论都很用心，但作者都没有回复。这个时候，你是不是也断了想评论的念头？因此如果可以，请看到评论就回复，哪怕只有零星的一两条评论，你也要认真对待，这样其他人看到你的热情，也会更愿意去评论。

方法二：百分百回复

在多次参与企业内训或者在线下讲课的过程中，我发现不少学员喜欢挑评论回复，问其原因，无外乎就是"有些不知道该怎么回""回复过类似的了"。如果我们的账号已经是一个头部账号了，比如粉丝量超过了 10 万，每个视频评论都有几百上千条，这个时候我们挑评论回复是没多大问题的，但如果我们的账号还处于运营前中期，播放量不高，评论也不多，我们应尽可能做到百分百回复。

对于"不知道怎么回"，可以准备一句通用的引导语，比如"谢谢你来看我，我每天都会更新，欢迎常来哦"；而对于"回复过类似的了"的情况，请一视同仁地回复评论，虽然问题是类似的，甚至是完全相同的，但并不是每个人都会去翻评论找答案，所以别嫌麻烦，尽量一一回复。

方法三：不要做"话题终结者"

在日常生活中，我们都知道在重要的场合不能做"话题终结者"，而评论区其实也是一种很重要的场合，对于评论，我们不能简单地敷衍了事，更不能去终结话题。想象一下，用户就是你许久未见的好朋友，他们向你问好，要的肯定不只是你的一句"你好"；他们真诚地夸赞你，要的也肯定不只是你的一句"谢谢"。

比如，用户评论："这个视频的文案写得真好！"你可以回复："知己难寻啊！这篇文案的确花了我不少心思，你最喜欢其中哪一句？"你看，这个时候你又往回丢了一个问题，如果对方认可你，大概率会继续回复你，这样你一句、他一句，评论区自然也就热闹了起来。又如，用户评论："今天你推荐的蒜蓉小龙虾看着好好吃！"你千万别回一句"谢谢"就终结话题了，你可以回复："看得出你也是吃货一个！那你有没有什么爱吃的，也给我推荐一下？"这样，用户大概率也会向你分享他爱吃的美食。这不仅增加了评论量，也让你有了后续的选题方向。

同时，我们要想方设法找到用户的需求点。比如，我们运营了一个装修号，那么用户的评论大概率是最近家里在装修，或者之前装修踩了一些坑，这些都是我们展示专业能力的机会；我们运营了一个护肤号，那么用户的评论大概率是在寻找一款更合适的产品，或者想尝试更多的新产品，这些也都是我们借机宣传产品的机会。

写到这里，我想起了一个学员的故事。2018 年，我在线下讲课的时候认识了一个卖门窗的"70 后"老大哥，当时半天课程的信息量比较大，他只记住了"不要做'话题终结者'"这一点。刚好那时候他有一个视频的播放量比较高，于是他就盯着评论区，一有用户评论就马上回复，想方设法和用户聊起来，就这样抱着手机回复了两天。结果这个视频的播放量突破了 5000 万次，视频中的门窗销量也得到了大幅提升。

方法四：主动引导评论

和引导点赞一样，主动在标题、内容或者评论区等地方进行评论引导，比如"你还遇到过什么问题？欢迎留言一起讨论""分享你要去的城市，我将奉上一份旅游宝典""你觉得小龙虾是麻辣的好吃还是蒜蓉的好吃？""在你的家乡，人们过端午节吃的粽子是咸的还是甜的？"，这些都能提升用户参与评论的概率。

也许有人会问，我找不到相关话题去引导评论该怎么办？其实，你可以参考一些知名博主的互动方法，他们会直接在评论区提一些日常的问题，比如"你今天中午吃了啥？""这个五一假期你打算去哪里玩？""你想在下个视频中看到什么内容？"等，这些都能有效引导评论。

方法五：优先选择话题性较强的选题

前面我们学习了用户痛点选题法，有关用户痛点的选题自带较强的话题性。比如，同样是有关装修的选题，"年轻人就该这么装修"和"果然装修时不能只听父母的"相比，后者是不是更具话题性？

当然，选择话题性强的选题时，千万要注意对内容相关性的把握，否则很容易让用户偏离原本应该关注的重心。比如，一个学员知道选题需要有话题性，于是就选择了萌宠话题，拍了小猫在沙发上玩耍的视频，该视频的确火了，也引发了很多评论，但从始至终没有一个人知道他其实是在推广沙发。

3.7.5　如何提升视频号的粉丝量

接下来，我们来了解一下"涨粉"的核心要素。先来思考这样一个问题：你在什么情况下会选择关注一个账号？

也许你突然看到一个不错的视频，很自然地就把视频看完了，甚至看了好几遍依旧不满足。这个时候，你会选择直接进入账号主页，看看是否还有更多优质的内容，结果找到了很多，于是你很开心，关注了账号。

你可能会因为主播很好看而关注账号，也可能因为对作品很喜欢而关注账号，并期待账号给你带来更多更好的内容和体验。

因此，"涨粉"的核心要素就是期待。你肯定是因为对整个视频的内容有期待，所以才会全部看完；你肯定是因为对直播推广的某个产品有期待，所以才会持续等待，直到你喜欢的产品出现。"涨粉"就是用户对我们有期待的表现。

问题来了，我们要如何提升用户对我们的期待呢？

（1）人物魅力

主播很好看或者很幽默都有可能让用户对其作品产生期待。

（2）下期预告

我们很多时候追剧会停不下来，这是为什么？因为每一集的末尾都有一个很大的悬念，又或者是因为下期预告非常精彩，这些都会让我们对下一集充满期待。在账号主页的作品数量本身就不多的时候，靠主页去吸引用户关注是很难的，而下期预告就可以起到吸引用户注意力的作用。

运用下期预告对我们自身也很有帮助。很多人策划选题时想到什么就选用什么，这样很容易陷入被动，如果某天状态不佳，想不出好的选题，就会影响内容创作。如果我们在创作这期内容的时候加上下期预告，也就提前构思了下一期内容的选题，就不会被动了。

（3）内容拆分

我们有时候可以看到一些账号把一个主题的内容分成很多部分，并在标题或封面中标注"上""中""下"或者序号，这样也能让用户产生期待。因为用户看到"上"的时候如果觉得很喜欢，那么自然就会关注"中"和"下"；看到"4"的时候，就会知道前面还有"1""2""3"，这样自然就会更愿意先关注账号，之后慢慢看。

内容拆分对我们自身的帮助也是很大的，尤其是在选题不多又需要保证更新频率的时候，我们就可以拆分内容，把一个作品变成好几个。如果进行了内容拆分，记得在标题或者封面中标明序号，并且确保拆分后的内容独立而完整。比如，对于"装修必须知道的9个坑"可以分成上、中、下3集，每集说3个坑，千万不要将上一集的部分内容分配给下一集。

（4）更新频率

如果我们在固定时间发布内容，而且在简介或者视频中对此加以说明，用户就可以知道我们的内容是不断定时更新的，他们自然就会对我们有更高的期待。

　　把以上这些做好，也就拥有了用户的期待，"路转粉"的概率也就更大了。相关指标的提升能大大提升我们运营账号获取正反馈的效率，带给我们源源不断的动力。

思考

　　看到这里，相信你对于视频号各项重要指标的提升方法已经有了一定的了解。你认为自己的账号在哪个指标上比较薄弱？接下来你会采取什么行动呢？在指标提升上，你还有哪些自己的方法或者见解呢？

3.8 数据分析，学会复盘可以事半功倍

在视频号运营中，有一个重要的细节是很多人都容易忽略的，那就是数据分析。不同的行业、不同的账号都会产生各种与众不同的数据结果，对这些数据结果进行一段时间的累计分析，就可以从中找到优化方向及下一步的策略。

如果你之前运营过新媒体账号，但发现效果不好，这在很大程度上是因为你缺少了数据分析这一步。在工作中我们常常会提到复盘，而复盘就是基于各项数据指标反馈进行的，这些反馈都是可以量化的，也都是可以优化的。

那数据分析要怎么做呢？首先，我们要学会设计一张数据分析表。

3.8.1 如何设计数据分析表

我们先来看图 3-29 所示的数据分析表（未展示全部内容）。

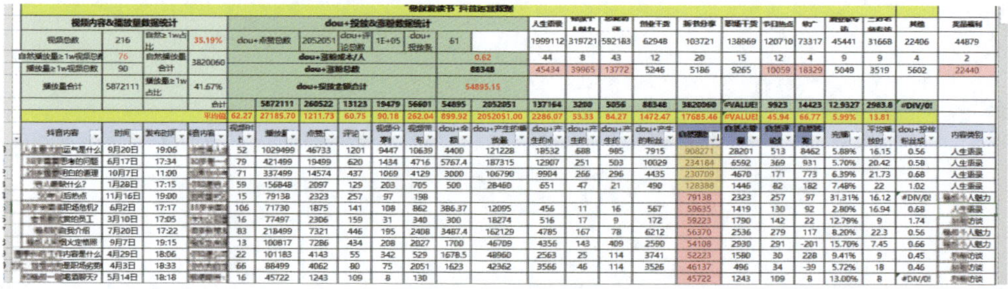

图 3-29　数据分析表示例

这差不多是我在服务那么多企业和个人的过程中设计得最复杂的一个数据分析表，它除了包含常见的权重指标，还加入了很多统计数据，可以说是详细地进行了账号数据记录和分析。这个表带来的结果是，对应的内容在视频号和抖音两个平台同步发布后，播放量都同时突破了 100 万次。

好莱坞怪兽电影《环太平洋》中有一句经典的台词是"数学是不会骗你的"，经过日积月累的数据统计和分析，你会洞察到规律，甚至找到"流量密码"。

当然，我不要求你在一开始就完成这么复杂的数据分析表的设计，你可以从简单的开始，养成习惯，逐步提升。

无论你在运营哪一个平台，都可以根据平台的权重指标及你的工作重心去设计数据分析表。在最简单的情况下，序号、视频标题、#话题、作品时长、发布时间、播放量、完播率、

点赞量、评论量、涨粉量等需要在数据分析表中体现出来。

在这个基础上，将项目细分，比如播放量可以分为 1 小时播放量、2 小时播放量、6 小时播放量、24 小时播放量等；完播率可以分为 3 秒完播率、完整完播率等；"涨粉"量可以分为"涨粉"数、"掉粉"数、粉丝净增量等。数据越具体，我们得到的数据价值也会越高。

随着运营的逐步深入，我们应往表中加入有关投放的板块，比如投放金额、投放方式、面向人群等，这样慢慢就会把表优化成类似图 3-29 的样子。不需要急于求成，可以先完成再完善。

3.8.2 如何做好数据记录

常常会有学员问，什么时间点发视频最好？一天发几个视频最好？但你知道吗？根据我们的观察，哪怕两个账号的内容方向完全一样，用户画像一样，但用户的活跃度也可能是天差地别。我们找到的对标账号只具有参考价值，如果我们完全照搬别人的发布时间或者发布频率，并不能得到最适合我们的方案。真正适合我们的方案，需要我们通过数据分析才能得到。

那要怎么做呢？

第一步：设定测试周期

我们需要设定一个测试周期，在这个周期内，除了内容，其他都不作为变量，以此得出一个可以作为参考的数据结论。比如，将 7 天作为一个测试周期，那么这 7 天内应保持发布时间固定和发布频率固定，然后去观察用户的互动反馈。

第二步：记录用户反馈

比如，我们每天都是 19 点发布视频，发现视频发布成功后，相关数据就开始持续上涨，而 21 点后数据开始下跌，这意味着 19 点算是比较好的发布时间。这个时候我们有两个选择，要么等测试周期过了之后维持现有的发布时间，要么提前到 18 点发布视频，假如数据依然持续上涨到 21 点，那就意味着用户活跃度在 21 点左右就会开始下滑，但我们不能确定用户从 18 点才开始活跃，于是继续在下一个周期再提前到 17 点发布视频，以此类推，直到找到最合适的发布时间。

同理，如果我们经过一个测试周期之后发现，虽然我们每天都是 19 点发布视频，但数据从 22 点开始才有明显的增量，在那之前的变化微乎其微，那么我们就可以得出结论，用户的活跃时间在 22 点之后。

另外，假设我们发现用户在 20 点最活跃，那是不是意味着我们应该 20 点准时发布视频？

聪明的你哪怕不确定答案，也能猜到我这么问一定是想得到一个否定的答案。没错，答案是否定的。为什么呢？那是因为视频发布后一般还要接受审核。我们在发布视频之后，最好用另一个账号观察一下什么时候能看到该视频，只有在另一个账号上能正常看到该视频，该视频才算是真的发布成功了。

有些账号可能由于行业领域、内容话题、视频时长等方面的原因造成审核时间较长，因此我们需要观察一下自身账号的平均审核时间。比如，你发现平均审核时间是 10 分钟，那么可以在用户活跃时间前 10 分钟发布视频，这样当视频通过审核的时候，刚好赶上用户活跃时间。而如果你准点发布视频，万一审核时间长达半小时，甚至更长，那你就可能完全错过用户活跃时间。

除了发布时间，发布频率也可以用同样的方式测试。无论是一天发一个视频，还是一天发多个视频，都可以测试一下，选择效果最好的发布频率即可。

第三步：定时复盘

变量越少，数据的参考价值越高，因此，我们在整理数据和复盘时也需要固定一个时间周期，比如每 24 小时记录一次或者每 48 小时记录一次，然后每周汇总复盘一次，这样效果会更好。新媒体运营的关键在于"小步快跑，快速迭代"。我们如果不知道现在的策略到底能不能发挥最好的作用，就要不断地复盘分析。

3.8.3 数据分析的注意事项

数据分析的注意事项主要有以下两个。

注意事项一：自然数据和非自然数据要区分开

自然数据指的是我们发布视频之后，在不将视频转发给好友、微信群，不将视频分享到朋友圈，也不呼朋唤友来点赞评论，更不通过投放来干扰流量的情况下，获得的最原始的流量；而非自然数据当然指的就是会干扰流量的动作产生的流量。

举个例子，我发布了一个视频之后，不做任何操作，2 小时之后其播放量是 1000 次，那么可以记录自然数据为 1000；如果我花了一些钱做了推广，最后视频的总播放量是 2000 次，那么减去之前的播放量，非自然数据也是 1000。

为什么我们需要区分自然数据和非自然数据呢？原因主要有以下两个。

一是在账号运营前中期，用户对于内容的反馈是非常重要的。很多情况下，新手很容易受到知识的诅咒影响，主观地去判断用户对于内容的接受度和喜好度，而这对于运营新媒体是很有阻碍的。自然数据能让我们真实地知道我们的内容是否能被用户看到，我们的内容是否能被用户喜欢，我们可以通过这些数据反馈去优化内容。

如果你在一开始就让非自然数据介入，比如你有 1 万个好友，你将视频多次转发到朋友圈，并且诚邀大家帮你点赞，其点赞量没有几千次也有几百次，播放量也会较高，甚至你还会因此觉得有了正反馈。但你要知道的是，这几乎都是"友情分"，大家珍惜与你的关系，这次愿意支持你，但下次就不一定了。同时，这样的数据固然可观，但有多少人真的看完了视频并留下了宝贵建议呢？

比如，曾经有一段时间，视频号上涌现了很多新的创作者，大家的第一个作品都在展现"自己的十年"，这类内容能让好友全面了解创作者，他们更愿意为视频点赞，视频的自然数据非常不错，但后面的视频就越来越流量平平，出现了"高开低走"的情况，而这并不是良好的账号表现，对于账号的成长及创作者运营能力的提升起不到一点作用。

二是区分两者才能让数据记录更加准确。一般在账号运营前中期，尤其是你对于内容的流量没有十足的把握时，建议先让自然数据趋于稳定，再让非自然数据介入，这样你就能看到两者的区别，以及非自然数据的介入能给自然数据带来什么影响。

这个时候，要想知道自然数据大概什么时候趋于稳定，就需要设计数据表格进行记录。一般情况下，内容发布 6 小时之后自然数据上升放缓甚至停滞。当然，不同的行业、不同的账号可能情况不一样，最好通过测试算出账号的自然数据趋于稳定的时间周期。

注意事项二：重点关注自然数据相差 10 倍及以上的作品

这里的"10 倍"有两层含义，一层是正向的 10 倍，一层是负向的 10 倍。举个例子，我们通过数据分析发现，视频的平均播放量是 500 次，突然有一天，某个视频的播放量在短时间内超过了 5000 次，那么这个视频就有较大的流量潜力，我们可以好好盯着，做好评论维护，最后一定能达到很不错的效果。而且接下来我们可以多尝试相关选题，以及多参考这次使用的"# 话题"，这样就可以得到一些打造爆款内容的启发。

相反，如果视频的平均播放量为 500 次，突然有一天，某个视频发布了 6 小时，甚至是24 小时之后依然只有 50 次的播放量，这个时候就要注意了，大概率是视频内容触犯了规定或者包含敏感词，建议停下来好好找一下原因，排查清楚，以免下次再遇到类似情况。

你看，我们如果平时不注重数据收集和分析，就比较难在问题出现的第一时间发现。很多时候，及早发现问题就能快速解决，而如果等到问题发酵造成严重后果才发现，那就难以改变局面了。

思考

看到这里，相信你对于视频号数据分析已经有了一定的了解。你会给自己的账号设计一个什么样的数据分析表呢？其中哪些指标是你觉得很重要且必须严格记录的呢？

3.9 矩阵搭建，让账号的影响力最大化

当你完成了视频号数据分析的操作，你会逐渐训练出强大的数据化思维，对很多数据都非常敏感。于是，你会在账号运营中后期的某个特定时间突然发现，你似乎遇到了一些瓶颈，不管你怎么努力，各项数据指标都很难保持稳定增长，甚至开始有下降的趋势。

这个时候千万不要焦虑，千万不要怀疑自己的能力，这不是你的问题。粉丝基数越来越大，意味着账号覆盖的人群画像也越来越丰富，而某些内容只会触达其中的部分人群，自然就无法带来足够好的数据表现。

举个例子，你运营了一个职场号，主要帮助刚进入职场的人学习如何与上级沟通，如何快速升职加薪。一开始，账号肯定吸引的都是职场新人。随着账号的持续运作，某些话题可能吸引了还没毕业的人，甚至吸引了中层管理者。一段时间之后，账号的粉丝可能就涵盖了从毕业生到职场老人的各种人群。

这时如果你发布了一个介绍面试技巧的视频，视频大概率只能戳中职场新人或者毕业生的痛点，而对于中层管理者或者职场老人可能就不适用了，那么视频的播放量和完播率自然也会受到一定的影响。假设此时毕业生、职场新人、职场老人、中层管理者在粉丝中各占 25%，那视频最多只能覆盖粉丝中 50% 的人。

这个时候就需要通过账号矩阵来突破瓶颈。那什么是账号矩阵呢？

3.9.1 账号矩阵的定义和分类

账号矩阵指的是由多个账号组合成的一个账号群。一般情况下，账号矩阵主要有 3 种，它们分别是单平台多账号矩阵、多平台单账号矩阵，以及多平台多账号矩阵。

（1）单平台多账号矩阵

单平台多账号矩阵一般用在人群比较集中的新媒体平台。比如，你要运营一个职场号，发现用户主要集中在视频号上，于是你在视频号上运营了一个介绍职场面试技巧的账号，后来发现很多人对于了解升职加薪的技巧有迫切的需求，于是你又在视频号上运营了介绍升职加薪技巧的账号，这样你就在视频号这个单一平台上有了多账号矩阵。

（2）多平台单账号矩阵

你不必局限于单一的平台，在其他平台一样可以大放异彩。你可以先在视频号上尝试和

摸索，等逐渐熟练之后，可以把部分时间精力划分到其他平台，比如抖音或者小红书账号的搭建上，这样你就等于拥有了多平台单账号矩阵。

（3）多平台多账号矩阵

当你对新媒体运营有了比较深入的理解，且简单几个账号的运营已经无法满足你时，你就可以同时在多个平台分别运营多个账号，形成一个庞大的账号体系，也就是我们说的多平台多账号矩阵。

3.9.2 搭建账号矩阵的 3 个作用

当账号的体量增长到一定程度的时候，各项指标都会遇到一定的瓶颈。这个时候想要突破瓶颈，就需要用到账号矩阵。搭建账号矩阵有以下 3 个作用。

作用一：多元化

你或许听说过 LG 手机，那你知道 LG 也生产牙膏吗？你或许听说过雅马哈钢琴，那你知道雅马哈也生产摩托车吗？

这就是多元化的体现。很多时候，我们想做的事情对应多个方向，但如果我们把所有方向都集中在一个账号中，难免出现粉丝画像越来越杂乱的情况，这对于账号的健康是不利的。就好比你在钢琴店里摆了很多辆摩托车，会让人觉得哪里怪怪的。因此，把不同的方向分别呈现在不同的账号中，多个账号同时运作，就可以让钢琴受欢迎，让摩托车也受欢迎。

作用二：放大

最简单的例子就是全国的各种连锁店，比如麦当劳。对于麦当劳的食品，你在广州能吃到，在北京也能吃到，甚至去东南亚旅游一样能吃到，麦当劳像是织了一张无比巨大的网，你走到哪里都能看见这张网。

你知道吗？许多用户都是矛盾的存在，他们既希望能有足够多的平台可供选择，又只愿意使用最熟悉的那一个。就好比此刻在看书的你，相信除了视频号，你的手机里也同时安装了抖音、小红书，甚至哔哩哔哩、知乎等 App，虽然你有很多选择，但大多数情况下，你只会使用其中的某一个。

这就是我们需要去搭建账号矩阵的原因。用户不管在什么平台偶然间看到并且喜欢我们的内容，都有可能在他最熟悉的平台去搜索我们的账号并关注，所以我们也要确保账号名字在多平台都保持一致，方便用户快速找到和锁定我们。

作用三：协同

账号矩阵搭建完成之后，账号与账号之间是可以相互支持、相互引流的。比如，我们的第一个账号已经运营了一段时间，我们有了一些忠实粉丝，那么当我们创建了第二个账号的时候，我们就可以利用第一个账号做一些宣传，比如互相关注、在标题或者评论区 @ 彼此，这样粉丝就可能会顺着关系链找到我们新开设的账号。

就好比雷军先推出了小米手机，等小米手机火了之后又推出红米手机，红米手机就不仅仅是一个单打独斗的新品牌，而是生长在小米手机搭建好的市场生态中的品牌，其成长速度就会比其他新品牌快。

3.9.3　如何处理好矩阵账号之间的关系

知道了搭建账号矩阵有多元化、放大及协同 3 个作用后，让矩阵账号彼此配合，实现效果最大化就成了我们的重要目标。

要想处理好矩阵账号之间的关系，应注意以下几点。

① 全面号引导到垂直号，这个顺序不能颠倒。比如，我运营的一个全面号已经有 10 万个粉丝了，这个时候我想开设一个新的垂直号，就可以在全面号上宣传新的垂直号，这样粉丝看到宣传后可能会关注新的垂直号。如果我在新的垂直号上宣传全面号，就会让用户觉得既然已经有一个内容垂直的账号了，就没必要再关注新号了。

又如，我在服务樊登读书的时候，其只有"樊登读书"一个账号，该账号涉及职场、亲子、哲学、历史等内容方向。我发现在职场和亲子两大内容方向上，用户的黏性及活跃度是比较高的，于是就创建了"樊登读书职场"和"樊登读书亲子"两个垂直号，并在全面号发布相关内容的同时 @ 垂直号，这样垂直号也就能获得粉丝了。

② 矩阵账号的功能可以是包含与被包含的关系，但一定不能是完全相同的。比如，我运营了一个宠物号，专门介绍各类萌宠的零食及周边产品，如果我又创建了一个宠物号，发布类似的内容，那这个时候两个账号其实就形成了竞争关系，这也就意味着我还没能破圈去占领市场，就已经在圈子里内耗了。

用户对于同类型的账号，大部分情况下只会选择其中更好的那一个，因此如果它们是完全一样的存在，自然就会出现非此即彼的情况，而这不是我们搭建账号矩阵想要看到的。

就拿宠物号举例，要搭建账号矩阵，要么就在其他平台创建一个名字、功能一样的账号，也就是搭建多平台单账号矩阵；要么就让新号提供其他价值，比如每天分享萌宠知识或者萌宠常见疾病的处理方法等。

③ 多平台账号矩阵应尽量匹配不同平台的调性。很多人会简单地认为，搭建多平台账号矩阵就是把这个平台上的内容同步发布到其他的平台上。如果是在账号运营前期，我们由于运营能力有限可以这么做，但这不是长久之计。想要在每个平台都脱颖而出，就必须结合每个平台的用户特点进行内容的匹配，比如抖音的用户更注重体验感且男女比例均衡，小红书的用户更注重获得感且以女性为主，我们就需要结合这些特点去灵活安排内容。

矩阵账号的内容方向可以是一样的，但封面样式、字体样式甚至是背景音乐可以不一样。当然，如果你能使内容方向因平台而变化，那是最好的。

处理好矩阵账号之间的关系就能让多元化、放大和协同 3 个作用最大化，也能大幅提升账号的影响力和变现能力。

思考

看到这里，相信你对于账号矩阵的搭建已经有了一定的了解。你会在什么时候搭建账号矩阵？你会选择哪种账号矩阵？对于账号矩阵的搭建，你还有什么独到的见解？

第 4 章

AI 赋能

↓

随着科技的快速发展，越来越多的 AI 工具出现在大众的视野中，它们可以帮我们优化文案，还能根据我们的需求生成各类图片或者视频，这极大地满足了我们对内容创作的需求，提升了新媒体运营的效率。

在这一章中，我将从选题策划、视觉效果优化、文字创作和剪辑成片等方面入手，结合目前国内较为成熟的 AI 进行讲解，让你快速掌握 AI 在新媒体运营中的应用。

不过在此之前，我想声明一点，AI 只是在一定程度上帮助我们提升工作效率，并不是完全取代我们要做的工作，毕竟我们也需要在工作中不断地解决问题，提升自己的能力。假如我们做什么事情都完全依赖于 AI，那么我们将没办法在这个过程中成长。

4.1 AI 帮你搞定选题策划

2023 年 10 月，我和阿里巴巴合作，一起为杭州的一家大企业提供服务。当时企业不想招人剪辑短视频，想通过 AI 直接生成成片。阿里巴巴自有的 AI 可以在一天内剪辑 3000 个短视频，并完成查重（确保内容之间的重合度在合理范围内）。这意味着即使运营 10 个账号，每个账号保持日更，3000 个短视频也能支撑所有账号发布近一年的内容。

这听起来很不错，但问题是企业中并没有人能判断 AI 生成的短视频好不好，造成质量参差不齐，流量自然也就很难达到预期。你看，如果完全依赖于 AI 工具，内容创作效率的确提升了，但只有数量而没有质量也是不行的。

我始终认为，AI 是一种工具，我们应该掌握用好工具的能力，而不是把工具丢在一边，让它自己随意工作。在内容创作中，人所具备的复杂情感、主观意识、判断能力都是 AI 无法百分百拥有的。反过来，作为人本身，我们也应该随时有危机意识，提升自己的能力，这样才能立足于这个瞬息万变的时代。

言归正传，那我们可以使用哪些国内较为成熟的 AI 呢？比如 DeepSeek、文心一言、智谱清言，还有一些基于软件的 AI 功能，包括 WPS AI、剪映中的 AI 功能、钉钉 AI 助理等。我以其中的一些工具为例进行内容的讲解，部分工具可能会涉及收费项目，请你根据自身需要合理选择与使用。

目前，几乎所有 AI 的操作界面都大同小异，且通过浏览器搜索都能找到对应的网页版，如图 4-1 所示。

图 4-1　DeepSeek 网页版页面

可以看到，AI 的页面主要分成两个部分，一部分是上方的功能介绍板块，另一部分是下方的指令输入框。有这么一种说法：AI 再强大，也需要你"投喂"。所谓"投喂"，就是在指令输入框中给予 AI 足够精准的指令，并在 AI 工具生成内容之后给予其足够精准的优化建议。

下面我借助案例进行说明，方便你更好地认识 AI 并掌握"投喂"它们的技巧。

案例一：美食号

比如，想得到有关美食教程的选题方向，打开 AI，在指令输入框中输入"请给出一些美食教程的选题方向"，发送指令后，可以看到结果，如图 4-2 和图 4-3 所示。

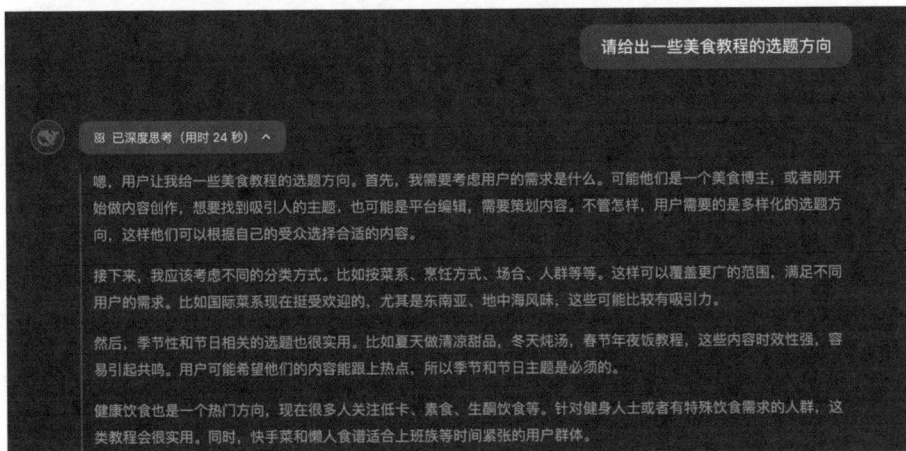

图 4-2　DeepSeek 关于美食号生成的结果 1

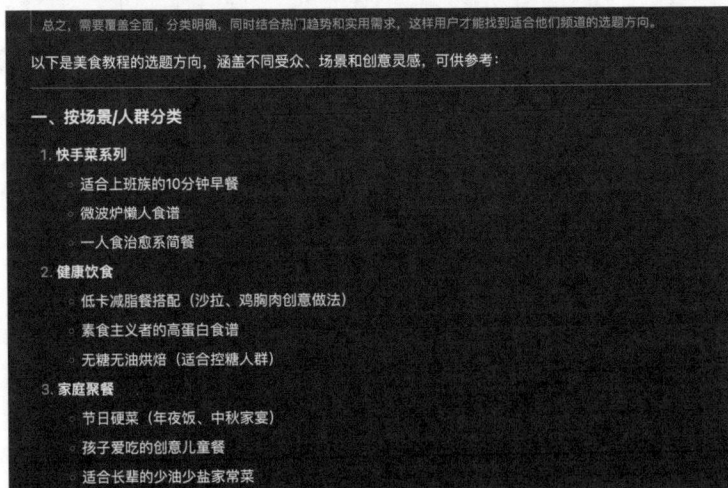

图 4-3　DeepSeek 关于美食号生成的结果 2

可以看到，DeepSeek 根据需求给出了详细的思考过程及结果。我们可以通过思考过程来快速判断生成的结果是否离题，比如此时发现给出的回答太过全面，涵盖了大量美食选题，这并不能起到什么帮助。因此可以进一步细化指令。

要知道，AI 是有连续性的，只要没有关闭当前页面，也没有开启另一个完全无关的话题，我们都可以通过直接输入下一个指令来优化当前生成的结果。比如，输入"太过于全面，是否可以根据现在的季节，以及最近比较受欢迎的方向来生成"，新回答如图 4-4 所示。

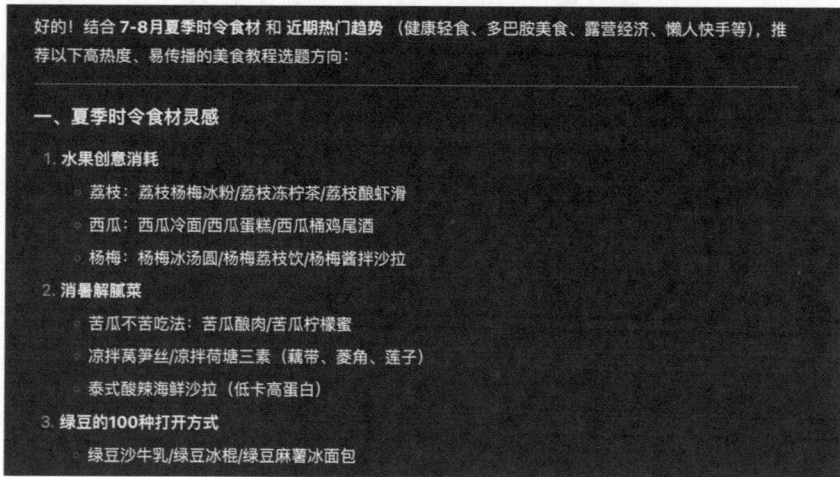

好的！结合 **7-8月夏季时令食材** 和 **近期热门趋势**（健康轻食、多巴胺美食、露营经济、懒人快手等），推荐以下高热度、易传播的美食教程选题方向：

一、夏季时令食材灵感

1. 水果创意消耗

荔枝：荔枝杨梅冰粉/荔枝冻柠茶/荔枝酿虾滑

西瓜：西瓜冷面/西瓜蛋糕/西瓜桶鸡尾酒

杨梅：杨梅冰汤圆/杨梅荔枝饮/杨梅酱拌沙拉

2. 消暑解腻菜

苦瓜不苦吃法：苦瓜酿肉/苦瓜柠檬蜜

凉拌莴笋丝/凉拌荷塘三素（藕带、菱角、莲子）

泰式酸辣海鲜沙拉（低卡高蛋白）

3. 绿豆的100种打开方式

绿豆沙牛乳/绿豆冰棍/绿豆麻薯冰面包

图 4-4　DeepSeek 关于美食号生成的结果 3

可以看到，此时的回答就会围绕当下的季节及热度较高的选题，更贴近我们想要的结果。当然，我们还可以让 AI 回答得更加直接或者给出对应的亮点，比如在指令输入框中输入"请直接给出热度最高的 10 个选题，并给出对应的选题亮点"，得到的部分回答如图 4-5 所示。

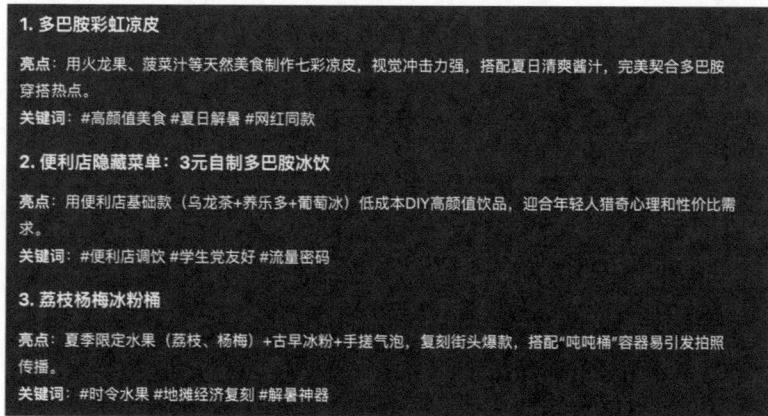

1. 多巴胺彩虹凉皮

亮点：用火龙果、菠菜汁等天然美食制作七彩凉皮，视觉冲击力强，搭配夏日清爽酱汁，完美契合多巴胺穿搭热点。
关键词：#高颜值美食 #夏日解暑 #网红同款

2. 便利店隐藏菜单：3元自制多巴胺冰饮

亮点：用便利店基础款（乌龙茶+养乐多+葡萄冰）低成本DIY高颜值饮品，迎合年轻人猎奇心理和性价比需求。
关键词：#便利店调饮 #学生党友好 #流量密码

3. 荔枝杨梅冰粉桶

亮点：夏季限定水果（荔枝、杨梅）+古早冰粉+手搓气泡，复刻街头爆款，搭配"吨吨桶"容器易引发拍照传播。
关键词：#时令水果 #地摊经济复刻 #解暑神器

图 4-5　DeepSeek 关于美食号生成的结果 4

案例二：职场号

比如，我们想要得到有关"五险一金"的选题方向，打开 AI，在指令输入框中输入"请以'职场'中的'五险一金'为主题，生成 10 个可以用于视频号的选题方向"，发送指令之后，你就可以看到结果，如图 4-6 所示。

请以"职场"中的"五险一金"为主题，生成10个可以用于视频号的选题方向

ChatGLM

1. 五险一金详细介绍：带你了解社保和公积金的全方位知识
2. 职场新人必看：五险一金的缴纳与使用攻略
3. 换工作如何转移五险一金？教你轻松搞定社保和公积金转移
4. 企业五险一金缴纳指南：助力企业合规操作，降低风险
5. 五险一金改革动态：关注政策变化，保障职工权益
6. 生育保险、失业保险、工伤保险那些事儿：五险一金中的特殊福利
7. 跨境工作者的五险一金问题：如何保障海外员工的权益？
8. 五险一金知识误区：破解常见的社保公积金误区，避免损失
9. 养老保险和医疗保险的缴纳与领取：五险一金中的两大福利详解
10. 五险一金维权指南：遇到问题如何申请仲裁，维护自身权益？

这些选题方向可以根据实际情况进行调整，以满足不同受众的需求。在制作视频时，注意保持内容简洁明了，便于观众理解。同时，可以结合案例分析、专家解读等方式，提高视频的观看价值。

请提供视频拍摄脚本模板

视频中的关键信息点需要列出吗？

请加入一些动画图表来解释五险一金

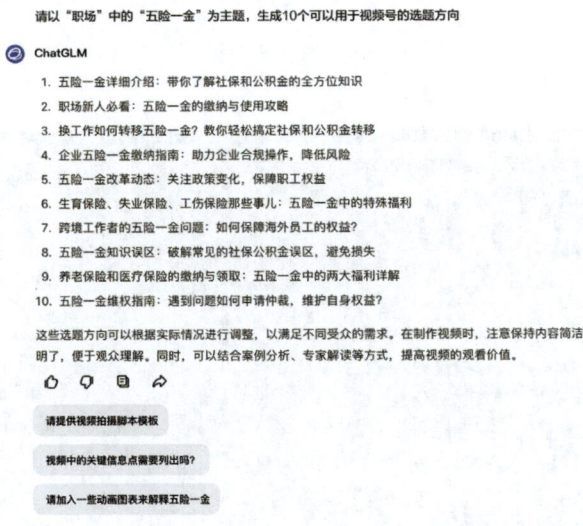

图4-6　智谱清言关于职场号生成的结果1

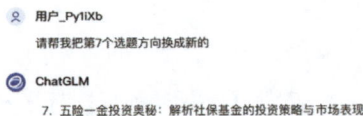

　　这是智谱清言生成的结果，可以看到它根据要求输出了 10 个有关五险一金的选题方向，每个选题方向的侧重点都有区别。这时我们就需要判断生成结果是否是我们想要的，如果不是，可以继续输入指令。

　　比如，可以直接输入"请再生成 10 个选题方向，和上面的不同"，就会得到新的回答，如图 4-7 所示。

　　如果生成结果依然不是你想要的，你只需要重复上述步骤，直到找到你想要的选题方向。如果 10 个选题方向中只有一个让你不满意，可以输入指令"请帮我把第 7 个选题方向换成新的"，如图 4-8 所示。

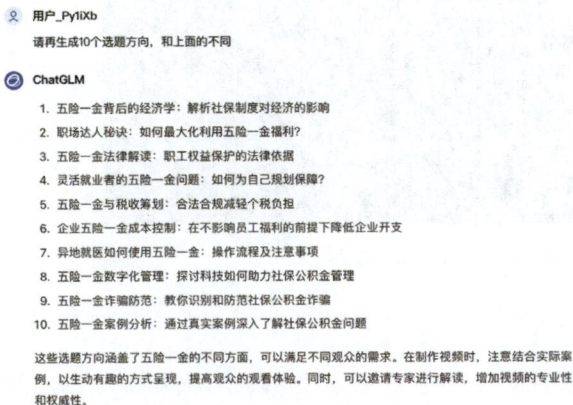

用户_Py1iXb

请再生成10个选题方向，和上面的不同

ChatGLM

1. 五险一金背后的经济学：解析社保制度对经济的影响
2. 职场达人秘诀：如何最大化利用五险一金福利？
3. 五险一金法律解读：职工权益保护的法律依据
4. 灵活就业者的五险一金问题：如何为自己规划保障？
5. 五险一金与税收筹划：合法合规减轻个税负担
6. 企业五险一金成本控制：在不影响员工福利的前提下降低企业开支
7. 异地就医如何使用五险一金：操作流程及注意事项
8. 五险一金数字化管理：探讨科技如何助力社保公积金管理
9. 五险一金诈骗防范：教你识别和防范社保公积金诈骗
10. 五险一金案例分析：通过真实案例深入了解社保公积金问题

这些选题方向涵盖了五险一金的不同方面，可以满足不同观众的需求。在制作视频时，注意结合实际案例，以生动有趣的方式呈现，提高观众的观看体验。同时，可以邀请专家进行解读，增加视频的专业性和权威性。

用户_Py1iXb

请帮我把第7个选题方向换成新的

ChatGLM

7. 五险一金投资奥秘：解析社保基金的投资策略与市场表现

图4-7　智谱清言关于职场号生成的结果2　　　　图4-8　智谱清言关于职场号生成的结果3

当然，除了本书中提到的 AI，你也可以用任何一款你觉得用起来更顺手或者生成结果更让你满意的 AI 工具。举个例子，我们把同样的指令输入文心一言，可以得到不同的结果，如图 4-9 所示。

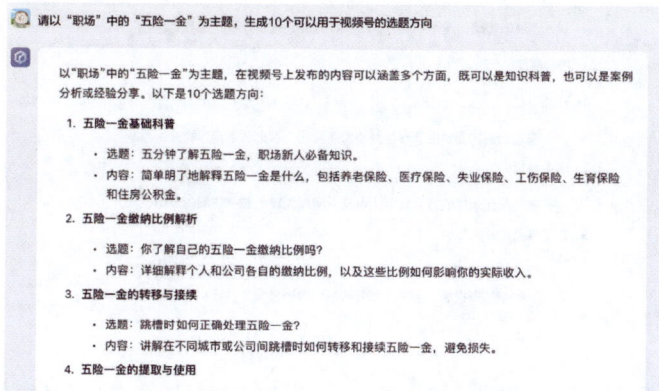

图 4-9 文心一言关于职场号生成的结果

可以看到，文心一言除了根据指令给出了 10 个不同的选题方向，还根据选题方向给出了对应的内容参考建议。可见，至少在这个指令上，文心一言给出的回答比智谱清言要好。

案例三：文旅号

假设我们要运营一个文旅号，选题已经确定为"江西上饶望仙谷的名字由来"，但我们想在这个基础上做一些优化，就可以输入指令"请帮我优化'江西上饶望仙谷的名字由来'这个选题"，得到的结果如图 4-10 所示。

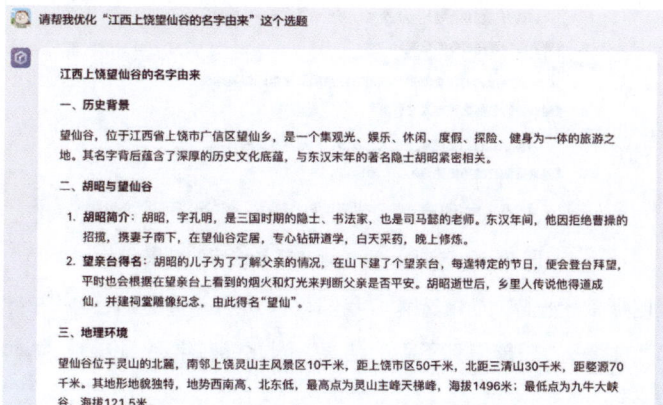

图 4-10 文心一言关于文旅号生成的结果 1

可以看到，这个结果呈现的是"望仙谷名字的由来"，因此这个指令是无效的，文心一言没能准确理解我们的需求，我们需要在指令上进行调整，比如"我想用'江西上饶望仙谷的名字由来'作为视频号的选题，请帮我优化这个选题"，得到的结果如图 4-11 所示。

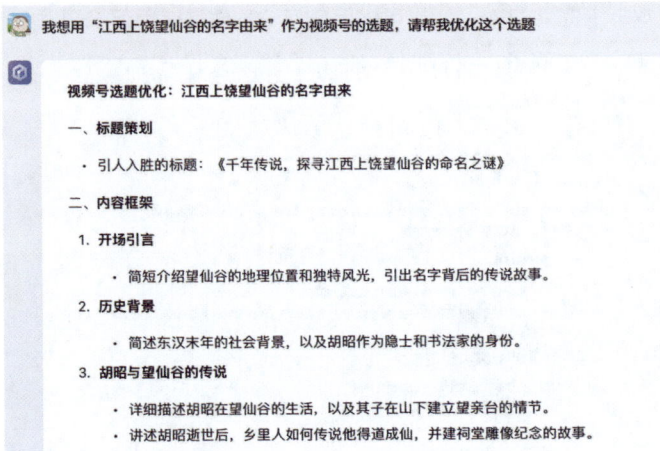

图 4-11　文心一言关于文旅号生成的结果 2

文心一言帮我们优化了选题，同时给出了可供参考的标题及内容的大体框架，生成结果算是比较符合我们一开始想要获取的回答。假设此时我们发现选题不够吸引人，就可以在这个基础之上进行选题的拓展，找到更好的切入口进行内容的创作。比如，输入指令"请基于这个选题帮我拓展出 10 个选题"，得到的结果如图 4-12 所示。

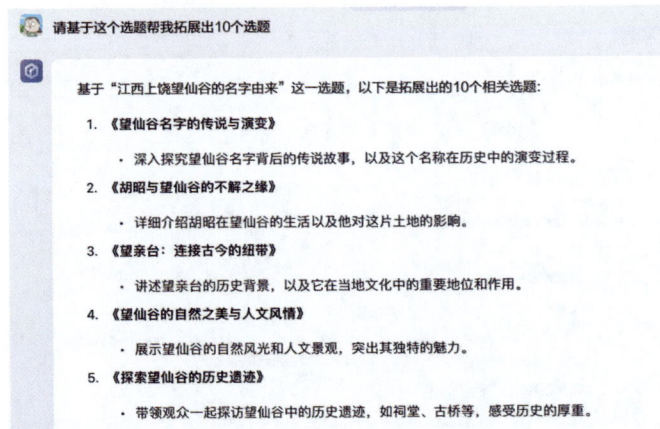

图 4-12　文心一言关于文旅号生成的结果 3

文心一言根据指令给出了 10 个选题，我们可以从中选择更适合我们的选题进行创作。给 AI"投喂"不同的指令，就能得到不同的结果，因此只有学会"投喂"AI，才能更好地驾驭 AI，让它给出更精准的回答。

那么，如何利用 AI 优化标题呢？

在前面的案例中可以看到，AI 在帮我们优化选题的同时，也提供了可参考的标题。如果对标题有比较明确的要求，可以输入更细化的指令。

比如，我们已经拟好了一个标题："五险一金在职场中的重要性"，但觉得这个标题太普通，不够吸引人，就可以输入指令"请帮我优化以下视频号标题：五险一金在职场中的重要性"，得到的结果如图 4-13 所示。

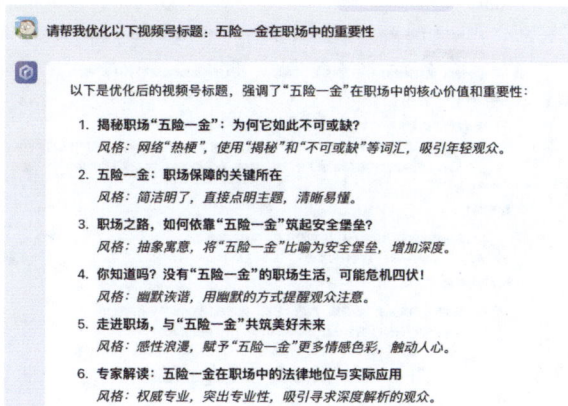

图 4-13　文心一言优化标题结果 1

　　AI 不仅给出了 10 个标题，还补充了对应标题的风格说明，这就能给创作者很多参考和启发。要注意的是，每个平台的标题风格都是不一样的，因此我们在优化标题时，一定要在指令中清楚地表明优化的是"视频号标题"。而当你把指令改为"小红书标题"，你会得到完全不一样的回答，如图 4-14 所示。

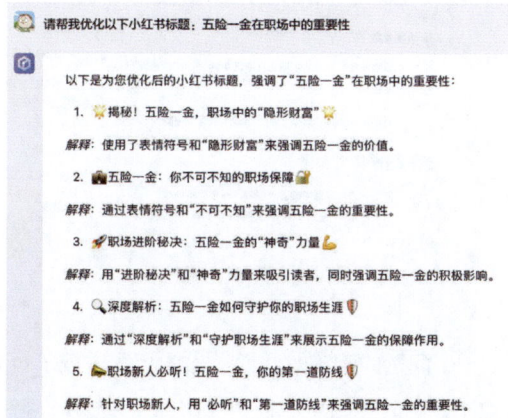

图 4-14　文心一言优化标题结果 2

　　小红书的部分创作者在写标题的时候很喜欢用表情符号，因此，当我们的指令是"小红书标题"时，AI 也会结合小红书特有的调性生成结果。我们在运营视频号的时候，应尽可能地把"视频号"当作关键词结合到指令中，这样就能让得到的回答更准确，也更符合我们的运营目标。

　　当然，在这个过程中，我们除了简单地"投喂"AI，也可以逐渐训练它。还是以标题优化为例，我们可以先输入"视频号的标题有哪些类型"，得到的结果如图 4-15 所示。

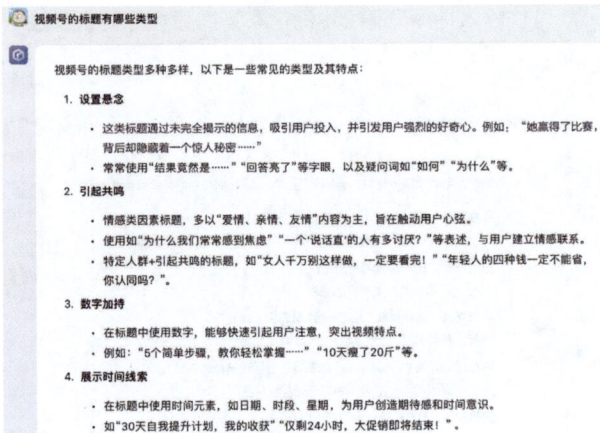

图 4-15　训练文心一言过程 1

AI 分别罗列了视频号中最常见的 10 种标题类型，分别是设置悬念、引起共鸣、数字加持、展示时间线索、挑战认知、借力热度、多样句型、制造冲突、引导语及明星效应。我们可以再输入"请结合以上的标题类型分别完善'五险一金在职场中的重要性'这个标题"，得到的结果如图 4-16 所示。

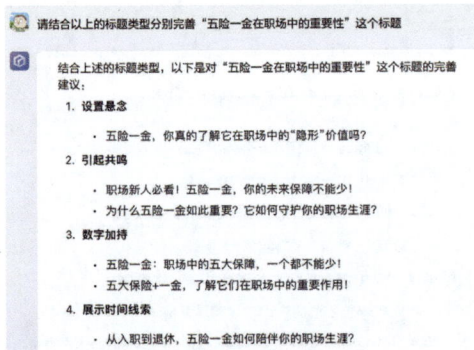

图 4-16　训练文心一言过程 2

可以看到，AI 结合上一个问题的回答对我们给出的标题进行了对应类型的优化，这就极大地提升了我们的工作效率，同时也给了我们更多样的标题选择。除了利用关键词精准"投喂"AI，我们还可以用 AI 的回答来完善我们的"投喂"方式。随着训练机制越来越成熟，AI 也会更懂我们的使用习惯，从而给出更能满足我们需求的回答。

思考

看到这里，相信你对 AI 在优化选题及标题方面的应用已经有了一定的了解。你觉得哪些内容给你的启发最大？你有哪些更好的 AI 训练指令可以进一步提升效果？

4.2 AI 帮你搞定视觉效果优化

以前很多学员会向我吐槽：短时间内的确能学会和掌握优化选题的技巧及写文案的方法，毕竟多练习就可以了，但对于作品封面设计及素材图片设计这类需要美感和艺术细胞的工作就有点力不从心，做出来的封面和图片总是不尽如人意，甚至好好的一个视频作品，就因为封面不好看而失去了很多应有的流量。这该怎么办呢？

如果是以前，我们需要招聘一名设计师或与设计师合作，但现在 AI 可以直接帮我们搞定视觉效果优化。

AI 生成图片的技术有待提高，因此我们需要每一次都为 AI 提供极为精准的画面描述，才能得到符合预期的结果。

4.2.1 如何利用 AI 快速生成素材图片

打开剪映，在首页找到"AI 作图"选项，如图 4-17 所示。

点击"AI 作图"选项，可以看到我们熟悉的上下结构布局，上方是效果图部分，下方是指令输入框。假如我们想要一张有关职场的图片，可以输入"职场"，得到的结果如图 4-18 所示。

图 4-17　剪映中的"AI 作图"选项　　图 4-18　输入"职场"的结果

可以看到剪映围绕"职场"生成了 4 张图片，其中有完全现实场景风格的、现实场景和动漫风格结合的，以及完全动漫风格的。如果其中没有你想要的图片，你可以采用两种方法：一是直接点击下方的"重新编辑"按钮，也就是重新输入指令；二是点击"再次生成"按钮，让剪映重新生成 4 张不一样的图片供你选择。如果其中刚好有你想要的图片，那么点击图片，下方会弹出功能菜单，如图 4-19 所示。

对于"细节重绘""超清图""下载""微调""反馈"等功能，我将逐一进行讲解。

"细节重绘"指的是把图片中一些有瑕疵的地方进行优化。因为目前生成的 4 张图都只是缩略图，AI 在保证出图效率的情况下，对很多细节都不是非常注重，这主要是为了先让用户初步确定大方向。当你点击"细节重绘"的时候，AI 会直接优化细节并重新生成一张图片。

"超清图"很好理解，就是把缩略图变成足够大、足够清晰的图片。

"下载"就是把选中的图片直接下载到本地。不过，要注意的是，因为你只是选中了缩略图，所以下载的也是缩略图，将其放大看，你会发现其清晰度是比较低的。

"微调"指的是通过稍微修改指令来进行小幅度的画面调整。但因为图片是通过输入很简单的指令"职场"产生的，所以哪怕是很小的修改，也会让整个画面发生天翻地覆的变化。此时的"微调"等同于"重新编辑"。指令越复杂，越能体现出微调的作用。

"反馈"则是指给官方提一些关于 AI 生成效果的建议。

点击"细节重绘"或"超清图"，都能得到单独的大图；点击大图，会弹出新的功能菜单，如图 4-20 所示。

可以看到，功能菜单包含"局部重绘""扩图""消除笔""微调""编辑更多"等选项。

图 4-19　点击图片后弹出的功能菜单

图 4-20　点击大图后弹出的功能菜单

"局部重绘"允许用户通过在画面中涂抹的方式告知 AI 需要重绘的部分。比如，你用画笔涂抹图中人物的右手，AI 就会帮你重新生成 4 张效果图，这 4 张图中只有刚才涂抹的部分有修改，其他地方都不会做任何修改。

"扩图"指的是让 AI 根据现有的画面及用户提供的新的画布比例和大小来重新填充剩余的画面部分。你可以简单理解为现有的画面是特写或者近景，你可以通过扩图把景别拓展成中景、全景，甚至是远景。

"消除笔"允许用户通过在画面中涂抹的方式告知 AI 需要消除的部分。比如，画面中人物的指尖处有一片黄色的树叶，我们涂抹树叶部分后，AI 就会消除这片区域原本的画面，并填充为其他的背景元素。

"微调"即通过改变指令来实现对画面的调整。

"编辑更多"允许用户改变图片的尺寸、添加文字、添加形状、添加贴纸、导入图片及调节画面和滤镜等，等同于便捷版的 Photoshop，非常方便好用。

图 4-16 的左下角还有两个功能按钮，一个是"上传图片"，一个是"参数调整"。

如果我们有一些可以参考的图片素材，想让 AI 在其基础上进行创作或者优化，就可以通过上传图片素材并结合指令的方式完成操作。

比如，我上传了一张有关摩天轮的图片素材，输入"基于画面中的摩天轮，生成一个赛博朋克风格的摩天轮"，AI 就会根据图片素材的画面比例重新生成多张符合赛博朋克风格的摩天轮图片，如图4-21 所示。

图 4-21　用图片素材"投喂"AI

"参数调整"页面如图4-22 所示。

页面最上方是"选择模型"栏，用户可以根据自己的喜好及画面的风格进行模型筛选；中间是"比例"栏，默认比例是 1∶1，还有各种横屏及竖屏的比例可供选择；下方是"精细度"栏，其范围为1~50，数值越大，画面生成效果会越好，但同时所消耗的时间也会越长。

在前文中，我们只是输入了"职场"两个字来获取素材。随着我们运用 AI 的熟练度不断提升，我们

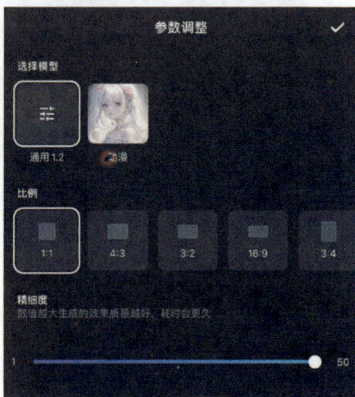

图 4-22　"参数调整"页面

所用的指令会越来越清晰。

比如，我们可以直接输入"职场，长发女生，黑色西服套装，站在落地窗前，窗外是高楼林立的 CBD 商圈"，得到的结果如图 4-23 所示。

当你输入的指令越详细，生成的图片就会越接近你脑海中的画面。这就需要你有较强的表达能力，能把你想到的画面精准地描述出来。

又如，我们要运营一个美食号，分享一些美食的制作攻略，但有时候发现制作的素材图片没有那么理想，重新制作的时间成本又较高，这时就可以利用 AI 来帮助我们直接生成素材图片。

比如，输入"热气腾腾的一碟小龙虾"，得到的结果如图 4-24 所示。

又如，输入"刚出锅的鱼香肉丝，旁边放着 2 瓶啤酒"，得到的结果如图 4-25 所示。

图 4-23　输入详细指令得到的结果

图 4-24　美食号素材图片 1

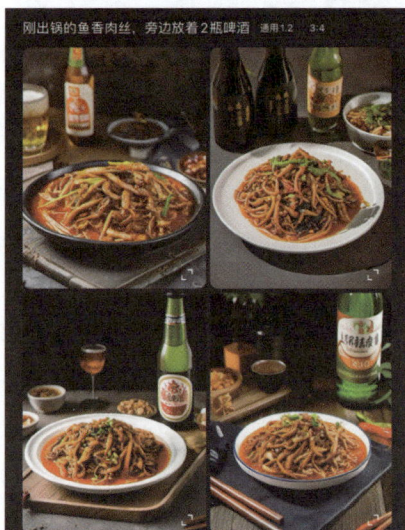

图 4-25　美食号素材图片 2

我们选择效果最好的一张图片，通过细节优化等方式把有瑕疵的地方处理好，再生成高清的图片，一张素材图片就诞生了，是不是很简单？

4.2.2　如何利用 AI 生成作品封面

我们可以让 AI 生成作品封面，最简单的方法就是套用模板，然后在这个基础上进行文字或者其他细节的调整。

举个例子，我们拍了一段记录孩子春游的视频，想给视频制作一个封面。可以打开剪映，点击"开始创作"按钮，选择拍摄好的视频并导入，在画面下方可以看到"设置封面"选项，如图 4-26 所示。

点击"设置封面"选项，可以看到封面模板，其中有 VLOG、影视、知识、美食、游戏等多种主题的模板可供选择。点击其中一个模板，预览画面中就会呈现添加模板之后的效果，如图 4-27 所示。

图 4-26　剪映中的"设置封面"选项

图 4-27　封面模板

选定封面模板之后，点击预览画面中对应的文字，可以自定义修改，比如你可以把"周末出游小记"改成"我们春游啦"，同时文字的样式、大小及所处位置都支持自定义调整。

除了这个最简单的方法，我们还可以在剪映主页下方的菜单中找到"剪同款"按钮，点击"营销图片"选项，可以看到页面中有很多图片的样式可供选择，如图 4-28 所示。

比如，我们看中了表现"轻食主义"的图片，想把作品封面设计成这个样子，就可以点击图片，然后点击页面右下角的"编辑"按钮，进入图片编辑页面，如图 4-29 所示。

在该页面中，我们不仅可以更改图片中的文字，还可以调整画面中任何一个元素，包括樱桃的图片、角落树叶的图片，甚至还可以直接把中间的菜品替换成我们想要的，比如替换成甜品，得到的结果如图 4-30 所示。

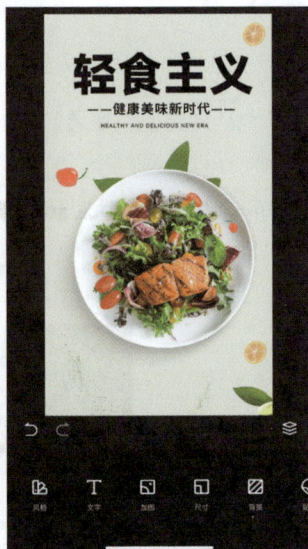

图 4-28　营销图片　　　　图 4-29　图片编辑页面　　　　图 4-30　元素替换

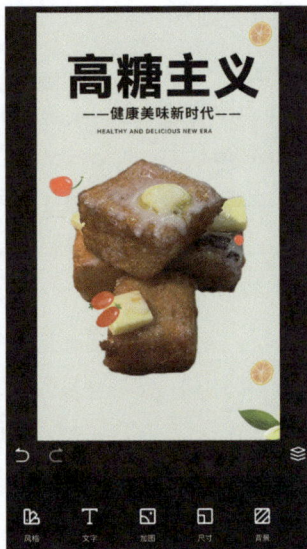

这样可以既保留原本图片的风格样式，又能突出我们自己的素材，从而达到很好的效果。

思考

看到这里，相信你对利用 AI 进行视觉效果优化已经有了一定的了解。请你尝试通过上述方式生成一张图片，并把它融入封面模板，也可以把成品分享给我。在这个过程中，你最大的收获是什么？

AI 帮你搞定文字创作

对不少人来说，写脚本、写文案是非常令人头疼的事。有时候熬夜写出来的东西连自己都看不下去，劳累的同时还得不到正反馈，这并不利于我们坚持运营新媒体。事实上，我们可以让 AI 帮我们完成一部分文字创作工作，降低我们的时间成本。

4.3.1 如何利用 AI 快速生成内容脚本

内容脚本主要有两种，一种是台词脚本，一种是拍摄脚本。台词脚本更注重语言的连贯性，更多是通过一个人表达出来；而拍摄脚本更注重画面的连贯性，更多是通过多个人一起演绎出来。

很多 AI 都能实现内容脚本的创作，不同工具的生成方式有着较大的区别，因此我用不同的两种工具来分别拆解内容脚本的生成过程。

首先是文心一言，这个工具相信你已经比较熟悉了，给它"投喂"的信息越精准，它生成的内容也就越接近我们的预期。比如，输入指令"帮我写一段 200 字的职场台词脚本"，得到的结果如图 4-31 所示。

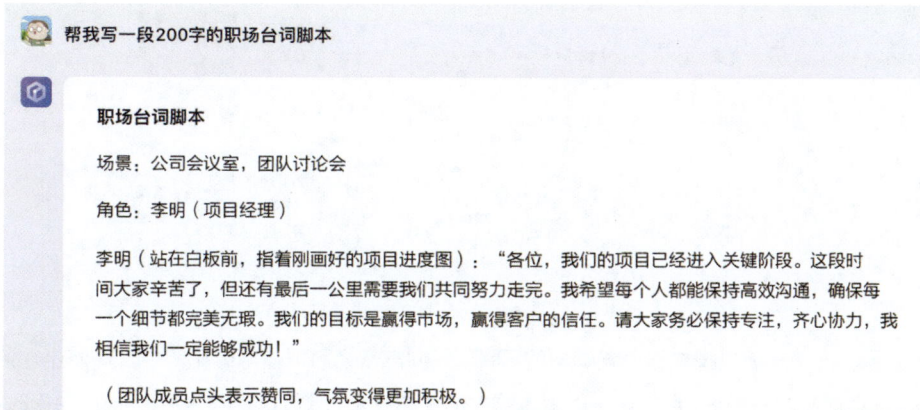

> 帮我写一段200字的职场台词脚本
>
> **职场台词脚本**
>
> 场景：公司会议室，团队讨论会
>
> 角色：李明（项目经理）
>
> 李明（站在白板前，指着刚画好的项目进度图）："各位，我们的项目已经进入关键阶段。这段时间大家辛苦了，但还有最后一公里需要我们共同努力走完。我希望每个人都能保持高效沟通，确保每一个细节都完美无瑕。我们的目标是赢得市场，赢得客户的信任。请大家务必保持专注，齐心协力，我相信我们一定能够成功！"
>
> （团队成员点头表示赞同，气氛变得更加积极。）

图 4–31　文心一言生成的台词脚本 1

虽然我们设定了字数为 200 字，指定了"职场"领域，但因为没有明确主题，因此 AI 生成的内容较为普通，没有很强的话题性。这个时候我们可以优化指令，比如"以五险一金在职场中的重要性为主题,结合实际案例以及五险一金对于员工的好处,写一段 200 字的台词脚本"，得到的结果如图 4-32 所示。

以五险一金在职场中的重要性为主题，结合实际案例以及五险一金对于员工的好处，写一段200字的台词脚本

台词脚本

"五险一金，职场中的定心丸。李工因工伤得到及时救助，感谢工伤保险的守护；王姐退休后生活无忧，源于养老保险的积累。五险一金不仅保障员工权益，更让员工无后顾之忧，全心投入工作。让我们珍惜这份福利，共同书写职场精彩篇章！"

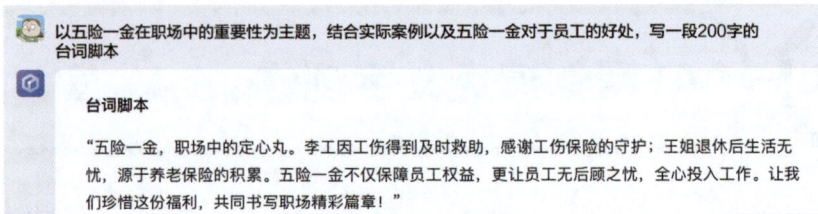

图 4-32　文心一言生成的台词脚本 2

如果我们在指令中强调了拍摄脚本，比如"以五险一金在职场中的重要性为主题，结合实际案例以及五险一金对于员工的好处，写一段拍摄脚本"，得到的结果如图 4-33 所示。

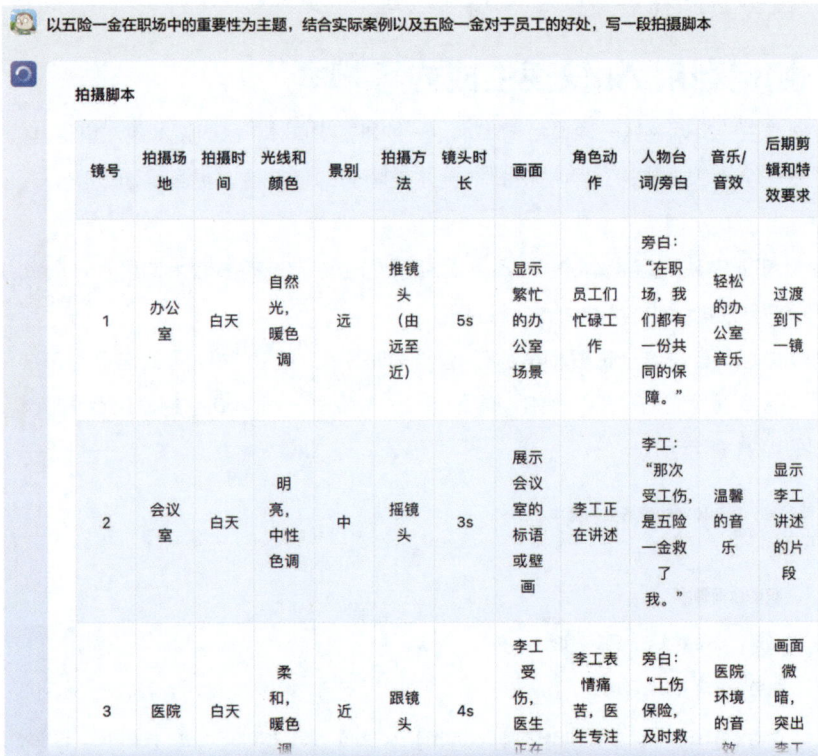

以五险一金在职场中的重要性为主题，结合实际案例以及五险一金对于员工的好处，写一段拍摄脚本

拍摄脚本

镜号	拍摄场地	拍摄时间	光线和颜色	景别	拍摄方法	镜头时长	画面	角色动作	人物台词/旁白	音乐/音效	后期剪辑和特效要求
1	办公室	白天	自然光，暖色调	远	推镜头（由远至近）	5s	显示繁忙的办公室场景	员工们忙碌工作	旁白："在职场，我们都有一份共同的保障。"	轻松的办公室音乐	过渡到下一镜
2	会议室	白天	明亮，中性色调	中	摇镜头	3s	展示会议室的标语或壁画	李工正在讲述	李工："那次受工伤，是五险一金救了我。"	温馨的音乐	显示李工讲述的片段
3	医院	白天	柔和，暖色调	近	跟镜头	4s	李工受伤，医生正在	李工表情痛苦，医生专注	旁白："工伤保险及时救	医院环境的音	画面微暗，突出李工

图 4-33　文心一言生成的拍摄脚本 1

你看，这就是拍摄脚本跟台词脚本的区别。我们常常看到一些电影花絮中，导演坐在监视器前，拿着厚厚的一沓纸，那沓纸上面就是这样的拍摄脚本，其包括镜号、拍摄场地、拍摄时间、光线和颜色、景别、拍摄方法（即运镜方式）、画面、角色动作、人物台词/旁白、音乐/音效、后期剪辑和特效要求等元素，甚至有些拍摄脚本还会为"画面"附上参考的照片或者手绘图，便于拍摄者理解。

同理，如果我们运营了一个文旅号，就可以输入"以江西上饶望仙谷为主题，写一个有关景点'种草'的拍摄脚本"，得到的结果如图 4-34 所示。

以江西上饶望仙谷为主题，写一个有关景点'种草'的拍摄脚本

拍摄脚本：江西上饶望仙谷

镜号	拍摄场地	拍摄时间	光线和颜色	景别	拍摄方法	镜头时长	画面	角色动作	人物台词/旁白	音乐/音效	后期剪辑和特效要求
1	望仙谷入口	清晨	暖阳初升，金黄色调	远	推镜头（由远至近）	7s	山谷入口，云雾缭绕	无	旁白："欢迎来到江西上饶的秘境——望仙谷。"	悠扬的笛声	淡入画面，展示山谷全貌
2	山谷小径	白天	自然光，翠绿色调	中	移镜头	5s	蜿蜒的小径，两旁绿植茂盛	游客悠闲地行走	台词："这里真美，仿佛仙境一般。"	鸟鸣声，流水声	画面稳定，展示小径与绿植

图 4-34　文心一言生成的拍摄脚本 2

我们要做的，就是照着拍摄脚本中的各项要求，把画面拍摄出来并拼接在一起，形成完整的成片。不难发现，拍摄脚本有着较强的专业性，对于创作者对画面感的把握及对整体时间节奏的掌控要求较高。我们在一开始可以通过 AI 生成拍摄脚本，在拍摄和制作视频的过程中，结合之前学习的拍摄知识，去揣摩每个画面要表达的含义。久而久之，我们也能逐渐掌握拍摄脚本的创作方法。

除了文心一言，剪映也能帮我们完成脚本创作。打开剪映，在主页找到"营销成片"选项，如图 4-35 所示。

点击"营销成片"选项即可进入设置页面，如图 4-36 所示。

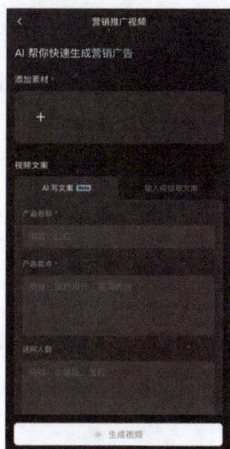

图 4-35　剪映中的"营销成片"选项　图 4-36　"营销成片"设置页面

其中带"＊"的部分为必填项，其他的为可选项。信息提供得越多，结果呈现得就会越好。

"添加素材"栏要求我们至少上传一个本地的视频，且视频时长至少为 15 秒。视频上传完成之后，需要输入产品的名称及相关的卖点。

比如，我们要写口红的文案，只需要在"产品名称"框中输入"口红"，"产品卖点"框中输入"好看，滋润"，如图 4-37 所示。

可以看到，当我们输入"口红"这个产品名称的时候，下方的"产品卖点"框中自动出现了"丝滑显色""不撞色""增加质感""气色好""不显黑"等卖点。我们不知道怎么描述产品卖点时，就可以直接选择 AI 提供的产品卖点。在这里，我们为了验证 AI 生成文案的质量，就只输入比较简单的"好看，滋润"，然后设置视频的尺寸及时长，点击"生成视频"按钮，得到的结果如图 4-38 所示。

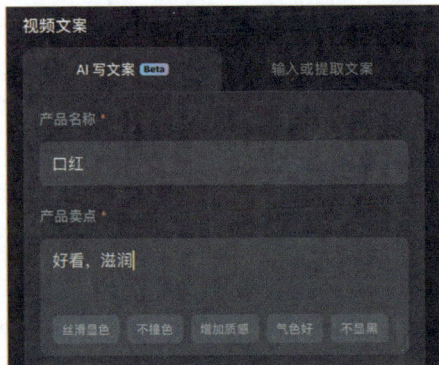

图 4-37 输入产品名称和卖点

图 4-38 基于"好看，滋润"生成的文案

AI 结合上传的视频，一共生成了 5 个营销视频。点击预览时，你会发现 AI 不仅对上传的视频做了剪辑，同时还配上了文案、旁白及背景音乐，部分文案如下。

文案一

什么样的口红既好看又滋润呢？就是这支特别的口红，它是男朋友送给我的情人节礼物，很滋润，颜色很好看，特别显气色。

我已经把它向我身边的朋友"安利"了一遍，她们都说好用。快把这么好看的口红分享给你的闺蜜吧，点击下方的链接就可以购买哦！

文案二

女生们，还在找好看的口红吗？

快来试试我们这款口红吧，它不仅颜色很好看，还特别滋润，涂上之后，嘴唇也不会起皮，一整天都可以保持好状态。无论是约会还是逛街，你都能用它，而且它的性价比非常高。

这么好用的口红，你还犹豫什么？赶快点击链接购买吧！

发现了吗？虽然我们输入的产品卖点有限，但 AI 对其进行了延展，包括情人节礼物、显气色、性价比非常高等。当然，AI 自行延展的内容跟实际的产品卖点会存在比较大的偏差，因此为了让生成的文案更符合实际情况，我们需要对产品卖点、适用人群及优惠活动进行详细的补充。

比如，产品依然是口红，方便我们对前后的文案效果进行对比。产品卖点有 3 个，分别是"更显年轻的樱桃红""长效滋润 8 小时""520 情人节送礼首选"；适用人群为 22~25 岁初入职场的女性；优惠活动是买一送一；视频尺寸选择更适合短视频平台的"9：16"，视频时长设定在"30~60 秒"，填写完成后点击"生成视频"按钮，如图 4-39 所示，生成的部分文案如下。

文案一

今天又收到一个差评，客户说我们的口红好用是好用，就是有点贵。听到这里，我真的太难过了，于是赶紧转诉老板，老板说"那就给粉丝送福利"。凡是来直播间的小伙伴，拍下一件，我们就给你发两件。你还不心动吗？

这是一款专为 22~25 岁初入职场的女性设计的口红。

很多明星都在推荐这款口红，它的外观设计灵感来源于高定的珠宝首饰盒，膏体还镶嵌着一颗"黑玛瑙"，非常好看。它也是高级香水和唇膏的完美结合，尽显优雅，真的很好用，大家快去购买吧。

文案二

你是不是经常为自己的化妆品不够用而苦恼？如果你刚好是刚进入社会打拼的职场女性，就来看看这款适合你的口红吧。

这款口红的色号非常适合 22~25 岁的年轻女

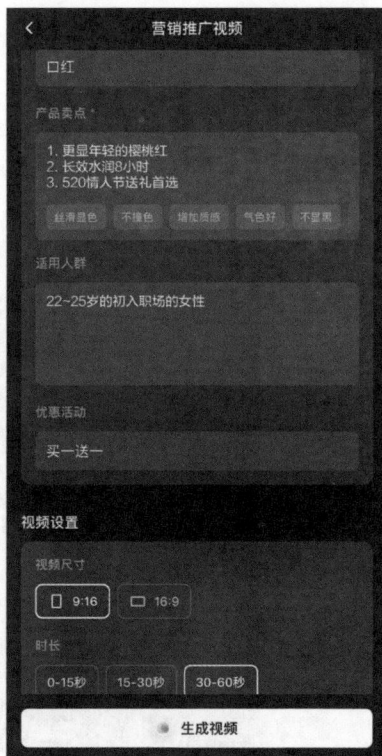

图 4-39　"投喂"更完整信息

性，能凸显出你的青春活力。

它特别显气质，不管是上班还是约会都能涂，能让你显得更自信。现在购买还能享受买一赠一的福利活动，赶快来选购一支吧。

文案三

这款口红特别适合 22~25 岁的年轻女性，是专门针对刚步入社会的职场女性需求而设计的。涂上它后，你会显得气色特别好，给人眼前一亮的感觉。

今天我们做活动，现在你购买一支口红，我们额外送给你一支，相当于你只花了买一支的钱买了两支，这样的好事千万不要错过，喜欢的妹子们赶快去下单，错过了可就没有了！

因为我们提供的信息多了，所以 AI 生成的文案也多了很多亮点。比如，文案一用"今天又收到一个差评"来吸引用户的注意力，同时顺理成章地引出产品贵，于是推出"买一送一"活动，同时还对口红的外观做了讲解，这也提醒了我们可以对产品的外观加以描述。又如，文案二中的"不管是上班还是约会都能涂"补充了产品的使用场景，这也是我们应加以描述的。再如，文案三提到"专门针对刚步入社会的职场女性需求设计""给人眼前一亮的感觉"，这一点是对"22~25 岁初入职场的女性"的延展。

从整体看，AI 目前生成的文案在结合了我们提供的信息的同时，更多借鉴了许多带货账号所使用的常规文案框架。我们除了可以直接参考 AI 生成的文案，还可以对不同文案进行融合，选取其中比较好的描述并拼接在一起，这也是一个很好的选择。

可能有些人会问，如果没有足够的素材怎么办？我们可以借助剪映中的"图文成片"功能，如图 4-40 所示。

点击"图文成片"选项即可进入对应功能页面，如图 4-41 所示。

图 4-40　剪映中的"图文成片"选项

图 4-41　"图文成片"功能页面

因为我们的需求就是让 AI 帮我们完成内容脚本创作，所以"自由编辑文案"这个功能我们可以暂时忽略，直接看下方的"智能写文案"板块，这里有情感关系、励志鸡汤、美食教程等多种内容领域可以选择，这里以"家居分享"为例进行讲解。

点击"家居分享"选项，进入设置页面，如图 4-42 所示。

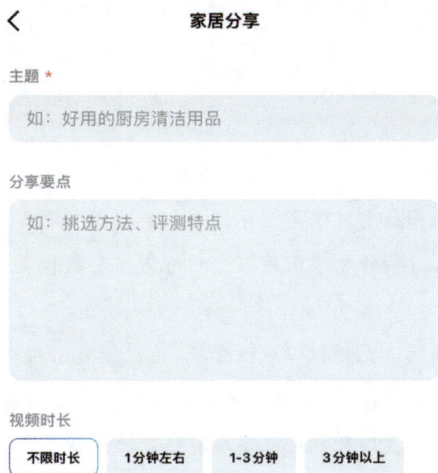

家居分享

主题 *

如：好用的厨房清洁用品

分享要点

如：挑选方法、评测特点

视频时长

不限时长　　1分钟左右　　1-3分钟　　3分钟以上

图 4-42　"家居分享"设置页面

我们需要输入主题和分享要点，以及选择对应的视频时长。比如，我们将主题定为"扫地机器人"，先不写分享要点，选择"1 分钟左右"的视频时长，根据此设置，AI 生成了以下3 篇文案。

文案一

给大家分享一款改变我们生活的利器——扫地机器人！

这款扫地机器人采用先进的智能导航系统，能够快速规划出精确的打扫路线。不仅如此，它还能够自动识别家具等物品，避免碰撞。有了它，我们就可以轻松解放双手，与家人享受欢乐的时光。

这款扫地机器人不仅能干活，还特别贴心。它在工作过程中能自动调节吸力，保持室内清洁，避免过度摩擦和损伤地板。而且，它还具备防缠绕功能，可以轻松地处理家中的毛发等杂物。

这款扫地机器人真的很让人惊艳。赶快行动起来，将它带回家，享受轻松愉快的家居生活吧！

文案二

给大家"安利"一款改变传统清洁方式的智能家居利器——扫地机器人！

这款扫地机器人采用先进的智能导航系统，能够自动规划最佳的清洁路线。不仅如此，它吸尘的能力也非常强大，它能轻松吸附地面的污垢、毛发和灰尘。

这款扫地机器人还具备自动回充功能，充电时间短，能够满足您一整天的清洁需求。更值得一提的是，它还能够与其他智能家居设备联动，创造更加全面、高效的清洁体验。

赶快行动，将这款扫地机器人带回家，告别烦琐的清洁工作，让家里焕然一新，享受舒适的生活！

文案三

分享一款改变我生活的利器——扫地机器人！

这款扫地机器人真的很强，它可以灵活穿梭于屋子的各个角落，自动规划最佳路径。不仅如此，它还拥有强大的吸力，能轻松吸附地板上的污渍、毛发和灰尘。别看它小，它的实力可不得了！

我在使用扫地机器人期间，无须担心地板受损。它还具备一键返航功能，遇到墙壁、家具边缘会自动停止，并重新规划路径。最关键的是，它还能自动识别家中的物品，避免碰撞。

亲爱的朋友，让我告诉你，这款扫地机器人确实能给你带来很多便利。赶快行动起来，尝试一下这款可以改变家居生活的利器吧！

在我们没有输入任何亮点的情况下，AI 抓取了市面上主流的一些扫地机器人的亮点进行了融合产出，比如智能导航系统、自动调节吸力、自动回充功能、一键返航功能等。我们可以对 AI 生成的文案进行优化，重新输入分享要点。

比如，经过我们的优化，主题为"从此解放双手的扫地机器人"，分享要点为"1. 智能导航，精准躲避家具及阶梯；2. 可自动调节吸力，吸附污垢的同时不损伤地毯和地板；3. 具备自动回充功能，充电时间短；4. 具备一键返航功能，能根据家具摆放位置的变动重新规划路线"。为了获取更多启发和灵感，我们把视频时长设定为"3 分钟以上"，得到的文案如下。

文案一

如果你还在为拖地板、扫地而烦恼，那么接下来我要向你分享一款家居利器，相信它能让你从此解放双手，享受舒适的家居生活。

首先，这款扫地机器人的智能导航功能绝对让人惊艳。它采用了先进的激光雷达技术，能够精准躲避家具及阶梯，在使用过程中不会撞到家里的物品。不仅如此，它还能够根据地面污垢情况自动调整吸力，吸附污垢的同时不损伤地毯和地板。它能让你家的地板始终保持干净，让你远离地板清洁的烦恼。

其次，这款扫地机器人具备自动回充功能。它采用了自动回充技术，充电时间短。在扫地过程中，如果电量不足，它能够自动返航充电。

再者，这款扫地机器人还拥有一个非常实用的功能——一键返航。当你忘记关闭扫地机器人时，它能够自动返航。而且，它还能够根据家具摆放位置的变动重新规划路线，保证彻底清洁任何一个角落。

最后，这款扫地机器人的安全性很强。在扫地过程中，如果遇到家具等障碍物，它能够自动停止，避免发生意外。同时，它采用了抗跌落设计，能够有效避免在运行过程中掉落，确保了使用过程的安全性。

总结一下，这款扫地机器人具有智能导航功能、可自动调节吸力、具备自动回充功能和一键返航功能，并具有很强的安全性。它能够真正帮助你解放双手，让你享受家居生活的快乐。如果你还在为地板清洁而烦恼，那么不妨试试这款扫地机器人，相信你一定会被它折服。

文案二

自从拥有了这款扫地机器人，我们家的清洁工作效率提升了很多，它简直是解放双手的利器！

首先，这款扫地机器人的智能导航功能非常强大，它能够精准躲避家具及阶梯。我在清洁过程中，无须担心家具被破坏。这款扫地机器人能够自动规划最佳路径，让我在清洁过程中省时省力。

其次，它可自动调节吸力，吸附污垢的同时不损伤地毯和地板。它有多种模式可选，我可以根据地板的实际情况进行调整，确保清洁效果最佳。

再者，这款扫地机器人还拥有自动回充功能，充电时间短。我在清洁过程中无须担心电量不足的问题，因为它可以自动回到充电站充电。

最后，这款扫地机器人还具有一键返航功能。如果在清洁过程中，我需要改变清洁路线，可以让它返航，重新规划最佳路线。这样，即使我在清洁过程中离开了一段时间，家里的清洁工作也能继续进行。

总之，这款扫地机器人让我家的清洁工作效率提升了很多，我非常喜欢它。如果您正在考虑购买一款扫地机器人，我强烈推荐您尝试这款产品。

文案三

众所周知，打扫卫生是每个家庭都面临的难题，尤其是有小孩和宠物的家庭，更是需要一个帮手来减轻家务负担。而今天我要给大家介绍的，正是可以解放双手的扫地机器人，它能让我们生活得更轻松，尽情享受温馨的家居生活。

首先，这款扫地机器人拥有智能导航功能，能够精准躲避家具及阶梯。这意味着，当你家中有沙发、床垫等家具时，它不会撞到它们，能够更精准地为您规划打扫路线。同时，它还可以自动调节吸力，吸附污垢的同时不损伤地毯和地板。无论是毛发还是灰尘，它都能高效吸附，让您的家居环境更加整洁。

其次，这款扫地机器人还拥有自动回充功能，充电时间短。这意味着，您不用担心扫地机器人电量不足，它能一直保持工作状态，让您随时享受干净舒适的家居环境。

最后，这款扫地机器人还具备一键返航功能。如果您发现扫地机人在打扫过程中出现了偏差，通过这一功能可让它自动返回原路线，重新规划打扫方案。而且，它还能根据家具摆放位置的变动重新规划路线，让您的家居环境始终保持干净。

总之，这款扫地机器人不仅能够解放双手，还能够让您的家居环境更加整洁。如果您正在为家里的卫生问题烦恼，那么不妨考虑一下这款扫地机器人，让它成为您家庭生活中的得力助手，让您的生活更加舒适便捷！

这样看下来，是不是觉得 AI 生成的文案好了很多？我们只要学会驾驭 AI，学会给它"投喂"更多关键词、更多有用的信息，就能得到更好的结果。

4.3.2 如何利用 AI 搞定文案优化

通过以上方式，我们获取了很多文案，不过这些文案多多少少都存在老套的问题。对此，我们可以再次利用 AI 来进行文案优化。

要注意，文案优化需要我们有一定的基础认知，会判断文案的好坏。在此之前，我们先来学习文案优化方法。

(1) 转换视角

原：2024 年本店最火小龙虾迎来年终大促！

改：你有多久没吃到好吃的小龙虾了？快到这里来品尝吧！

很多时候，我们写文案都只是站在自己的视角去主观表达，但这样写出的文案并不能成为击中用户痛点或者痒点的利器，反而显得很老套。如果我们站在用户的视角，从他们的需求出发，找到他们的使用场景或者情绪，就很容易达成目标。

(2) 避免抽象

原：今天我们要推荐的好东西非常多。

改：今天我们要推荐的好东西一共有 53 款。

我们总喜欢说"好吃""很多""很高"等词，但这些抽象的表达并不能让用户快速获得信息点，会造成无谓的流失。"很多"可以具体化为确切的数字，"好吃"可以具象化为"连盘子都想舔干净"，"很高"可以具体化为"足足有 10 层楼那么高"。

此外，我们还需要把很多概念词变成一个有画面感的场景，比如形容紧张，可以说"手止不住地抖,连茶杯都有点拿不稳";形容一个地方很脏很乱,可以说"东西丢得到处都是,角落里的混合物散发出阵阵恶臭"。包括前面提到的"10 层楼那么高",也是一种对场景的呈现。

(3) 巧用标点

原:你最近还好吗?

改:那个……你……最近……还好吗……

明明是同样一句话,使用不同的标点后给人的感觉完全不一样。原句就好像是一句再日常不过的问候语,而改句就显得十分局促。千万不要以为在短视频时代标点已经不重要了,相反,它更重要。我们觉得一些"网红"的演绎很动人,而另一些"网红"的演绎就"一眼假",这些都是情绪表达是否到位的结果。当你能在脚本中准确地运用标点,靠谱的演员就能看懂其要表达的感情。

(4) 巧用指令

原:这本书很好看。

改:真的!这本书赶紧买回去看!

还记得引导点赞或者引导评论吗?合理地发布指令可以让用户更愿意去行动。在这个过程中甚至可以偶尔运用逆反心理,比如"如果你不想升职加薪,千万不要买这本书",或者"不要用这个方法锻炼,否则你会更瘦",这也是比较有效的文案优化方式。

(5) 锁定人群

原:这本书很适合你。

改:这本书很适合刚进入职场的你。

关键词越垂直,触达的人群就会越精准,我们在前面的内容中强调过这一点。写文案也是一样,只有锁定了人群,才能把产品的价值呈现出来。之前我们在向 AI "投喂"信息的时候,把口红的适用人群限定为"22~25 岁初入职场的女性",也是同样的道理。

(6) 降低门槛

原:看完你就会变成理财小能手。

改:就算你连加减乘除都不懂,看完也能做好理财。

很多时候,我们为了强调产品或者服务的价值,总会把自己抬得有些高,虽然格调上去了,但可能同时也把门槛提升了。比如,原句提到"理财小能手",现实生活中很多人都想学习理财,但一想到要计算就头疼,更别提成为一个"小能手"了,因此原句莫名提高了门槛。但如果你加一句"就算你连加减乘除都不懂"，用户就知道相关内容足够简单，也就更愿意学了。当然，需要强调的是我们还是要实事求是，不能使内容只是表面上看起来很简单，否则用户上手之后会发现依然有较高的门槛。

当然，还有一种情况是我们的内容本身就有着一定的门槛，但我们又不希望拒人千里之外，怎么办呢？答案就是加入一些有趣的"梗"或者段子。比如，"早上不小心打翻了油瓶，用拖把怎么拖都拖不干净。真是人倒霉了喝凉水都塞牙。""这本书也太好了吧！买它！"等，用户也会因此更容易接受。

可能有人会问，这些方法 AI 也会用吗？别忘了，AI 是可以被训练的，也许它现在完全不懂这些方法，但经过训练之后，很快就能熟练掌握它们。比如，我们可以在文心一言中输入指令：文案优化中，我们常常用到"转换视角""避免抽象""巧用标点""巧用命令""锁定人群""降低门槛"6 种方法，请分别针对这些方法举一个文案优化例子。看看 AI 生成的结果是否与本书所举的例子类似。如果类似，证明 AI 已经掌握了相关的文案优化方法；如果其中某些点并不准确，就可以继续输入指令，直到 AI 输出的结果令我们满意为止，如图 4-43 所示。

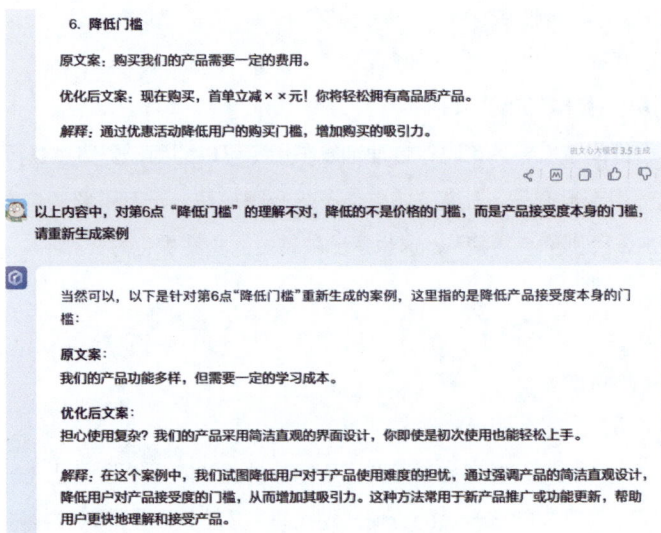

图 4-43　训练 AI 掌握文案优化方法

可以看到原本的结果中，AI 把门槛简单地理解为了价格的门槛，这显然是不准确的。我们可以直接输入指令"以上内容中，对第 6 点'降低门槛'的理解不对，降低的不是价格的门槛，而是产品接受度本身的门槛，请重新生成案例"。新的结果强调"初次使用也能轻松上手"，这就跟我们想要的结果一样了。

现在就可以让 AI 帮我们优化文案了，把之前生成的文案复制到 AI 的指令输入框中，并要求 AI 根据以上 6 个方法来优化文案。以优化扫地机器人的第三个长文案为例，得到的结果如图 4-44 所示。

好的，以下是按照您提供的6种文案优化方法优化后的文案：

你是否常常为打扫卫生而烦恼，特别是当家里有活泼的小孩和可爱的宠物时？别担心，我们有一个完美的解决方案，那就是这款智能扫地机器人，它将成为您家中的得力小助手，帮您轻松应对家务挑战。

转换视角：想象一下，有了这款扫地机器人，您就可以省下打扫的时间，陪伴家人度过更多欢乐时光，享受宁静舒适的家居环境。

避免抽象：它具备智能导航功能，能够灵活绕过沙发、床垫等家具，避免碰撞，同时自动规划最佳打扫路线。无论是地毯还是地板，它都能根据材质自动调节吸力，确保清洁效果的同时保护您的地板。

巧用标点：毛发、灰尘？统统不是问题！这款扫地机器人可以高效吸附污垢，让您的家居焕然一新！

巧用命令：立即告别烦琐的打扫，选择这款扫地机器人，让它为您的家庭带来清洁与便捷！

锁定人群：家有小孩和宠物？您更需要一个可靠的清洁助手！这款扫地机器人专为有孩子的家庭和宠物爱好者设计，让您的生活更加轻松。

降低门槛：操作简单易懂，一键启动即可让扫地机器人开始工作。它拥有自动回充系统，无须您手动干预，时刻保持工作状态。若发生偏差，它还能一键返航，重新规划打扫方案，确保家居始终干净如初。

总之，这款扫地机器人是您家庭生活中的理想选择，它不仅能让您解放双手，还能为您的家居环境带来前所未有的清洁与舒适。现在就选择它，让它成为您生活中的得力助手吧！

图 4-44　AI 进行文案优化

这样优化之后，文案是不是比之前更有吸引力了呢？学会使用和训练 AI 能大幅提升我们的工作效率，减少很多不必要的时间成本。

思考

看到这里，相信你对于 AI 搞定文字创作已经有了一定的了解。在这个过程中，你最大的收获是什么？你觉得 AI 的哪个功能最好用？还有哪些 AI 可以帮助你提升文案创作效率？

4.4 AI 帮你搞定剪辑成片

在 3.6 节中，我们介绍了 3 种剪辑优化方法，以给内容增加节奏感，但可能依旧有不少朋友觉得剪辑是一件比较难上手的事。没关系，因为 AI 能帮你搞定剪辑。当然，巧妇难为无米之炊，AI 再强大，也不可能利用有限的指令生成无限的可能。只有我们自己强大了，训练出来的 AI 才会更强大。

4.4.1 如何利用 AI 快速匹配素材

在前面我们了解剪映中的"图文成片"时，细心的朋友应该发现了，我们只讲到输入主题和分享要点后生成文案那一步，但在生成的文案下方，还有一个按钮可以让剪映直接根据这段文案生成视频，如图 4-45 所示。

如果确认了文案，可以直接点击"生成视频"按钮，系统会弹出生成视频的选项，如图 4-46 所示。

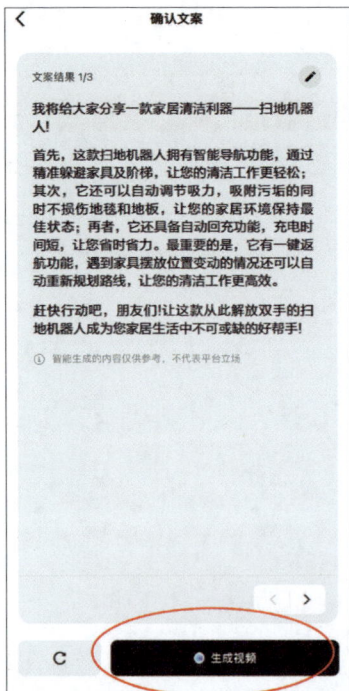

图 4-45　剪映"图文成片"中的"生成视频"按钮　　　图 4-46　生成视频的选项

生成视频的选项一共有 3 个：第一个是"智能匹配素材"，可以根据我们提供的文案去匹配相应的视频、图片素材；第二个是"使用本地素材"，通过我们自己上传的视频或者图片素材来匹配现有的文案；第三个是"智能匹配表情包"，会根据我们提供的文案内容去匹配很有趣的、网感十足的表情包。对于第二个和第三个选项，大家有时间可以自己摸索，现在主要介绍"智能匹配素材"。

点击"智能匹配素材"选项，系统就会生成视频，如图 4-47 所示。

可以看到生成视频后，我们进入一个类似于简易版剪映的界面，上方是视频预览区；中间是时间轨道，有素材、字幕和声音 3 个轨道；下方是各种用于调整视频的功能选项，其中"主题模板"用于快速更换现有字体的风格样式，"风格套图"用于替换部分图片素材，"画面"用于自定义替换或者添加图片素材，"文本"用于修改字幕，"音色"用于改变原本 AI 的配音等，相对来说都很容易上手，有相关需要的朋友可自行摸索。

同时我们也不难发现，图文成片生成的视频更多是以图片元素为主，且视频素材的质量也参差不齐，因此在条件允许的情况下，我们可尽量准备一些需要用到的视频素材，这样 AI 生成的视频效果会更好。前文提到的我们为杭州的企业一天生成了 3000 个视频，也是依赖于其丰富的素材积累。

4.4.2 如何利用 AI 一键成片

我们积累了一定的素材之后，就可以考虑利用 AI 一键成片了，这里我们用到的依旧是剪映。打开剪映，在主页最上方找到"一键成片"选项，如图 4-48 所示。

点击"一键成片"选项即可进入素材选择页面，根据自己的需要选择图片或者视频素材，然后点击"下一步"按钮，就会发现 AI 已经帮你生成了一个成片。

在成片的下方，有"推荐""春日""卡点""高

图 4-47　利用"图文成片"功能
生成的视频

图 4-48　剪映中的"一键成片"
选项

图 4-49　剪映中的"一键成片"
设置页面

级感""简单"等多种主题选项，每个主题选项下方有很多成片模板，如图 4-49 所示，点击不同的模板即可快速得到不同类型的成片。

如果想要微调成片，点击下方红色方框内的"点击编辑"按钮，即可进入成片编辑页面，如图 4-50 所示。

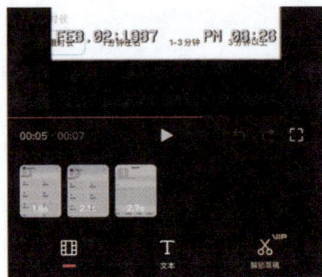

图 4-50　成片编辑页面

在"视频"页中，你可以通过长按下方的素材来调整素材的顺序；在"文本"页中，你可以对成片中自动生成的字幕进行修改。如果这些无法满足你微调的需求，只需要点击"解锁草稿"按钮，就会进入剪辑页面，对于上面所有的内容，你都可以根据需要尽情修改。

你还可以在剪映的"剪同款"页面中找到"营销推广"页面，如图 4-51 所示。

在这个页面中，你可以看到很多模板，模板左上角有"智能"标识，就意味着它可以实现一键成片。我们可以通过浏览模板进行筛选，也可以通过上方"精选""抖音爆款""政企必备""生活服务"等主题选项进行分类筛选，同时结合需要用到的片段数量、模板时长等选项进行细分。

图 4-51　剪映中的"营销推广"页面

找到自己想要的模板之后，点击进入相应页面，选择右下角的"剪同款"按钮，上传本地的视频素材，填写产品名和相应的卖点，就可以直接生成成片了。同样的，视频素材越多，产品卖点越充分，AI 生成的结果就越好。

思考

看到这里，结合本章的内容，相信你对 AI 搞定剪辑成片已经有了一定的了解，你可以尝试操作几次，每次给 AI "投喂"不同的信息，看看最终 AI 生成的成片有什么不同。分析一下，哪些成片更好？它们好在哪里？为了得到更好的成片，我们应该怎么做？

5

电商变现

↓

从这一章开始，我们进入电商变现部分。现在，变现的主流方式就是电商变现和直播变现。有个段子是这么说的："所有'网红'的终点都是直播带货。"虽然这句话很绝对，但多多少少有一点道理。因此，本书的最后两章要跟大家好好聊聊电商变现和直播变现。

首先，我们要了解电商变现。在第 2 章中我们提到兴趣电商，而兴趣电商和传统电商不同。以前是人找货，我们想到要什么的时候再去搜索购买；而现在是货找人，平台知道你的兴趣和需求，给你提供精准的推送服务，在优质内容的加持下，营造出了更强的购买氛围。

想象一下，周末休息的时候，你刚打完几局游戏准备睡觉，结果看短视频时刚好看到附近某个美食店的外卖，瞬间就饿了；或者你看短视频时看到了一款很好玩的泡泡枪，商家称"小孩子玩很幼稚，成年人玩刚刚好"，其价格也不贵，你顺手就会下单。

兴趣电商时代，商家一直在创造需求，培养用户的兴趣，而随着市场的变化，用户也越来越愿意直接通过短视频平台下单。作为创作者，通过电商变现更容易获得效益上的正反馈。

在开始通过电商变现之前，我们需要了解创作者的电商身份。

在视频号中，创作者的电商身份可根据自身的货源、所需功能及拥有的资质来选择，一共有 3 种身份供创作者选择，如图 5-1 所示。

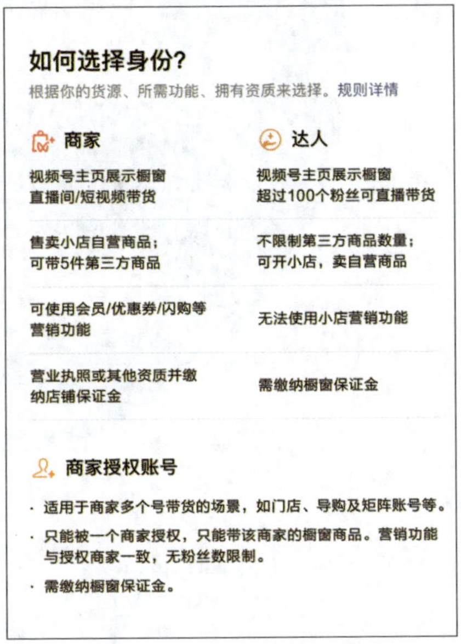

(1) 商家

拥有营业执照或者其他资质，缴纳店铺保证金后就可以拥有商家身份。商家除了可以开小店和带 5 件第三方商品，还能使用会员、优惠券、闪购等商家专属的营销功能。

(2) 达人

达人的门槛很低，达人直播带货也只需要粉丝超过 100 个。达人需要缴纳橱窗的保证金，但平台不限制其第三方商品的数量，而且达人也能开通小店去卖自营的商品，但无法使用小店的营销功能。

图 5-1　创作者的电商身份

(3) 商家授权账号

商家授权账号一般用于商家有很多个号的带货场景，比如多家门店、多名导购或者多个矩阵账号。每个授权账号只能被一个商家授权，也只能带该商家所上架的商品。其好处是没有任何粉丝门槛，可以拥有和授权商家一样的营销功能。

我们可以根据自己的需要选择适合的电商身份。

5.1 带货分佣，轻松的电商模式

为什么我说带货分佣是轻松的电商模式呢？那是因为这种电商模式不需要你囤货、不需要你管理物流，甚至不需要你负责售前、售中和售后。你要做的，就是找到一些你想要带的货，然后制作一些对应的作品发布，剩下的只需要交给平台。

在前面的内容中，我们已经掌握了获取流量的方法。转化率主要来自文案的吸引力和销售的指令引导，而对于如何通过 AI 来生成更好的文案及更好地进行指令引导，我们也进行了大篇幅的学习。可以说，实现电商变现对我们而言只差临门一脚。话不多说，我们开始学习相关知识。

5.1.1 如何开通带货分佣

打开视频号，进入"创作者中心"，具体路径有两种：一种是个人主页—右上角人像—创作者中心；还有一种是微信"我"页面—视频号—右上角 3 个点—创作者中心。

进入创作者中心后，找到"带货中心"选项，如图 5-2 所示。

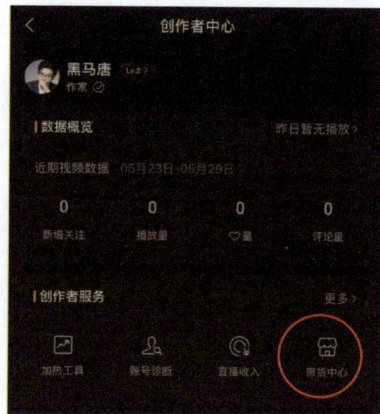

图 5-2　带货中心的入口

有些平台的电商身份中，商家和达人是完全分开的，商家只能开小店，达人只能带货，因此在后台可以看到"小店"和"橱窗"两个入口。但视频号不同，商家能带货，达人也能开小店，所以二者的入口都统一设在带货中心。

点击"带货中心"选项，可以看到图 5-3 所示的页面。

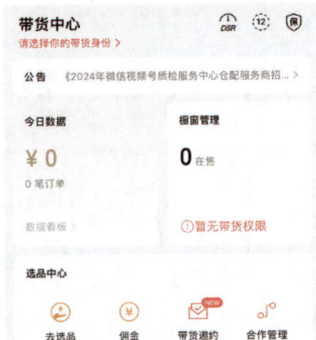

图 5-3　带货中心页面

　　接下来我们来一一讲解每个部分。首先，橱窗的下方有"请选择你的带货身份"超链接，我们可以根据前面提到的信息，在"达人""商家""商家授权账号"3 种身份中进行选择。要注意的是，一年只可以修改两次身份，所以想清楚再选择。点击"请选择你的带货身份"超链接还可以查看账号的经营资质及绑定店铺等。

　　选择了身份之后，需要缴纳相应的保证金，完成之后带货权限等对应电商身份的功能都会相应开启，图 5-3 中显示的"暂无带货权限"字样也会消失。

　　右上角有 3 个小标识，分别是"DSR"、"12"和"保"。"DSR"指的是店铺评分，点击标识可以进入页面，页面中会展示店铺的总评分、商品体验分、物流体验分和服务体验分，我们可以在评分页面右上角的"规则"中查看详细的评分规则，包括每个动作的评分占比，哪些属于违规扣分项目，通过什么方式可以提升分数，以及常见的问题答疑，有需要的朋友可以自行查阅。

　　"12"指的是信用分，点击标识可以进入信用分页面。12 分为满分，如果存在违规情况，平台会对账号进行扣分处理，一个计分周期为一个自然年，在每年的 12 月 31 日 23 时 59 分59 秒，当前所扣的分数将清零，分数重新恢复到 12 分。但在计分周期中，如果扣除的分数达到一定的分值就需要缴纳一定的违约金，扣除的分数越高，需缴纳的违约金额度越高，如图 5-4所示。

图 5-4　信用分分数规则

我们还可以在信用分页面查看违规的行为和扣分记录，如果发现平台错判误判，一定要第一时间反馈申诉，让官方客服介入处理，否则会影响店铺的运营及部分功能的使用。如果的确存在违规行为，一定要第一时间查找原因，做好记录，并确保以后不再犯同样的错误。

"保"指的是保证金，点击标识进入保证金页面，这里会显示待缴纳的保证金额度，保证金余额，以及开发票等功能选项，根据自身账号要求操作即可。

"达人"入口的下方是通知栏，这里主要有平台公告和系统通知两种信息内容。平台公告会不定期发布一些公告，一般都是针对某一个特定行业的规则进行完善。我们可以多关注一下这些公告，这样如果公告涉及自身所在行业的规则变更，可以第一时间知道，而不至于造成违规。

带货中心页面的中间是数据看板及橱窗管理，当橱窗开始上架商品并且产生销量之后，这里会同步更新相关的数据。

这样带货分佣就开通了。

5.1.2　如何选品

做带货分佣，关键就是选品。一般情况下，选品可根据以下 5 个原则进行。

原则一：选择大众品类

一般情况下，最受欢迎的四大品类分别是零食、美妆、服装、日用。如果你的账号专注于这些品类的产品，那建议你选择其中一个或几个进行带货。这些品类的特点是覆盖人群足够多，价格相对低，且复购率非常高。因此不管是在流量上，还是在转化率上，它们都能比较快地给予你正反馈。

原则二：选择与账号定位契合的品类

不知道你有没有发现这样一个细节，拥有几十万甚至上百万粉丝的部分大 V，其橱窗的商品数非常少，这可能是商品跟账号定位无关造成的。举个例子，以前有个学员运营了一个情感树洞账号，积累了几百万粉丝，她开始带一些日用品，比如纸巾、拖鞋等，但根本就没有销量。你是不是也很疑惑？都有几百万粉丝了，为什么卖不动这些很常见的商品呢？

那是因为账号定位的问题，从一开始她运营的就是一个情感树洞账号，是很多人"心灵的港湾"，她直播的时候，连麦排队的有上百号人。这个定位的好处就是用户黏性非常强，而缺点就是不具备普通商品的带货场景。

就好比你去理发店，你的心理预期就是理发，但如果理发店里在卖羊肉串或者洗碗布，你是不是会觉得莫名其妙？同理，用户对于情感树洞账号的预期就是找到一些倾诉的方式、一个宣泄的地方，他们并没打算买东西，因此是比较难成交的。当然，也不是说完全成交不了，如果销售香薰、浴球、蜡烛等营造氛围感的商品，效果应该也是不错的。

因此，不是说粉丝多就一定能带好货，我们要紧跟账号自身的定位，从用户的需求出发，利用自身的优势选品。

原则三：注重口碑、质量

带货，说白了就是利用商品本身的功能性或者趣味性，结合用户的信任感销售商品。因此，你不能仅仅因为佣金高就选某种商品。假如你光顾着高佣金，没有很好地了解商品属性及特色，那么可能导致粉丝收到商品之后体验感很差，因为商品是你推荐的，粉丝自然会归罪于你，其信任感崩塌的那一刻，你自然也就翻车了。

而很多质量不太好的商品因为本身没多强的竞争性，其佣金被设置得很高，如果你只看到了商品的佣金高，而没有调研商品的质量及口碑，那就可能带来比较大的风险。所以我们要多了解商品的亮点是不是很明显，差评是否都针对商品本身，商品是否存在实际情况完全不符合宣传信息的情况，等等。

原则四：动态规划选品

我们在选品的时候，要考虑商品本身的季节性，根据不同的时期对商品进行更新和替换。比如，我们卖的商品是季节性的水果，那么可能整个销售周期就是 3~4 个月，这个时候我们就需要规划好，在这个周期之前卖什么，之后又卖什么。

一些商品可能在前段时间卖得特别好，造成用户需求已经被极大地满足，这个时候我们再卖同类型的商品，可能转化率就不会太高。因此我们在选品的时候，除了看历史销量，还需要看市场是否饱和，根据市场的数据反馈选择商品。

原则五：选择合适的带货链接呈现方式

带货链接有两种呈现方式，一种是在视频号个人主页呈现，如图 5-5 所示；一种是在视频播放的过程中呈现，如图 5-6 所示。

图 5-5　带货链接呈现方式一

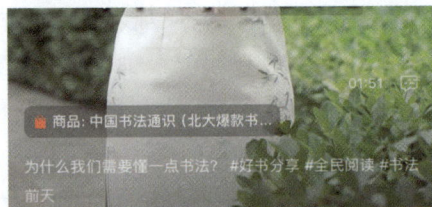

图 5-6　带货链接呈现方式二

二者看似都是在呈现购买渠道入口，但其实在使用上是有非常大的区别的。在视频号个人主页呈现带货链接，更倾向于覆盖粉丝，他们会因为喜欢创作者的作品而常常到其个人主页浏览，从而极大地促成成交转化。而在视频播放过程中呈现带货链接，更倾向于覆盖默认人群，这些人不需要进入创作者的个人主页，不需要对创作者有足够多的了解，只需要对视频内容产生兴趣，自然就会注意到画面左下角的购买链接。

同时，在购买行为上，两者也有较大的区别。带货链接在账号主页中呈现时，用户可以浏览整个橱窗中的所有产品，有更丰富的选择；而带货链接在视频播放过程中呈现时，用户点击链接会进入对应商品的内容详情页，加深对这个商品的了解。所以前者可以用于和视频内容没有强关联的情况，比如职场号也可以卖零食，只要用户足够喜欢你和信任你；而后者可以用于和视频内容有强关联的情况，用户喜欢视频的内容，所以想购买视频中的同款商品。

当然，不是说二者只能选其一，你可以同时选择，只是你要清楚二者的区别，把它们用好、用巧，才能发挥最大的效益。不过需要注意的是，在视频播放过程中呈现带货链接是有比较高的门槛的：一是有效粉丝超过 1000 个或者带货身份为商家，二是运营过程中完全符合平台规范，两者均满足即可申请开通此权限。

了解完这 5 个原则，我们就可以开始选品了。点击"去选品"按钮，可以进入选品中心，如图 5-7 所示。

页面的最上方是搜索框，如果你有明确的想要带的品类或者商品，可以直接通过搜索获取，比如我想搜索《引流获客》这本书，在搜索框中输入"引流获客"，搜索结果如图 5-8 所示。

搜索结果中，有商品的名字、图片、月销量、所属商家、售价、佣金率等信息，点击"加橱窗"按钮即可将其加入自己的带货橱窗中。当用户通过你的账号购买这本书，每买一本，你就能收到 3.98 元的佣金。

当然，我们也可以直接搜索某一类商品，比如"书"，搜索结果如图 5-9 所示。

对于搜索出来的结果，可以通过"推荐""高佣金""热销""价格"4 个维度排序，以便我们更快地找到心仪的商品。点击右上角的"筛选"按钮，可以查

图 5-7　选品中心

图 5-8　选品中心搜索结果 1

图 5-9　选品中心搜索结果 2

看更多的筛选选项，如图 5-10 所示。

除了常见的 7 天无理由、运费险、损坏包退等服务保障，页面中还有价格区间、佣金比例区间、月销量、好评率，甚至店铺评分等选项，我们根据自身需要筛选即可。

图 5-7 搜索框的下方有 4 个视频号优选联盟的板块，它们分别是品质商品、热销好物、高佣超品、低价好货，可以简单理解为视频号的榜单。平台根据每个店铺每天的运营情况进行打分排名，表现好的店铺就可以"上榜"，得到更多曝光的机会。我们可以直接通过这个"榜单"了解哪些商品最近热度比较高，将其用于练手。

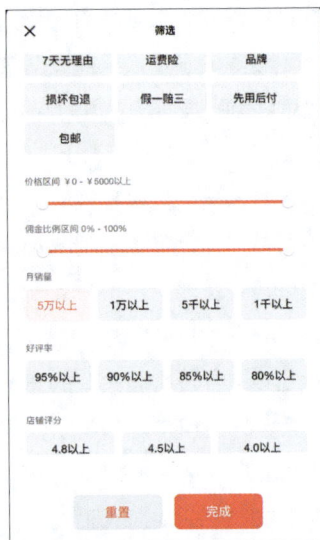

图 5-10　筛选选项

思考

看到这里，相信你对带货分佣已经有了一定的了解。你会选择哪一种电商身份？你更喜欢用哪一种原则选品呢？除了书中的方法，你还有什么更好的方法吗？

5.2 开通小店，做线上的老板

如果你有自己的货源或者稳定的供货渠道，建议你直接开通小店。这样虽然增加了一些售前、售后和物流等项目，但在成本可控的情况下，可以实现利润最大化。如果你一开始选择的是带货分佣，在操作的过程中，你也会渐渐觉得平台的一些供货商无法满足你的需求，这时你会通过传统的线下渠道去接洽更多的供货商，从而渐渐由一个 C（个人）端用户变成一个 B（企业）端用户。

也正因如此，视频号才不像其他平台一样完全分隔带货和开店，而是把两者巧妙地进行了结合：达人可以开店，小店也能带别人的货。那么小店到底要怎么开通呢？

5.2.1 如何开通小店

如果我们在电商身份中选择"达人"，平台默认我们只需要缴纳橱窗保证金即可完成小店的开通；而当我们选择的是"商家"，那么系统弹出来的页面就会提示我们要先开店，如图 5-11 所示。

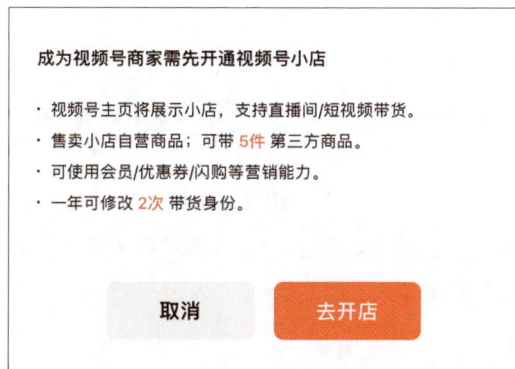

成为视频号商家需先开通视频号小店

· 视频号主页将展示小店，支持直播间/短视频带货。

· 售卖小店自营商品；可带 **5件** 第三方商品。

· 可使用会员/优惠券/闪购等营销能力。

· 一年可修改 **2次** 带货身份。

| 取消 | 去开店 |

图 5-11 提示页面

页面中显示，想要成为视频号商家，需要先开通视频号小店。小店开通之后，视频号主页会直接展示小店，并且支持短视频/直播带货，商家还能拥有前面提到的专属营销功能。可以说，"商家"身份不仅降低了带货门槛，还提升了用户的体验。

点击"去开店"按钮，按照平台提示一步步操作即可。开通小店的流程大概分为 3 步：第一步，填写商家的信息，比如营业执照、结算账户、法人身份证、超级管理员等；第二步，签署和微信支付、小店之间的开店协议；第三步，补充店铺的 Logo、名称及品牌信息等。

在申请开通小店的时候，我们需要选择主体类型是企业还是个体户，名下是否有相关品牌，店铺类型可以在官方旗舰店、旗舰店、专卖店、专营店及企业店中进行选择，如图 5-12 所示。

填写完信息，待平台审核通过即可顺利开通小店。开通小店之后就可以在小店中上下架商品、设置运费、查看店铺数据等，如图 5-13 所示。

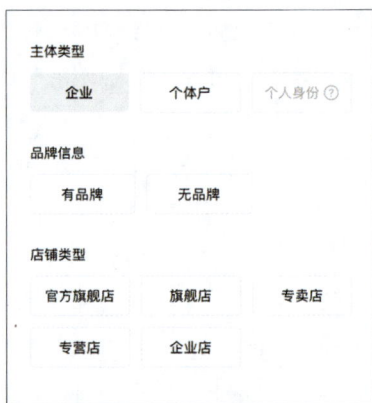

图 5-12　小店属性选项

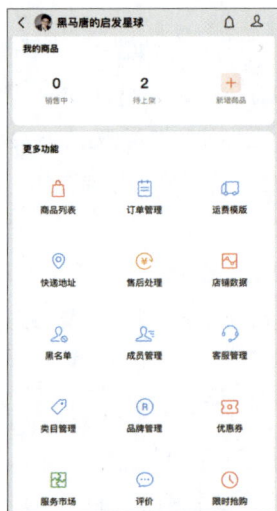

图 5-13　小店后台管理

在"我的商品"栏中点击"新增商品"按钮，上传商品相关图片，选择类目、品牌、价格、库存及详情介绍等之后，就可以进行商品上架，这跟淘宝、天猫及其他的主流电商平台的操作步骤一致，操作也相对简单，我们只要准备好商品相关的一些资质证书及商品详情图或者文字资料即可。

之前没有开过小店的朋友也不用担心，每操作一步都有相应的提示，照着提示操作就能完整上架一个商品，多试几次即可熟能生巧。在这里我给新手提供两个用于提升用户体验感的技巧，它们不一定对每个账号都有效，仅供参考。

技巧一：包邮

你是否曾因为一个商品多了几元的邮费而失去了购买的欲望？我们做过测试，以 100 元包邮和 88 元售价 +12 元邮费的方式卖同一款商品，虽然总价是一样的，但前者的销量是后者的 5 倍。可见用户更在意的是包不包邮，哪怕你已经把运费包含在售价中，用户也会更愿意接受。

技巧二：优惠前置

你拆快递的时候是不是经常发现快递盒内有一张优惠券？我通过调研发现，很多用户在收到商品的时候会忽视这张优惠券，甚至直接将其丢掉。但你想一下，发放优惠券其实是默认要投入的成本，对此，不如将优惠前置，设置两张现金券，让用户在购买商品前可以直接领取，一张供本次消费使用，一张供下次消费使用，这样用户的购买欲望会提升不少。

5.2.2 电商带货常见的问题和答疑

在日常培训和服务客户的过程中，我收集了一些被提及次数较多且比较容易让人踩坑的问题，在这里为大家一一解答。

问题一：视频号小店的评分规则是怎样的？

答：视频号小店评分采用 5 分制，最低为 3 分，涉及服务体验、商品体验、物流体验 3 个用户体验维度。

（1）服务体验维度的指标

① 3 分钟人工回复率：3 分钟内视频号商家人工客服回复用户咨询的有效会话数的比例。要注意的是，回复包含买家转人工之后的所有回复，在 08:00—22:59:59 以外的回复不计入统计。

② 客服好评率：用户对客服服务给予好评（即达到 4～5 分）的比例。

③ 仅退款自主完结时长：用户申请仅退款的每条售后单等待商家操作的平均时长。

④ 退货退款自主完结时长：用户申请退款退货的每条售后单等待商家操作的平均时长，不包括商家同意退货到用户上传单号 / 用户超时未上传单号导致退款关闭 / 用户取消退款的时长。

⑤ 商责纠纷率：用户申请平台介入纠纷单，判责为商家的责任和双方均有责任的订单在所有有效支付订单中的占比。

（2）商品体验维度的指标

① 品质退款率：用户首次申请退款的原因为品质问题的退款订单在所有有效支付订单中的占比。需要注意的是，品质退款申请理由包括与商品描述不符、质量问题、课程 / 服务与描述不符、已过 / 临近保质期、商品变质不新鲜、过敏、缩水 / 褪色、开线 / 走丝 / 枯萎 / 死亡、假冒产品、三无产品、包装 / 商品破损 / 污渍 / 裂痕 / 变形等；同时，品质退款包括仅退款和退货退款。

② 商品差评率：用户给予商品的有效差评（1～2 星）在所有有效评价中的占比。

（3）物流体验维度的指标

① 及时揽收率：商家在承诺揽收时效内已揽收的订单在所有需要揽收的订单中的占比。需要注意的是，承诺揽收时效 = 承诺发货时间 ÷24 小时；对于延迟发货报备成功的订单，会延长相应的揽收时效；对于已选择"无须配送"的订单，此项不计入考核。

② 物流服务好评率：用户给予物流服务的有效好评（4～5星）在所有物流服务的有效评价中的占比。

问题二：服务体验、商品体验和物流体验的占比各是多少？

答：商家近30天销售额占比最高的一二级类目如果涵盖农资园艺（花卉绿植、肥料、农药、园林/农耕、种子、养殖器具、兽药、饲料、农膜遮网/大棚、园艺用品）、钟表（时钟、腕表、钟表配件）、酒类（白酒、黄酒/养生酒、啤酒、葡萄酒、收藏酒/陈年老酒、洋酒）、生鲜（半成品菜、海鲜水产、面点烘焙、禽肉蛋品、乳品冷饮、蔬菜、水果、速食熟食、猪牛羊肉）、食品饮料（地方特产、进口食品、粮油调味、食品礼券、休闲食品、饮料冲调），则服务体验、商品体验、物流体验的占比分别为50%、20%、30%，否则其占比分别为50%、30%、20%。

问题三：如何优化店铺评分各项指标？

答：以下是店铺评分各项指标的优化方法。

① 3分钟人工客服回复率的优化：第一，设置快捷回复，以快速响应用户，操作路径为登录企业微信—工作台—微信客服—工具—设置快捷回复；第二，合理分流，保证客服在3分钟内接待用户，操作路径为登录企业微信—工作台—微信客服—客服账号—设置。根据自身情况进行各项设置即可，要注意的是，没有被用户提出转人工的智能机器人回复不计算在3分钟人工回复的工单内。

② 客服好评率的优化：第一，及时跟进售前、售后的咨询，快速响应用户，妥善回复用户；第二，灵活地运用售后方式，对于因商家问题体验受损的用户进行积极安抚，提供合理的补偿方案，争取使用户满意。售后方式有很多种，除了退货退款，商家可以与用户协商，为其提供换货服务、维修服务、补发服务、折价赔偿服务等，将彼此的损失降低，也让用户体验到优质服务。

③ 仅退款自主完结时长、退货退款自主完结时长、商责纠纷率的优化：第一，每日主动查看售后订单和纠纷单，及时处理用户的售后问题；第二，积极跟进用户的售后问题，保护用户的权益，对明确因商家问题导致的售后情况主动承担赔偿并提出合理的赔偿方案。

④ 品质退款率、商品差评率的优化：第一，加强产品质量把控，确保实物与描述相符；第二，切勿虚假宣传商品或出现违反平台带货规则的行为。

⑤ 及时揽收率、物流服务好评率的优化：第一，在物流体验方面可以使用电子面单功能，并在承诺时效内对"已打单待发货"订单完成发货，提升发货速度，并减少因为物流单号错误引发的用户负反馈；第二，选择优秀的物流供应商，减少不可控因素，积极处理用户的物流投诉，提升用户的物流体验；第三，遇到特殊情况时及时报备订单情况，以免误判。

问题四：为什么我的账号显示的不是"店铺评分"而是"带货评分"？

答：商家和商家授权账号显示的是"店铺评分"，而达人显示的是"带货评分"。

问题五：视频号带货评分规则是怎样的？

答：视频号带货评分采用 5 分制，最低为 3 分，涉及商品和服务两个维度。

（1）商品维度的指标

① 挂橱窗店铺评分：视频号橱窗达人挂橱窗产生的订单所对应的店铺评分，是通过当日更新的店铺评分之和 ÷ 视频号橱窗达人挂橱窗商品有效支付订单量来计算的。例如，A 视频号 1 月 1 日在橱窗成交了 X 店铺的有效支付订单 100 单，1 月 2 日在橱窗成交了 Y 店铺的有效支付订单 200 单，1 月 1 日中午 X 店铺的评分是 4 分，1 月 2 日 Y 店铺的评分是 5 分，那么 A 视频号的橱窗内商品所属店铺的评分为：（100 单 ×4 分＋200 单 ×5 分）÷（100 单＋200 单）≈4.67 分。

② 挂橱窗商品好评率：视频号橱窗达人挂橱窗成交商品的好评率之和 ÷ 视频号橱窗达人挂橱窗商品有效支付订单量 ×100%。例如，A 视频号 1 月 1 日在橱窗成交了有效支付订单 100 单（涉及 X 商品），1 月 2 日成交了有效支付订单 200 单（涉及 Y 商品），1 月 1 日 X 商品的好评率是 60%，1 月 2 日 Y 商品的好评率是 100%，那么 A 视频号挂橱窗商品好评率 =（100 单 ×60%＋200 单 ×100%）÷（100 单＋200 单）×100%≈86.7%。

（2）服务维度的指标

① 主播服务分：视频号橱窗达人挂橱窗成交商品中主播服务分之和 ÷ 视频号橱窗达人挂橱窗成交商品的主播评价有效量。

② 直播间举报率：视频号橱窗达人每日直播间视频号橱窗用户有效举报人数之和 ÷ 每日直播间视频号橱窗用户有效观看人数之和 ×100%。

问题六：商品维度和服务维度的占比分别是多少？

答：商品维度的占比为 80%，服务维度的占比为 20%。

问题七：如何优化带货评分各项指标？

答：以下是带货评分各项指标的优化方法。

① 挂橱窗店铺评分、挂橱窗商品好评率的优化：第一，注重选品，考核商家店铺评分，选择优质的商品进行带货；第二，了解用户需求，选择用户喜爱的商品；第三，选择性价比高的商品，提升用户消费体验。

② 主播服务分、直播间举报率的优化：第一，诚信卖货，切勿出现虚假宣传商品的行为；第二，遵守平台规则，避免出现违规情况；第三，做好售后跟进，提升用户消费体验。

问题八：商品详情页显示销售量超过 30 件，为什么系统显示暂无评分？

答：有些订单可能因为各种原因（如退款、取消等）未能完成支付，导致商品未达到 30 单完成支付的订单量。只有支付状态为完成的订单才会被计入评分。此外，评分系统每天 12 点更新，如果在这个时间点前订单量刚刚达到 30 单，则会导致显示暂无评分。

问题九：用户的恶意差评会影响带货评分吗？

答：系统有针对恶意差评的审核机制，恶意差评不属于有效评价，因此也不会纳入考核。

问题十：视频号橱窗评分会影响视频号加热投流吗？

答：普通无挂购物车推广商品的视频号不受影响，有挂购物车推广商品的视频号会受影响。

问题十一：视频号加热投流的时候，系统显示评分未达标，这是什么原因？

答：因为视频号橱窗评分未达到投流的评分标准，所以视频号无法加热。请选择视频号带货评分和视频号小店评分较高的商品进行加热投流。

问题十二：查看视频号小店评分 / 带货评分时，为什么选择"近 7 天""近 30 天""近 90 天"时，系统展示的数据没有任何变化？

答：因为不同的时间跨度并不影响该指标评分的计算逻辑，因此数据表单中只有时间范围（横坐标）会发生相应变化。

问题十三：切换电商身份对橱窗评分有影响吗？

答："商家"身份和"商家授权账号"身份的评分是同步的，均显示"店铺评分"，在两者之间进行切换不影响橱窗评分；而"达人"身份的评分是"带货评分"，计分方式和标准与上述两者不一样，因此切换身份会影响橱窗评分。

问题十四：小店后台为什么没有"商家授权账号"入口？

答：影响"商家授权账号"功能的原因有以下 3 种：未选择"商家"身份无法开通"商家授权账号"功能；商家店铺类型为企业店或者个体工商户，小店后台不展示授权号管理的菜单入口；商家申请类目授权号开放数量为 0，小店后台不展示授权号管理的菜单入口。商家申请类目授权号开放数量可参考《关于视频号商家授权号开放数量的公告》，扫描图 5-14 中的二维码即可查阅该公告。

图 5-14　获取《关于视频号商家授权号开放数量的公告》的二维码

问题十五：切换身份后，商家在优选联盟方面会受到什么影响？

答：若商家切换成"达人"身份，店铺将自动退出优选联盟，已上架优选联盟的商品将会自动下架且无法恢复。

问题十六：切换成"达人"身份后，已发放的优惠券仍然有效吗？

答："达人"身份不可使用优惠券等营销功能，切换身份前已经发放并且被用户领取的优惠券可以使用，或者在到期后自动失效。

问题十七：可以使用企业微信的客服功能吗？

答：商家授权号无法使用，商家和达人若开通了视频号小店则可使用。

思考

看到这里，相信你对开通小店已经有了一定的了解。除了常见的 17 个问题，你还遇到了哪些比较棘手的问题？

5.3 "种草"广告，吃流量的红利

在所有的变现方式中，有一种变现方式可以直接使用流量，不需要进一步转化，只需要保证获取稳定的流量，我们就能获得不错的收益，这种变现方式就是"种草"广告。

随着视频号的快速发展，越来越多的人会涌入视频号成为创作者，输出很多精彩的内容，同时越来越多的用户也会涌入视频号观看这些内容，这使视频号成为一个稳定而活跃的流量池。这时候，谁能比较稳定地获取流量，能确保发布的内容得到足够的曝光，谁就有竞争优势。在这背后，无数的品牌方都在观察着，谁的流量好，它们就把广告投到谁身上。

在传统的广告投放中，如在机场、地铁站、火车站、公交站或其他地方投放户外广告，虽然看起来人流量非常大，曝光量很大，但人们会留意广告内容、购买相应产品的概率并不高，而且最大的问题是，总体曝光量是无法统计的。

举个例子，品牌方在某地铁站换乘过道的电子广告屏上投放广告，只能得到一个潜在曝光量的预估值，比如平均每天有2万人会经过这个过道，那么默认每天的曝光量就是2万。但有多少人会抬头看或者转身看广告是没办法统计的，因此品牌方比较难计算真实的转化率，也就难以精确衡量投入产出比。

但视频号不一样，在视频发布完成之后，相应作品的播放量、点赞量、评论量等数据是明确的，视频号后台还有更精确的用户行为数据，比如用户每天几点更愿意点开视频号，每次看多久，更喜欢哪一个类型的广告，等等。这些数据不仅有助于品牌方清楚地计算投入产出比，也能非常明晰地呈现出内容的优化方向。

因此，很多品牌方盯上了视频号这个平台，渴望在上面找到一个流量稳定、曝光量大的账号进行广告投放，这也就衍生出了"种草"广告这种变现方式。

那我们该如何承接"种草"广告呢？

5.3.1 如何承接"种草"广告？

"种草"广告承接方式一般有两种，一种是通过官方渠道达成合作，一种是通过私下沟通达成合作。前者的优点在于有官方渠道的背书，品牌方更靠谱，流程也更规范；缺点在于有一定的门槛。我们进入视频号的创作者中心，在"创作者服务"中点击"更多"按钮，滑到页面下方，可以看到"互选平台"栏，页面显示想进入互选平台需要同时满足以下3个条件：有效关注数5000人以上、账号符合内容规范及视频号实名认证。

而通过私下沟通达成合作的优点在于没有门槛，哪怕你的粉丝只有 100 个，只要品牌方看得上你的流量价值，就会愿意与你达成合作，而且这省去了审核流程，总体效率更高；这种方式的缺点也很明显，即没有平台的保护，很容易被不良品牌方欺骗，可能打了广告却没能拿到相应的收入。

无论选择哪一种方式，我们作为创作者，在与品牌方合作的过程中都会涉及以下 6 个步骤。

第一步：自我介绍与展示

一般情况下，品牌方会通过私信跟你进行初次接触，如果你打算承接广告，就需要每天多看看是否有品牌方的私信，如果有，就第一时间做出回应，以免让品牌方觉得体验不好或联系不上你而找别人合作。

发现品牌方在私信列表中出现时，你可以先进行简单的寒暄，比如"您好，我是视频号黑马唐的创作者，很高兴能收到您的消息"。然后，你可以大概介绍一下自己的账号定位、受众人群、内容特色及最近数据表现比较好的一些作品等，让品牌方快速了解你。

第二步：了解品牌与需求

品牌方如果觉得合适，就会开始介绍自己的品牌及对此次合作的要求，比如产品或者服务的主要内容、目标用户及内容方向等。

在这个过程中，你可以根据沟通的进度，多了解品牌方更喜欢的内容形式、以往与其他账号合作的案例等，这能帮助你快速了解品牌方的真实需求及最终期待。

第三步：明确合作形式与报价

在双方进行了较为深入的沟通，已经初步达成合作意向后，品牌方一般会采用两种合作形式：一种是直接把编辑好的脚本或者素材给你，你只需要在相应时间直接发布即可；还有一种是需要你根据品牌方的需求，构思一些内容，比如台词、场景、角色、故事线等，这样品牌方可以直观地了解你的创作思路。

然后你就可以向品牌方报价了，如果是通过平台促成的合作，考虑到平台的佣金抽成，报价可以稍微高一些；如果是私下达成的合作，报价就可以相对低一些。最好在报价的基础上说明价格构成，比如拍摄费用、后期费用、道具费用等。比较成熟的创作者还会制作一张广告刊例价表，进行到报价这一步的时候就直接将这张表发给品牌方。

第四步：明确合同细节与权益

在双方对内容和价格达成一致后，私下合作的可起草一份合同，明确双方的权益和义务，包括发布时间、费用结算方式、版权归属、舆情处理等关键条款。如果是通过平台促成合作的，就可以享受平台的信用担保，无须再单独与品牌方拟定合同。

拟定合同的时候，尤其要注意你在创作及发布广告过程中的权益，比如署名权、修改权等，也要确认品牌方在广告投放及宣传过程中的权益和责任。

第五步：内容执行和调整

接下来，你需要按照合同及双方协商的合作方式进行内容的创作、发布。在内容发布之前，要和品牌方保持密切的沟通，及时反馈进度和遇到的问题。如果需要对内容进行调整或者修改，要第一时间和品牌方进行沟通，达成一致后再进行调整。

内容制作完成后，提交给品牌方进行审核，如果品牌方反馈了一些修改意见，则需要参照该意见对内容进行调整优化，直到品牌方满意为止。

第六步：后续跟进与结算

广告发布一段时间后，要与品牌方保持联系，同步内容的相关数据，并且跟进实际效果及用户反馈。同时，可以和品牌方按照合同规定的流程完成项目的结算，并及时向品牌方提供必要的收款凭证及发票。

如果你对这次合作有一些感悟或者理解，也可以第一时间跟品牌方沟通，在整个沟通过程中保持真诚、耐心和专业的态度，也许就能与品牌方达成长期的合作。

5.3.2 接商业广告的注意事项

当然，除了上述6个常用的步骤，在接商业广告的过程中，我们还需要注意以下关键事项，确保广告发布的有效性，并保护我们自身的权益。

第一，辨别广告性质与广告内容的真实性

要谨慎地接投资理财类、医疗类等风险比较大的广告，避免接短时间内难以判断性质或者很容易引起纠纷的广告。

仔细辨别品牌方提供的文章链接或者其他素材中的信息，确保广告内容的真实性，避免发布含有虚假信息或夸大产品功能的广告，造成内容违规，影响账号粉丝的体验。

第二，控制广告的发布频率

一些人在第一次接广告之后，觉得接广告来钱比较容易，于是开始大量接广告，这其实对账号是有伤害的。

我们要学会控制广告的发布频率，确保广告内容不超过日常更新内容的一定比例，避免连续发布多条广告，引起粉丝或者用户的反感。

第三，注意账号与广告的契合度

有些品牌方为了宣传产品或者服务，只看重流量而不在意广告是否和账号定位相符。但我们作为创作者，需要有警惕意识，时刻选择与账号定位、特色及调性相符合的广告。

避免发布不合适的广告，以免降低粉丝及目标用户的信任度，同时也能有效避免品牌方造成的流量和资源的浪费。

第四，明确广告的目标受众

在接广告前，明确广告的目标受众，确保广告内容符合目标受众的需求和兴趣，以取得更好的效果和业务转化率。

第五，制作高质量的广告内容

制作具有吸引力、高质量的广告内容，确保广告内容符合视频号平台的特点，以提升用户的接受度和好感度。

第六，优化广告创意与落地页

不断优化广告创意，设计具有吸引力的文案，同时确保落地页的内容、布局和设计等符合用户需求和习惯，以提高用户的信任度和满意度。

第七，积极引导用户互动与参与

通过积极引导用户互动与参与，提高用户参与度和增强用户黏性，优化品牌传播效果。

第八，签订合同与处理税务问题

签订详细的合同，明确双方的权利和义务，避免后期纠纷。如果长期经营或广告金额较大，建议注册公司，以便开具发票和处理税务问题。

综上所述，创作者在接广告时需要注意辨别广告性质与广告内容的真实性、控制广告的发布频率、注意账号与广告的契合度、明确广告的目标受众、制作高质量的广告内容、优化广告创意与落地页、积极引导用户互动与参与及签订合同与处理税务问题等。通过遵守这些注意事项，创作者可以确保广告的有效性并保护自身权益。

思考

看到这里，相信你对于承接广告已经有了一定的了解。你的账号适合承接"种草"广告进行流量变现吗？为什么？在你看来，有哪些"种草"广告类账号运营得比较好？

5.4 线上转线下，用流量反哺实体经济

"数字化转型"这个概念其实在传统实体企业中流传了很多年，而直到现在，很多实体企业或者商家依旧不知道该如何实践。不管是员工电子档案的录入和管理，还是工作任务派发系统的运营，抑或是品牌宣传的新媒体化，其实都是数字化转型的呈现形式，而主要呈现在用户层面的，被目标用户感受到的，就是品牌宣传的新媒体化及产品销售的互联网化。

早期我们在服务海尔的时候，采用的方法在现在看来非常简单，就是在各大门店派发线上商城的大额优惠券。用户在线下准备采购的时候，销售人员就会向用户赠送优惠券，并引导用户完成线上下单，从而实现线下转线上的效果。

其实对于很多传统大企业来说，"船大难掉头"，它们并不适合一下子就把所谓的"数字化"落到实处，而是可以参考海尔，小步快走，快速迭代。这个过程虽然会存在阵痛，比如线下门店的利益可能会暂时受损，但长此以往其实是很有好处的。就好比现在大部分汽车的销售流程都是线下试驾—线上选购下单—线下提车，主要的销售环节在线上即可完成。

你看，小到优惠券的发放，大到汽车的销售，都可以是实体经济线上化的一种呈现形式，它们没有优劣之分，只是不同的阶段有不同的适配方法。

当我们在线上获取流量的方式较为成熟的时候，我们就可以用流量反哺实体经济，实现良性双循环。

5.4.1 如何引流

在前面有关海尔的案例中，我们可以看到，通过在线下发放优惠券，可以让用户更愿意转移到线上购买。同样的道理，我们想把用户从线上引流到线下，也要给予用户足够的动机。这样的动机主要分为两种：强链接和多福利。

（1）强链接

强链接指的是我们在视频号上发布的内容很受用户欢迎，他们甚至希望跟我们有更强的链接，具体表现为想到线下见一见真人，或者到线下实地考察产品或者服务，这些需求都能让用户从线上转移到线下。

游乐场里帅气的游行小哥，或酒吧里声音动听的歌者，他们都有十足的人设魅力，让用户觉得在线上看还不够，需要到线下去看看。我们喜欢一个歌手也是一样的感觉，在线上听专辑

还不够，还想着去线下听一场演唱会，哪怕一场演唱会下来可能听不到歌手的声音，四周都是热情歌迷的跟唱声，但这丝毫不会减弱我们看到歌手之后无法平复的激动心情。

试驾汽车也是一样的，越来越多的车企通过短视频或者直播完成了品牌影响力的扩大，很多用户看到宣传内容就很想亲身体验一下，于是车企也就完成了线上到线下的转化。

（2）多福利

多福利和发放优惠券的底层逻辑一样，都是让用户觉得能得到更多优惠，愿意按照你的指引去往另一个地方。小米线下体验店总会时不时开展一些活动，比如现场抽奖、买一送一等，这就极大地激发了用户的兴趣，小米自然也就能完成线上到线下的引流转化。

当然，这需要我们合理地进行资源的分配，线上和线下本身是一体的，是为了同一个目标而奋斗。千万别为了将用户吸引到线下而极大地损害线上渠道的利益，那就适得其反了。比如，一个企业为了让更多用户到线下书店去购买教辅材料，就把线下产品的价格定得非常低，这不仅直接影响了原本常态化的京东、当当等各大线上渠道的销售，还让线下门店的成本无法持平，这其实就把引流变成了内耗，得不偿失。

了解了这两个动机之后，我们就可以着手引流了。

第一步：明确目标受众和需求

要实现引流，肯定要先确认账号的目标受众及其需求是否跟我们线下的业务相匹配。比如，我们在广州天河区的闹市街区经营一个夜宵摊，每天会通过账号发各种夜宵的介绍，那么附近的用户就更可能有动机到线下来体验。又如，你运营了一个职场号，平时分享各种升职加薪的技巧，发现不少用户在私信中问你有没有线下课，这个时候你就可以打磨一个线下课产品，这样也能完成线上到线下的引流。

如果我们的业务完全是线上性质的，比如充话费或者系统升级，我们在线上就可以快速帮用户办理，并把更多时间和精力花在售后服务上。如果让用户转移到线下某个服务网点才能完成业务办理，对于用户而言，这会造成时间和精力上的浪费，性价比极低，引流效果自然就不会很好。

第二步：实施内容策略

明确了用户需求后，我们可以制作和线下活动或者业务紧密相关的内容，比如线下门店的介绍、线下活动的预告、电子优惠券的分发等，让这些内容覆盖更多有需求的用户，从而实现引流转化。

这就需要我们对自身的产品或者服务足够了解，然后对用户需求进行延展。比如，我们运营的是医疗类账号，我们就可以举办一些线下讲座，甚至免费为用户提供体验服务，这能实现用户需求的延展，提升成功引流的概率。

第三步：利用企业号的功能

如果我们开通了企业号，可以利用 POI（Point of Interest，兴趣点）展示店铺的相关信息，比如地址定位、联系方式、相关照片等，方便用户快速找到线下门店。我们还可以在视频的文案、标题、旁白、评论等地方添加门店的地址及对应的联系方式。

第四步：优化各类信息

在必要的情况下，我们可以在账号名字、头像、简介、视频封面等地方呈现线下门店的相关信息，增加线下门店的曝光机会，甚至可以专门拍摄一个介绍线下门店的宣传片并将其置顶在账号主页中，帮助用户快速获取线下门店的信息，从而实现引流转化。

5.4.2 引流的注意事项

（1）确保内容定位与线下业务或活动一致

准确的内容定位是视频号成功的基石。为了吸引并留住目标用户，内容需要与线下业务或活动紧密相关，保持一致。这意味着视频号发布的内容应围绕线下业务或活动的特点、优势和价值展开，确保用户能够清晰地感受到线上与线下的连贯性。同时，内容的风格、调性、语言等也应与线下业务或活动保持一致，以提升用户的认知度和信任感。

（2）明确引导信息

在视频中明确提供线下业务或活动的信息至关重要。用户需要知道如何参与活动、何时何地参与活动及参与活动后能获得什么。因此，在视频中应清晰地展示线下活动的地址、时间、参与方式等关键信息。这些信息应放置在显眼的位置，并使用易于理解的语言。同时，还可以在评论区或描述栏中提供额外的信息或链接，以便用户获取更多详情。

（3）创造线下体验的价值

为了吸引用户参与线下活动，必须确保线下体验具有独特的价值。这可以是独特的优惠、特色体验或增值服务，也可以是对线上内容的呼应或补充。这些价值可以激发用户的参与欲望，并使他们觉得参与线下活动是值得的。同时，这也能够提升用户对品牌的认知度和忠诚度，促进他们再次参与线下活动或将其推荐给他人。

（4）优化用户体验

无论是线上还是线下，用户体验都是至关重要的。在线上，要确保视频内容易于浏览、加载速度快，界面友好且易于操作。同时，还应提供清晰的导航和搜索功能，以便用户能够快速找到感兴趣的内容。在线下，要提供周到的服务、舒适的环境，营造良好的氛围，确保用户能够获得愉快的体验。此外，还可以通过收集用户反馈并持续改进来优化用户体验，提高用户的满意度和忠诚度。

（5）合理设计激励机制

激励机制是吸引用户参与线下活动的重要手段。合理的激励机制，如优惠券、积分兑换、会员特权等，可以激发用户的参与欲望并增强他们的参与动力。这些激励机制应根据用户的喜好和需求进行设计，并与线下业务或活动相结合。同时，要确保激励机制的公平性和透明性，以维护品牌形象。

（6）定期评估与调整

定期评估线上引流到线下的效果对于优化策略至关重要。收集和分析转化率、用户反馈、活动参与度等数据，可以了解当前策略的有效性及存在的问题。根据评估结果，可以及时调整策略、优化内容、改进活动或调整激励机制。这样可以确保视频号始终保持最佳状态，并不断优化引流效果。

（7）关注用户反馈

用户反馈是改进和优化视频号的重要依据。关注用户的评论和反馈，可以了解他们对内容的喜好、需求和期望。这有助于视频号及时调整内容策略、优化用户体验并满足用户需求。同时，还可以及时回应和解答用户的疑问，增强用户的信任感和归属感。

（8）确保信息安全

在收集和使用用户信息时，必须符合相关法律法规的要求，并保护用户信息的安全。这包括使用安全的服务器、加密技术来保护用户信息，以及明确告知用户信息的使用目的和范围。同时，还要建立完善的信息管理制度和应急响应机制，以应对可能出现的信息泄露或滥用风险。

（9）建立社群关系

社群关系是增强用户黏性和促进用户参与线下活动的重要手段。建立社群，如微信群、QQ 群等，可以与用户保持紧密的联系和互动。在社群中，可以发布最新的活动信息、优惠资讯或行业动态，吸引用户参与讨论和分享。同时，还可以组织线上或线下的社群活动，如聚会、比赛或体验活动等，增强用户的参与感和归属感。

（10）持续创新

在竞争激烈的市场环境中，持续创新是视频号保持竞争力的关键。引入新技术、新玩法或新策略，可以不断吸引用户关注并优化引流效果。同时，还可以探索新的业务领域或合作模式，为品牌注入新的活力并开拓更广阔的市场空间。

要想在视频号中成功地把用户从线上引流到线下，需要综合多方面的策略。应确保内容定位与线下业务或活动一致，以建立用户的信任感；明确提供线下活动的信息，使用户能够轻松参与线下活动；同时，创造独特的线下体验的价值，激发用户的参与欲望。此外，优化用户体验、设计合理的激励机制、定期评估与调整等，都是优化引流效果的关键措施。在整个过程中，关注用户反馈、确保信息安全及建立社群关系，对于增强用户黏性和促进用户参与线下活动至关重要。最重要的是持续创新，不断探索新的策略，以保证视频号的竞争力和吸引力，从而有效实现线上到线下的引流。

💡 思考

看到这里，相信你对于线上到线下的引流已经有了一定的了解。你的账号适合把流量引导至线下吗？为什么？你见过哪些相关的典型案例？

第 6 章

直播变现

↓

很快，我们来到了本书的最后一章。说到直播变现，大家应该都不陌生，很多人都有过耳闻，其是基于直播的商业模式。

只是以前我们更多是作为消费者，一边看直播，一边买一些产品。而现在，我们要换一个身份，变成创作者，变成主播。这个时候，你需要对直播有更加清晰的认知，才能在直播变现的道路上如履平地。

6.1 直播类型要合适

随着移动互联网的快速发展，直播俨然已经成为一种主流内容商业模式。相关数据显示，目前已有 7.6 亿人养成了看直播或者看短视频购物的习惯。于是视频号也积极布局直播，提供丰富的服务来满足商家和用户的需求。可以说，直播变现在接下来比较长的一段时间内都有巨大的发展潜力，值得我们好好探索一番。

常见的直播类型主要有 3 种：知识分享型直播、娱乐休闲型直播及电商带货型直播。为了让你对这 3 种直播类型有比较完整的了解并选择最适合你的直播类型，我将从多个维度一一对其进行拆解。

6.1.1 知识分享型直播

（1）总体描述

在数字时代，知识分享型直播以其独特的魅力和价值，正逐渐成为互联网教育领域的新宠。与传统的教育模式相比，知识分享型直播不仅突破了地域和时间的限制，让知识传播更加便捷高效，还通过实时互动的方式，让学习变得更加生动有趣。这种新型的在线学习方式正以其独特的优势引领着教育领域的创新和发展。

知识分享型直播的核心在于传递有价值的信息。主播们凭借自己在某一领域的专业知识和经验，将复杂的知识以简单易懂的方式呈现给观众。无论是涉及科技前沿、历史文化、艺术鉴赏还是生活技能，知识分享型直播都能为观众提供丰富多样的学习资源。同时，这种直播类型还注重与观众的互动，通过弹幕、评论等方式，让观众可以随时提问、发表观点，与主播进行深入的交流和讨论。这种互动方式不仅增强了观众的参与感和学习兴趣，还有助于优化学习效果。

知识分享型直播的兴起不仅为观众提供了更多元化的学习途径，也为知识传播者提供了新的发展机遇。许多行业专家、学者、教师等具有深厚专业知识的人群，纷纷加入知识分享型直播的行列，通过分享自己的知识和经验，实现了自我价值的提升和积累。同时，知识分享型直播也为企业和机构提供了宣传和推广的平台，其通过邀请知名专家或学者进行直播分享，提升了品牌的知名度和影响力。

然而，知识分享型直播也面临着一些挑战和问题。首先，由于直播的实时性和互动性特点，主播需要具备较高的专业素养和较强的应对能力，以确保直播的顺利进行。其次，知识分享型直播的内容需要不断更新和扩展，以满足观众日益增长的学习需求。此外，如何保证直播内容的准确性和可靠性，也是知识分享型直播需要重点关注的问题之一。

（2）门槛分析

知识分享型直播的门槛相对较高，主要体现在以下几个方面。

专业知识储备

主播需要具备深厚的专业知识或技能，这是知识分享型直播的核心要求。无论是在科技、文化、艺术还是其他领域，主播都需要具备扎实的基础知识和丰富的实践经验，以确保所分享内容的准确性和可靠性。

表达能力和逻辑思维能力

主播需要具备良好的表达能力和逻辑思维能力，以便将复杂的知识以简单易懂的方式呈现给观众。同时，主播还需要能够应对观众的提问和反馈，及时给出准确的解答和指导。

技术支持

虽然知识分享型直播的技术门槛相对较低，但主播仍需要具备一定的直播设备和网络环境，以确保直播的稳定性和画面的清晰度。这包括摄像头、麦克风、计算机等硬件设备及稳定的网络等。

（3）优点解析

教育价值高

知识分享型直播的内容涵盖了各个领域的专业知识，能够为观众提供丰富的学习资源。通过观看直播，观众可以接触到最新的研究成果、行业动态和前沿技术，从而提升自身的专业素养和竞争力。同时，知识分享型直播的实时互动特性也有助于增强观众的学习兴趣和参与感。

互动性强

知识分享型直播的实时互动特性使得观众可以随时向主播提问、发表观点，与主播进行深入的交流和讨论。这种互动方式不仅可以增强观众的参与感和学习兴趣，还可以帮助主播更好地了解观众的需求和反馈，从而不断完善直播内容和形式。

品牌塑造

对于主播来说，分享知识可以塑造专业、可信的品牌形象。主播在某一领域积累了足够的知名度和影响力时，便有机会成为该领域的权威人士或意见领袖，进而吸引更多的粉丝和合作机会。此外，知识分享型直播还可以为企业和机构提供宣传和推广的平台，提升品牌的知名度和影响力。

（4）缺点探讨

对内容专业性要求高

由于知识分享型直播的内容涉及专业知识领域，因此其要求主播具备较高的专业素养和知识水平。如果主播的知识储备不足或主播表述不清，可能导致观众难以理解或产生误解。这要求主播在直播前进行充分的准备和预演，以确保所分享的内容具有准确性和可靠性。

需要不断更新

为了保持观众的兴趣和黏性，主播需要不断更新和扩展自己的知识库。这需要主播投入大量的时间和精力进行学习和研究，以确保所分享的内容始终具有前沿性和实用性。同时，主播还需要关注行业动态和观众反馈，及时调整直播内容和形式以适应观众的需求变化。

（5）适合人群

行业专家、学者、教师等具有深厚专业知识的人群

他们往往通过知识分享型直播将自己的专业知识和经验传授给更广泛的受众，实现知识的普及和传播。同时，他们还可以借助知识分享型直播的实时互动特性与观众进行深入的交流和讨论，优化教学效果。

对某一领域有浓厚兴趣并希望将相关内容分享给更多人的爱好者

他们往往通过自学和实践积累一定的知识，然后通过知识分享型直播将自己的见解和心得分享给其他人。这不仅可以帮助他们巩固所学知识并提升自己的表达和沟通能力，还可以使他们得到一定的社会认可和经济收益。

（6）常见变现方式

付费课程

主播可以针对某一领域或主题开设付费课程，提供系统化和深入的学习内容。观众可以通过购买课程获取更多专业的知识和资源，而主播则可以通过销售课程获得经济收益。这种方式适用于那些具有深厚专业知识和丰富教学经验的主播，他们可以将自己的知识和经验转化为有价值的课程，满足观众的学习需求。

咨询服务

主播在某一领域积累了一定的知名度和影响力后，可以提供咨询服务。观众可以通过付费咨询的方式向主播请教问题或寻求建议，而主播则可以根据自身经验和专业知识为观众提供有价值的解答和指导。这种方式不仅能够帮助观众解决实际问题，还能够进一步巩固主播在所在领域的权威地位。

会员订阅

主播可以设立会员制度，为会员提供专属的优质内容和特权。会员可以享受拥有更多的学习资源、优先参与活动、获得专属优惠等福利，而主播则可以通过会员订阅获得稳定的收入。这种方式适用于那些能够提供高质量内容并愿意与观众建立长期关系的主播。

广告合作

当主播的直播节目拥有一定的观众基础和影响力时，主播可以吸引品牌商家的注意，与其进行广告合作。主播可以在直播中展示品牌商家的产品或服务，或者对品牌商家进行宣传推广，从而获得广告费用或佣金收入。这种方式不仅能够为主播带来额外的经济收益，还能够为品牌商家带来更多的曝光机会和潜在客户。

线下活动

除了线上直播，主播还可以组织线下活动，如讲座、研讨会、见面会等。这些活动不仅可以为观众提供与主播面对面交流的机会，还能够为主播带来更多的商业合作机会和收入来源。通过线下活动，主播可以进一步拓展自己的影响力和商业价值。

（7）发展趋势

专业化与细分化

随着观众对知识的需求的增长和多样化，知识分享型直播将逐渐走向专业化和细分化。主播将更加注重在自身所在领域深耕，提供更加专业化和精细化的内容服务。同时，观众也将更加倾向于选择符合自己兴趣和需求的专业化直播节目。

互动性与社交化

知识分享型直播将继续增强互动性和社交化特点。通过引入更多的互动元素和社交功能，如弹幕评论、虚拟礼物、连麦互动等，主播可以与观众建立更加紧密的联系和互动关系。同时，观众之间也可以通过平台进行交流和分享，形成更加紧密的社交圈层。

跨界融合与创新

随着技术的不断进步和应用场景的不断拓展，知识分享型直播将与更多的领域和行业进行跨界融合和创新。例如，与在线教育、职业培训、企业内训等领域进行深度融合，提供更加全面和专业的知识服务。

个性化与定制化

随着观众需求的个性化和多样化趋势日益明显，知识分享型直播将更加注重个性化与定制化服务。主播可以根据观众的兴趣和需求提供定制化的直播内容和服务，如定制化课程、专属答疑等。同时，平台也将提供更加个性化的推荐和匹配功能，帮助观众找到更符合自己需求和兴趣的主播和直播节目。

总之，知识分享型直播作为一种新型的在线学习方式，正以其独特的教育价值、互动性和品牌塑造能力受到广泛的关注和认可。随着技术的不断进步和应用场景的不断拓展，知识分享型直播将继续迎来更多的发展机遇和挑战。

6.1.2 娱乐休闲型直播

（1）总体描述

娱乐休闲型直播作为互联网时代的一种新兴娱乐方式，已经深入广大网民的日常生活。这种直播类型以其轻松愉悦的氛围、多样化的内容和强互动性，得到了大量观众的关注和喜爱。娱乐休闲型直播涵盖了才艺展示、游戏竞技、户外探险、生活分享等多个领域，通过主播的个性化表演和实时互动，为观众提供了丰富多样的娱乐体验。

在娱乐休闲型直播中，观众不仅可以欣赏到各种精彩的才艺表演和游戏竞技，还可以参与直播，与主播进行实时互动，发表自己的观点和看法。这种互动性强的特点使得娱乐休闲型直播成为一种独特的社交方式，让观众在享受娱乐的同时，也能感受到社交的乐趣。

娱乐休闲型直播的兴起不仅丰富了人们的娱乐生活，也为互联网文化的发展注入了新的活力。越来越多的年轻人选择通过娱乐休闲型直播展示自己的才艺和个性，与观众进行互动和交流。同时，娱乐休闲型直播也为广告商和电商平台提供了新的营销渠道，推动了互联网经济的繁荣发展。

（2）门槛分析

主播应有一定的才艺或技能，如唱歌、跳舞、绘画等，这是吸引观众的基础。

主播应有良好的沟通能力和互动能力，能够与观众进行实时互动，解答观众的问题，满足观众的需求。

主播应有一定的抗压能力，能够应对各种突发情况和负面评论。

（3）优点解析

内容丰富多样

娱乐休闲型直播涵盖了多个领域的内容，包括才艺展示、游戏竞技、户外探险、生活分享等。观众可以根据自己的兴趣选择观看不同类型的直播内容，满足自己的娱乐需求。

互动性强

娱乐休闲型直播具有很强的互动性，观众可以通过发弹幕、送礼物等方式与主播进行实时互动，表达自己的观点和看法。这种互动方式不仅增强了观众的参与感，也提升了直播的趣味性和吸引力。

社交属性强

娱乐休闲型直播不仅是一种娱乐方式，也是一种社交方式。观众可以通过直播认识志同道合的朋友，扩大自己的社交圈子。同时，主播也可以通过直播结交更多的粉丝和朋友，提升自己的社交影响力。

传播效率高

娱乐休闲型直播具有传播速度快、传播范围广的特点。一旦直播内容受到观众的喜爱和关注，就会迅速传播开来，吸引更多的观众观看。这种传播效率高的特点使得娱乐休闲型直播成为一种有效的营销手段。

(4) 缺点探讨

内容质量参差不齐

由于娱乐休闲型直播的门槛相对较低，一些主播可能缺乏足够的专业素养和准备，导致直播内容质量参差不齐。一些低质量的内容可能会对观众产生负面影响，降低观众的观看体验。

依赖性强

观众观看娱乐休闲型直播的体验往往与主播的表现密切相关。如果主播的表现不佳或状态不好，可能会影响观众的观看体验。

过度商业化

随着娱乐休闲型直播的不断发展，一些主播可能会过度追求商业利益，导致直播内容过度商业化。广告植入、推销产品等行为可能会影响观众的观看体验，降低观众对直播的信任度。

(5) 适合人群

才艺爱好者

拥有唱歌、跳舞、乐器演奏等才艺的爱好者可以通过直播展示自己的才艺，吸引观众的关注。

游戏爱好者

对于游戏爱好者而言，他们可以通过直播分享自己的游戏经验、技巧和心得，与观众进行互动和交流。

生活分享者

喜欢分享自己生活点滴的人，如美食制作过程、旅行经历、日常生活等，都可以通过直播与观众分享自己的感受。

社交达人

善于社交和互动的人可以通过直播结交更多的朋友和粉丝，扩大自己的社交圈。他们可以通过直播展示自己的个性和魅力，受到更多人的关注和喜爱。

（6）常见变现方式

礼物打赏

观众可以通过购买虚拟礼物并赠送给主播的方式，表达自己对主播的喜爱和支持。主播可以将收到的礼物兑换成现金收入。

广告合作

当主播的直播内容受到广泛关注时，主播可以吸引广告商并与之合作。主播可以在直播中植入广告，从而获得广告收入。

电商销售

一些主播会在直播中推销自己的产品或推荐其他商家的产品。观众可以通过购买主播推荐的产品来支持主播并获得优惠。主播可以通过电商销售获得佣金收入。

会员订阅

主播可以设置会员制度，为会员提供专属的优质内容和特权。会员可以享受拥有更多的互动机会、优先参与活动、获得专属优惠等福利。主播可以通过会员订阅获得稳定的收入。

（7）发展趋势

内容垂直化

随着娱乐休闲型直播市场的竞争加剧，内容垂直化将成为娱乐休闲型直播重要的发展趋势。各大平台将更加注重对细分市场的挖掘，推出更多具有专业性和针对性的直播内容，以满足不同观众的需求。例如，游戏直播、音乐直播、舞蹈直播等领域将进一步细化，吸引更多专业的主播加入。

技术创新应用

技术的不断进步将推动娱乐休闲型直播的创新。先进的传输技术将进一步提升观众的观看体验，使观众能够看到更加流畅、清晰的直播画面。同时，虚拟现实、增强现实等技术的应用将使直播内容更加生动、有趣，为观众带来更加沉浸式的观看体验。

社交属性强化

娱乐休闲型直播的社交属性将进一步强化。平台将推出更多社交功能，如好友邀请、社群互动等，帮助观众建立更紧密的社交连接。观众不仅可以在直播中观看内容，还可以与主播和其他观众进行实时互动，分享自己的观点和感受，增强参与感。

粉丝经济崛起

随着娱乐休闲型直播的不断发展，粉丝经济逐渐崛起。主播将更加注重与粉丝的互动和联系，通过提供独家内容、举办粉丝见面会等方式，提升粉丝的归属感和忠诚度。同时，平台也将推出更多针对粉丝的福利和优惠，如会员制度、粉丝专享礼品等，吸引更多粉丝的关注和支持。

跨界合作与全球化发展

娱乐休闲型直播将迎来更多的跨界合作和全球化发展机会。平台将与各大品牌、明星艺人等进行深度合作，共同打造高质量的直播内容。同时，平台也将积极拓展海外市场，吸引更多国际观众加入。通过跨文化交流和合作，娱乐休闲型直播将进一步提升影响力。

监管规范化

随着娱乐休闲型直播行业的快速发展，政府将加大对其的监管力度，推动行业的规范化发展。平台将需要遵守相关法律法规和政策要求，建立健全自律机制，确保直播内容的合法性和合规性。

总之，娱乐休闲型直播作为一种新兴的娱乐方式，已经深入广大网民的日常生活。随着技术的不断进步和市场的不断发展，娱乐休闲型直播将迎来更多的发展机遇和挑战。内容垂直化、技术创新应用、社交属性强化、粉丝经济崛起、跨界合作与全球化发展及监管规范化等趋势将推动娱乐休闲型直播的持续发展。同时，主播和平台也需要不断提升自身的专业素养和创新能力，以应对市场的变化和满足观众的需求。

6.1.3 电商带货型直播

（1）总体描述

电商带货型直播作为一种新兴的电子商务形式，近年来在互联网领域迅速崛起。它结合了传统电商的便捷性和直播媒体的互动性，通过主播实时展示产品、解答观众疑问、分享购物体验等方式，有效提升了产品的销售转化率。这种新型的销售模式不仅改变了消费者的购物习惯，也为电商行业注入了新的活力。

电商带货型直播的运作流程通常包括选品、预告、直播展示、观众互动、下单购买等环节。主播凭借个人的专业知识、魅力或影响力，在直播间内营造独特的购物氛围，引导观众产生购买欲望。同时，直播间的弹幕互动、红包抽奖等互动方式也大大增强了观众的参与感和购物体验。

（2）门槛分析

虽然电商带货型直播具有巨大的市场潜力，但其门槛也相对较高。

首先，主播需要具备一定的专业知识或技能，以便在直播中准确、生动地展示产品。其次，主播还需要具备良好的沟通能力和表达能力，以便与观众进行有效的互动。此外，主播还需要投入大量的时间和精力进行选品、准备直播内容、维护直播间秩序等工作。

此外，主播还需要一定的技术支持和资金投入。例如，高质量的直播设备、稳定的网络环境、专业的直播软件等都是必不可少的。同时，为了吸引更多的观众和潜在消费者，主播还需要进行一定的宣传和推广，这同样需要投入一定的资金。

（3）优点解析

互动性强

电商带货型直播通过实时互动的方式，让观众能够更直观地了解产品的特点和使用方法，同时也能够随时提出疑问并得到解答。这种互动方式大大增强了观众的购物体验，提高了购买转化率。

信任度高

在直播中，主播通常会分享自己的购物体验和心得，这种真实的分享往往能够赢得观众的信任。同时，观众也可以通过发弹幕等方式与主播进行实时交流，这进一步加深了双方之间的信任关系。

转化率高

与传统的图文介绍相比，电商带货型直播更加生动、直观。主播可以通过试穿、试用等方式展示产品，让观众更容易产生购买欲望。同时，直播间的红包抽奖等互动方式也能够刺激观众的购买欲望，提高转化率。

（4）缺点探讨

依赖主播的个人魅力

电商带货型直播的成功与否往往取决于主播的个人魅力和影响力。如果主播的表现不佳或者观众对其不感兴趣，那么直播的效果就会大打折扣。

产品质量参差不齐

由于直播中展示的产品种类繁多，其质量也参差不齐。如果主播没有严格筛选产品或者对产品的质量把关不严，那么很容易引起消费者的不满和投诉。

观众流失风险大

直播间的观众流动性较大，如果主播没有持续吸引观众的内容和方式，那么很容易导致观众流失。同时，如果直播间出现负面评价或者投诉等，也会对主播的声誉和直播效果造成不良影响。

(5) 适合人群

电商从业者

对于电商从业者来说，电商带货型直播是一种有效的销售方式。他们可以通过在直播中展示产品、解答观众疑问、分享购物经验等方式吸引更多的潜在消费者并提升销售转化率。

"网红"和明星

"网红"和明星通常拥有大量的粉丝和一定的影响力，他们可以通过直播向粉丝推荐产品并分享购物经验。这种方式不仅能够提升产品的曝光度和销量，还能够进一步巩固他们在粉丝心中的地位。

专业领域专家

在某些专业领域具有专业知识和技能的专家也可以通过直播向观众展示产品并解答观众的疑问。这种方式不仅能够增强产品的吸引力，还能够吸引更多的潜在消费者。

(6) 常见变现方式

产品销售

主播在直播中直接销售自己的产品或服务。采用这种方式时，主播不仅是产品的推荐者，还是产品的销售者。产品销售的收益直接归主播所有，因此这种方式能够带来较高的利润。主播可以通过直播展示产品的特点和使用方法等，吸引观众购买。

佣金分成

主播在直播中推荐并销售其他品牌或商家的产品，成功销售后，从中获得一定比例的佣金或提成。这是电商带货型直播中常见的合作方式，主播利用自身影响力和直播技巧推动产品销售，从而实现变现。

广告收入

主播在直播过程中插入或展示品牌广告，从而获得广告费用。广告的形式可以是植入式广告、贴片广告或品牌合作推广等。广告收入取决于主播的影响力和直播内容的受众覆盖范围。

（7）发展趋势

专业化

随着电商带货型直播市场的不断发展，竞争也将日益激烈。未来主播需要更加注重自身的专业知识水平和技能的提升，以便在竞争中脱颖而出。

多元化

除了传统的产品销售，电商带货型直播还可以向更多领域延伸，例如旅游、美食、教育等。这将为观众带来更加丰富多彩的直播内容，也将创造更多的商业价值。

智能化

随着 AI 技术的不断发展，电商带货型直播也将逐步实现智能化。例如，通过大数据和 AI 技术，可以更精准地将产品推送给观众，提高广告的转化效率；通过智能语音识别技术，可以更准确地识别观众的提问并给出回答，提高互动效果，等等。

总之，电商带货型直播作为一种新兴的电子商务形式，具有巨大的市场潜力和广阔的发展前景。虽然面临着一些挑战和困难，但只要我们能够抓住机遇、应对挑战并不断创新和改进，相信电商带货型直播一定能够在未来的市场中取得更加辉煌的成就。

思考

看到这里，相信你对于不同的直播类型已经有了较为深入的了解。哪一种直播类型最适合你？为什么？除了以上 3 种直播类型，你还知道哪些其他的直播类型？

6.2 直播场景要选好

随着直播行业的快速发展，越来越多的直播场景应运而生，其中最常见的有 10 个，分别是线下门店、办公场所、家庭环境、课堂讲台、绿幕合成、实景影棚、仓库工厂、户外走播、大型舞台、展会现场。

直播场景那么多，到底应该怎么选呢？为了让你更好地得出答案，下面分别从场景特点、优缺点分析、适用对象及注意事项 4 个维度对每个直播场景进行拆解。

6.2.1 线下门店

（1）场景特点

线下门店将传统的线下购物体验与线上直播形式紧密结合，其独特之处如下。

实地展示：直接在门店内进行直播，能够真实展现产品在门店中的陈列状态，以及产品与门店环境的搭配效果。

环境氛围：门店的装饰、陈设、灯光等元素共同营造出独特的购物氛围，这种氛围能够传递给观众，提升观众的购物体验。

实时互动：主播与观众之间的实时互动是线下门店直播的一大特点，主播能够解答观众的疑问，为观众提供个性化建议，增强观众的参与感。

品牌形象展示：通过直播展示门店的实体形象，能够提升品牌的知名度和美誉度，增强观众对品牌的信任感。

（2）优缺点分析

优点

真实感强：线下门店直播能够真实展现产品和门店环境，使观众对品牌产生强烈的信任感。

购物体验丰富：门店内的环境氛围和产品陈设能够提升观众的购物体验，使其更加沉浸在购物过程中。

互动性强：主播与观众之间的实时互动能够增强观众的参与感，同时增强直播的趣味性和吸引力。

品牌形象提升：展示门店形象能够提升品牌的知名度和美誉度，增强观众对品牌的认知和信任。

缺点

场地限制：门店的大小和陈列布局可能限制产品的展示范围，影响观众的观看体验。

环境噪声：门店内可能存在顾客交流声、背景音乐等噪声，影响直播的音效和观众的观看体验。

主播要求：线下门店直播需要主播具备较高的专业素养和较强的表达能力，能够准确介绍产品的特点和使用方法，并与观众进行有效互动。

（3）适用对象

拥有实体店铺的商家：可以通过线下门店直播展示店铺环境和产品，吸引顾客到店消费或引导其在线上购买产品。

品牌旗舰店：可以利用线下门店直播展示品牌形象和系列产品，提升品牌知名度和美誉度。

时尚美妆类账号：可以在门店内展示新品、试色、试穿等，让观众更加直观地了解产品的效果和使用方法。

（4）注意事项

保持环境整洁：确保门店环境整洁、陈列有序，给观众留下良好的第一印象。

控制噪声干扰：尽量减少门店内的噪声干扰，保证直播的音效。

准备充分：主播需要提前了解产品的详细信息和使用方法，确保在直播过程中能够准确介绍产品的特点和优势。

6.2.2 办公场所

（1）场景特点

办公场所以企业或机构的办公环境为背景，主播在办公区域内进行直播活动。这种场景具有鲜明的特点，主要体现在以下几个方面。

专业性：办公场所通常配备了专业的办公设备和设施，能够展示企业或机构的专业形象和业务实力。这种专业性能够提升观众对直播内容的信任度。

正式性：办公场所较为正式，能够营造出一种严肃、专业的直播氛围。这种氛围有助于提升直播内容的权威性和可信度。

互动性：在办公场所直播中，主播可以通过计算机、手机等设备与观众进行实时互动，解答疑问、分享经验，提升观众的参与感和满意度。

灵活性：办公场所可以根据需求进行灵活调整，如调整摄像头角度、增加背景装饰等，以适应不同的直播内容和风格。

（2）优缺点分析

优点

提升品牌形象：通过展示专业的办公环境和设施，能够提升企业或机构的品牌形象和知名度。

增强信任感：办公场所陈设的专业性能够增强观众对直播内容的信任感，提高信息的传播效果。

增强互动性：主播与观众之间的实时互动能够提升观众的参与感和满意度，促进信息的传播和交流。

适应性强：办公场所具有较强的适应性，可以根据不同的直播内容和需求进行灵活调整。

缺点

环境噪声：办公场所可能存在其他员工的交流声、电话铃声等噪声干扰，这会影响直播的音效和观众的观看体验。

隐私保护：在办公场所直播时需要注意保护企业或机构的商业机密和员工隐私，避免泄露敏感信息。

环境布置：办公场所的布置可能较为简单或单调，企业或机构需要花费一定的时间和精力进行布置和装饰，以提升直播的视觉效果。

（3）适用对象

企业：可以利用办公场所展示自己的形象、文化和产品，提升品牌知名度和美誉度。

教育机构：教育机构可以在办公场所进行线上讲课、知识分享等直播活动，为学生提供专业的线上学习服务。

专业服务机构：律师事务所、会计师事务所等专业服务机构可以利用办公场所进行业务推广、案例分享等。

（4）注意事项

确保环境整洁：在直播前要确保办公场所整洁有序，避免杂物和垃圾影响直播效果。

控制噪声干扰：在直播时要尽量减少噪声干扰，如关闭门窗、降低其他员工的交流声等。

保护隐私安全：在直播过程中要注意保护企业或机构的商业机密和员工隐私，避免泄露敏感信息。

合理安排时间：在办公场所直播时要合理安排时间，避免影响其他员工的正常工作。

6.2.3 家庭环境

（1）场景特点

家庭环境以主播的居家环境为背景，将观众带入一个温馨、真实、贴近生活的直播空间。这种场景的特点主要体现在以下几个方面。

真实性：家庭环境直播能够真实展现主播的日常生活状态，让观众感受到家的氛围。

个性化：每个家庭环境都有其独特的装饰和布局，体现了主播的个性和喜好，为直播增添了个性化元素。

互动性：在家庭环境中，主播可以更加自如地与观众进行互动，分享生活点滴，增强观众的参与感和归属感。

生活化：家庭环境直播内容通常与生活息息相关，如美食制作、家居生活、亲子互动等，让观众在轻松愉快的氛围中获取有价值的信息。

（2）优缺点分析

优点

亲和力强：家庭环境直播能够拉近主播与观众之间的距离，让观众感受到家的温暖，从而提升观众的忠诚度和黏性。

内容丰富多样：家庭环境直播内容涵盖生活的方方面面，可以满足不同观众的需求，提高直播的吸引力。

成本低廉：相较于其他专业直播，家庭环境直播无须额外租赁场地，降低了直播的成本和门槛。

缺点

环境不可控：家庭环境可能存在噪声、光线不足等问题，这会影响直播的音效和画面质量，主播需要提前做好准备和调整。

私密性顾虑：在直播过程中，可能会暴露家庭的私人空间和个人隐私，主播需要注意保护自己和家人的隐私安全。

局限性大：家庭环境的空间和布局限制了直播的形式，可能无法满足一些专业领域的直播需求。

（3）适用对象

生活分享类账号：以分享生活点滴、美食制作过程、家居生活等内容为主的账号可以在家庭环境中进行直播，与观众分享自己的生活方式和心得。

亲子互动类账号：以亲子互动经历、育儿经验分享等内容为主的账号可以在家庭环境中进行直播，与观众分享亲子时光和育儿经验。

个人才艺展示类账号：以展示个人才艺、表演等内容为主的账号可以在家庭环境中进行直播，为观众带来精彩的表演。

(4) 注意事项

提前准备：在直播前，需要确保环境整洁、光线充足、声音清晰，提前检查设备是否正常工作，避免直播过程中出现意外情况。

保护隐私：在直播过程中，需要注意保护自己和家人的隐私安全，避免暴露过多的私人空间和个人信息。

内容健康：在直播过程中，需要确保内容健康、积极向上，避免涉及不良信息和违规内容，维护良好的直播氛围和观众体验。

与观众互动：在家庭环境直播中，主播需要积极与观众进行互动，回应观众的问题和留言，增强观众的参与感和归属感。

6.2.4 课堂讲台

(1) 场景特点

课堂讲台是专为在线教育、知识分享、技能培训等需求设计的。这一场景以教室或专业培训场所为背景，主播（通常是教师或培训师）站在讲台前，通过直播的形式向观众传授知识、技能和经验。课堂讲台具有以下几个显著特点。

正式性与专业性：这一场景通常给人以正式、专业的印象，有助于观众更好地进入学习状态。

互动性强：主播可以通过提问、讨论、测试等方式与观众进行实时互动，提升观众的学习效果。

多媒体支持：课堂讲台场景支持多种媒体形式，如 PPT、视频、音频等，有助于丰富教学内容和形式。

(2) 优缺点分析

优点

提高学习效率：课堂讲台具有正式、专业的氛围，有助于观众保持专注，提高学习效率。

打破地理限制：通过网络直播，观众可以随时随地参与课程学习，这打破了传统课堂的地理限制。

个性化学习：观众可以根据自己的需求和兴趣选择课程，实现个性化学习。

互动性强：主播可以通过实时互动功能了解观众的学习情况，及时调整教学策略，提升教学效果。

缺点

技术依赖性强：课堂讲台直播对网络环境和设备要求较高，一旦出现技术问题，可能影响教学效果。

自律性要求高：在缺乏传统课堂纪律约束的情况下，观众需要具备较强的自律性，才能保证学习效果。

缺乏面对面交流：虽然主播和观众可以实现实时互动，但这种互动仍然无法完全替代面对面的交流，可能影响观众的学习体验。

（3）适用对象

教育机构：各类教育机构可以通过课堂讲台直播开展在线教育、知识分享等活动，提升教学效果和品牌影响力。

培训师：专业培训师可以利用课堂讲台直播进行技能培训、考试辅导等，帮助学员提升专业能力。

知识分享者：热衷于分享知识的个人或团队可以通过课堂讲台直播向观众传授自己的经验和见解。

（4）注意事项

确保网络环境稳定：在进行课堂讲台直播时，要确保网络环境稳定，避免出现卡顿、掉线等问题，影响教学效果。

准备充分：主播要提前准备好教学资料和 PPT 等多媒体内容，确保在直播过程中能够流畅地展示和讲解。

注意互动与反馈：主播要关注观众的互动和反馈，及时解答观众的问题和疑惑，提升观众的参与度和学习效果。

保持专业形象：主播在直播过程中要保持专业形象，注意仪容仪表和语言表达，给观众留下良好的印象。

保护知识产权：在直播过程中使用教学资料和多媒体内容时，要注意保护知识产权，避免侵犯他人的权益。

6.2.5 绿幕合成

（1）场景特点

绿幕合成是近年来在直播行业中逐渐兴起的一种新型直播场景，其核心特点在于利用绿幕技术，将实际拍摄的主体与虚拟背景进行实时融合，实现背景的自由切换和个性化定制。这种直播场景不仅突破了传统直播场景的局限，还为观众带来了全新的视觉体验。

实时融合技术：此类直播采用先进的实时融合技术，将主播与虚拟背景完美融合，使直播画面更加生动、真实。

高度自定义：主播可以根据自身需求和喜好，自由选择并定制虚拟背景，打造独特的直播风格。

场景丰富多样：绿幕技术支持多种虚拟背景，从自然风光到城市街景，从科幻世界到历史文化场景，应有尽有，满足了不同观众的需求。

（2）优缺点分析

优点

优化观众体验：虚拟背景能够带给观众更加丰富的视觉体验，增强观众的观看兴趣。

灵活多变：主播可以根据直播内容随时更换虚拟背景，使直播内容更加丰富多彩。

节省成本：相较于传统直播，绿幕合成背景无须投入大量的人力、物力和财力，降低了直播成本。

缺点

技术要求高：绿幕合成需要专业的设备和技术支持，对于初学者来说可能存在一定的难度。

前期准备时间长：为了获得理想的直播效果，主播需要提前准备好虚拟背景素材，并进行调试和优化。

对光线要求高：绿幕合成对光线的要求较高，如果光线不足或光线过强，都会影响直播效果。

（3）适用对象

游戏主播：可以利用绿幕技术展示游戏内的场景和角色，提升游戏的代入感和趣味性。

教育主播：可以通过绿幕技术展示教学课件、实验过程等内容，提升教学效果和学生的学习体验。

电商主播：可以利用绿幕技术展示产品的使用场景和效果，提升产品的吸引力和购买率。

娱乐主播：可以利用绿幕技术打造独特的直播风格，吸引更多观众关注和互动。

（4）注意事项

选择合适的绿幕：绿幕的选择对直播效果至关重要。建议选择颜色均匀、不易反光的绿幕，以获得更好的抠图效果。

调整光线：光线是影响绿幕合成效果的关键因素之一。需要确保光线充足且均匀分布，避免光线过亮或过暗的情况。

优化背景素材：虚拟背景素材的质量对直播效果有很大影响。需要选择高清、无水印、与直播内容相关的背景素材，并对其进行适当的调整和优化。

保持设备稳定：绿幕合成需要专业的设备支持。需要确保设备稳定、运行流畅，避免出现卡顿、掉帧等情况。

注意主播形象：虽然虚拟背景可以吸引观众的注意力，但主播的形象和表现同样重要。主播需要保持良好的形象和专业的表现，提升观众的观看体验。

6.2.6 实景影棚

(1) 场景特点

实景影棚是近年来在直播行业中备受关注的一种直播场景。这种直播场景的主要特点在于提供了一个真实、可控且专业的直播环境，使得主播能够在优质的环境中与观众进行互动。

真实感强：实景影棚直播能够给观众带来强烈的真实感。无论是产品、场景还是主播，都能够在真实的环境中呈现，让观众有身临其境般的体验。

可控性强：在实景影棚中，主播和工作人员可以根据直播需求进行场景布置、灯光调整等操作，确保直播效果达到最佳。同时，他们也能够避免外界干扰，保证直播的顺利进行。

专业性强：实景影棚通常配备专业的设备和团队，包括高清摄像机、专业灯光设备、音响设备及经验丰富的导演和摄像师等。这些专业的设备和团队能够确保直播画面清晰、音效理想，提升观众的观看体验。

(2) 优缺点分析

优点

提升直播品质：实景影棚能够提供优质的直播环境，提升直播画面的清晰度，使观众能够拥有更好的观看体验。

提升品牌形象：通过实景影棚直播，主播和企业可以展示专业性和实力，提升品牌形象和信誉。

提高观众信任度：在实景影棚中进行直播，能够让观众感受到主播的真诚和产品的真实性，从而提高观众的信任度，增强其购买意愿。

缺点

成本较高：实景影棚的搭建和维护成本相对较高，需要投入大量的人力、物力和财力。对于个人主播或小型企业来说，可能难以承担这样的成本。

灵活性不足：实景影棚的场景布置和灯光调整通常需要一定的时间和人力成本，因此一旦确定后难以轻易更改。这对于需要频繁更换直播内容的主播来说可能不太方便。

对技术要求高：实景影棚直播需要专业的设备和技术支持，包括高清摄像机、专业灯光设备、音响设备等。对于不熟悉这些设备和技术的主播来说，可能需要花费一定的时间和精力去学习和掌握。

(3) 适用对象

电商主播：可以在实景影棚中展示产品、介绍产品的特点和使用方法，让观众更加直观地了解产品并产生购买欲望。

教育主播：可以利用实景影棚进行课程录制、讲座分享等活动，提供更加真实、生动的学习体验。

品牌宣传主播：可以利用实景影棚进行品牌宣传、新品发布等活动，展示企业的实力和品牌形象。

专业领域主播：涉及需要展示专业技能和工具的行业，如摄影、化妆、手工艺等，实景影棚能够为其主播提供更加专业、真实的展示环境。

(4) 注意事项

确保场地安全：在搭建实景影棚时，需要确保场地的安全性和稳定性，避免出现安全隐患。

选择合适的设备：根据直播需求和预算选择合适的设备，包括摄像机、灯光设备、音响设备等，确保直播画面的品质。

提前布置场景：根据直播内容和主题提前布置场景，确保场景与直播内容相符并符合品牌形象。

注意灯光调整：灯光是实景影棚直播中非常重要的元素。需要根据场景和主题进行合理的灯光调整，确保直播画面的清晰度和质感。

6.2.7 仓库工厂

(1) 场景特点

仓库工厂，顾名思义，就是仓库或工厂内部。这种直播场景的特点主要体现在真实性、直观性和专业性上。

真实性：仓库工厂直播能够真实展示产品的生产、存储和发货过程，让观众直观地了解产品的来源。

直观性：通过镜头，观众可以直观地看到仓库或工厂内部的环境、设备、人员等，增强对产品的信任感。

专业性：仓库工厂直播通常涉及产品的生产、质量控制、物流配送等专业环节，需要主播具备一定的专业知识和能力。

（2）优缺点分析

优点

提升信任度：仓库工厂直播能够真实展示产品的生产、存储和发货过程，增强观众对产品的信任感和购买意愿。

提升透明度：通过直播，观众可以了解产品的生产流程和质量控制标准，减少对产品的疑虑。

提升品牌形象：仓库工厂直播能够展示企业的专业能力和管理水平，提升品牌形象和知名度。

缺点

需要专业的主播：仓库工厂直播涉及的专业知识较多，主播需要具备一定的专业知识和能力，否则可能影响直播效果。

可能涉及商业机密：在直播过程中，如果不注意保护商业机密，可能会泄露企业的敏感信息，给企业带来损失。

（3）适用对象

电商卖家：可以利用仓库工厂直播展示产品的生产、存储和发货过程，提升产品的透明度，提高销量。

品牌商家：可以通过仓库工厂直播展示企业的专业能力和管理水平，提升品牌形象和知名度，吸引更多消费者。

行业专家：可以利用仓库工厂直播分享行业知识和经验，提供专业的分析和建议，吸引更多粉丝。

（4）注意事项

保护商业机密：在直播过程中，要注意保护企业的商业机密和敏感信息，避免将其泄露给竞争对手或公众。

确保场地安全：仓库工厂可能存在一些安全隐患，如堆放的物品和机械设备等。要确保场地安全，避免发生意外事件。

合理安排时间：仓库工厂直播的时间可能与观众的习惯观看时间不一致，主播要合理安排直播时间，确保能够吸引更多观众观看。

6.2.8 户外走播

（1）场景特点

户外走播以其独特的灵活性、真实性和互动性在直播行业中占据了一席之地。这种直播方式突破了传统直播间的限制，将直播场景延伸到户外，让主播与观众能够在更广阔的自然或城市环境中进行实时互动。

随机性与灵活性：户外走播的最大特点就是随机性和灵活性。主播可以自由选择直播地点，无论是自然风光、城市街景还是特定活动现场，都可以成为直播的背景。同时，由于没有固定的直播流程和脚本，主播可以根据实际情况灵活调整直播内容，使直播更加接地气、更具真实感。

娱乐与带货结合：户外走播不仅具有娱乐性，还可以与带货相结合。主播可以在直播中展示和推荐产品，让观众在欣赏美景的同时产生购买欲望。例如，在户外钓鱼直播中，主播可以使用自家产品来钓鱼，让用户更直观地感受该产品的优势。

观众带入感强：户外走播的真实性和随机性使得观众更容易产生带入感。观众可以通过主播的视角感受不同的环境和氛围，仿佛身临其境。这种带入感有助于增强观众与主播之间的互动性和黏性。

(2) 优缺点分析

优点

真实感强：户外走播的真实性和随机性使得直播内容更加真实和接地气，更容易受到观众的关注和喜爱。

互动性强：户外走播具有更强的互动性。主播可以与观众进行实时互动，回答观众的问题，增加观众的参与感和黏性。

带货效果好：户外走播与带货相结合，可以更好地展示产品的特点和优势，提高产品的曝光率和购买率。

缺点

受天气影响大：户外走播受天气影响较大。遇到恶劣天气时，直播可能需要中断或改变地点，这会影响直播的连续性和稳定性。

对设备要求高：户外走播需要携带大量设备，包括相机、话筒、三脚架等。同时，为了确保直播画面的稳定性和清晰度，户外走播对设备的要求也较高。

安全隐患多：户外走播存在较多安全隐患。主播需要时刻注意自身安全，避免发生意外事件。

(3) 适用对象

旅游博主：可以利用户外走播向观众展示各地的自然风光和人文景观，分享旅游经验和感受。

户外运动爱好者：可以利用户外走播进行户外探险、钓鱼、骑行等活动的直播，吸引同好者的关注和互动。

商家：可以利用户外走播进行产品展示和推销，提高产品的曝光率和购买率。

（4）注意事项

选择合适的场地：在选择场地时，需要考虑安全问题。最好选择平坦稳固的地方，避免选择有悬崖或陡坡的地方。同时，也要注意选择视野开阔、背景美丽的地方，这样才能够吸引更多的观众。

准备必备装备：在户外直播时，需要准备必备装备，如相机、话筒、三脚架等。同时，也需要准备好备用的电池和存储卡，以备不时之需。另外，还需要准备好急救箱等，以应对突发状况。

注意天气变化：在户外直播时，需要注意天气变化。如果遇到恶劣天气，如暴雨、台风等，需要及时停止直播，并寻找安全的地方躲避。在直播前，还需要查看天气预报，并根据实际情况做好准备。

保持安全距离：在户外直播时，需要保持安全距离。如果是通过直播展示动物或危险区域，需要保持足够的安全距离，以确保安全。同时，也应注意不要干扰野生动物的生活，保护生态环境。

6.2.9 大型舞台

（1）场景特点

大型舞台是一种具有强烈视觉冲击力和高度专业性的直播场景，其特点主要体现在以下几个方面。

视觉震撼：大型舞台通常配备了高质量的灯光、音响和舞美设备，能够呈现出震撼人心的视觉效果。这种场景下的直播往往能够给观众带来强烈的视觉冲击和独特的感官享受。

专业性强：大型舞台直播往往涉及复杂的策划、编导和执行工作，需要专业的团队进行运作。从舞台设计、灯光音响调试到演员表演、互动环节安排等，都体现出高度的专业性和严谨性。

互动性强：大型舞台直播通常具有较高的观众参与度，观众可以通过各种方式与主播进行互动，如发弹幕、投票选择、现场提问等。这种互动性不仅增强了观众的参与感和归属感，还使得直播内容更加生动有趣。

多元化内容：大型舞台直播的内容往往涵盖了音乐、舞蹈、戏剧、杂技等多种艺术形式，以及明星演出、品牌发布会、颁奖典礼等多种活动类型。这种多元化的内容使得大型舞台直播具有广泛的受众基础和强大的吸引力。

（2）优缺点分析

优点

影响力大：大型舞台直播通常能够吸引大量观众观看，具有广泛的影响力。对于品牌宣传、产品推广等活动来说，大型舞台直播能够迅速提升品牌知名度和曝光率。

体验丰富：大型舞台直播能够呈现出丰富多彩、高度专业的艺术表演和活动内容，给观众带来独特的视觉和听觉体验。

互动性强：大型舞台直播的互动性使得观众能够积极参与其中，与主播进行互动和交流。这种互动性不仅增强了观众的参与感和归属感，还使得直播内容更加生动有趣。

缺点

成本高：大型舞台直播需要投入大量的资金和资源进行策划、执行和推广，场地租赁、设备购置、人员费用等方面的支出都相对较高。这使得大型舞台直播的门槛较高，不适合所有类型的直播账号。

技术要求高：大型舞台直播需要专业的技术团队进行支持，涉及灯光与音响设备调试、摄像、后期剪辑等方面的工作。这些技术工作具有高度的专业性和严谨性，对于初学者来说可能存在一定的难度。

风险性大：大型舞台直播涉及众多的人员和环节，任何一个环节出现问题都可能影响整体直播效果。例如，设备故障、人员失误、天气变化等因素都可能对直播造成不良影响。因此，大型舞台直播的风险性相对较大。

（3）适用对象

大型舞台适用于具有一定知名度和影响力的直播账号，如明星账号、品牌账号、媒体账号等。这些账号通常具有较大的粉丝量和较高的关注度，能够吸引大量观众观看直播内容。同时，这些账号也需要投入大量的资金和资源进行策划和执行工作，以确保直播的质量和效果。

（4）注意事项

充分准备：大型舞台直播需要充分准备和策划，涉及场地选择、设备购置、人员安排等方面的工作，需要提前进行多次演练和测试，确保直播的顺利进行。

技术保障：大型舞台直播需要专业的技术团队进行支持，包括灯光与音响设备调试、摄像、后期剪辑等方面的工作。需要确保技术团队的专业性和严谨性，以及设备的稳定性和可靠性。

安全保障：大型舞台直播涉及众多的人员和环节，需要确保安全无虞。需要制定详细的安全保障措施和应急预案，以应对可能出现的各种情况。同时，也需要加强现场管理和监督，确保人员和设备的安全。

6.2.10 展会现场

（1）场景特点

在展会现场进行直播，能将展会现场的产品展示、互动交流等的实时情况传递给无法亲自到场的观众。这种直播场景具有独特的魅力，为观众带来了全新的观展体验。

实时性与互动性：展会现场直播能够实时展示展会的各个环节，让观众感受到现场的氛围。同时，观众可以通过发弹幕、评论等方式与主播进行互动，增强参与感。

内容丰富多样：展会现场直播涵盖了多个展区、多个品牌、多种产品的展示，内容丰富多样，满足了观众对不同领域、不同产品的关注需求。

专业性与权威性：展会现场直播通常由专业的直播团队进行，他们对展会内容、产品特点等有深入的了解，能够为观众提供专业的解读和推荐，提高观众的信任度，增强其购买意愿。

（2）优缺点分析

优点

扩大展会影响力：直播可以将展会的信息、亮点等实时传递给全球观众，扩大展会的影响力。

提高观众参与度：观众可以通过直播观看展会现场情况，与主播互动交流，提升参与度和黏性。

促进产品销售：直播过程中，主播可以对产品进行详细介绍和推荐，激发观众的购买欲望，促进产品销售。

缺点

对网络环境要求高：展会现场人流量大，网络环境复杂，需要确保网络信号的稳定性和传输速度，避免直播过程中出现卡顿、延迟等问题。

对直播团队素质要求高：展会现场直播需要专业的直播团队操刀，他们需要具备丰富的直播经验和专业的知识，以确保直播内容的准确性和专业性。

（3）适用对象

展会主办方：可以通过直播展示展会的整体情况、亮点、特色等，吸引更多观众关注和参与。

参展品牌：可以通过直播展示产品特点、使用场景、品牌故事等，提高产品的知名度和美誉度。

行业媒体：可以通过直播报道展会动态、行业趋势、专家观点等，为观众提供权威、专业的信息。

个人主播：可以通过直播分享自己的观展体验、购物心得等，与观众进行互动交流。

（4）注意事项

提前规划：在直播前需要充分了解展会内容、产品特点等，确定详细的直播计划和脚本，确保直播内容的准确性和专业性。

保持网络环境稳定：在直播前需要测试网络环境，确保网络信号的稳定性和传输速度，避免直播过程中出现卡顿、延迟等问题。

思考

看到这里，相信你对于 10 种常见的直播场景已经有了比较清晰的认知。对于你自己的账号而言，哪一种或者哪几种直播场景更适合？为什么？

6.3 直播间的优化很重要

确定了直播的类型和场景之后，我们就要开始布置直播间了。虽然对于很多新人而言，利用一部手机就能完成直播，但想要直播效果更好，我们还需要在设备、场景、灯光、道具等方面进行优化。

6.3.1 直播间设备优化

（1）视频采集设备

除了手机，我们还可以用相机进行直播。和手机运用虚拟光学原理不同，相机可以实现物理光学效果，在画质、景深上表现优异。尤其是在拍摄一些需要特写的产品，比如美食、珠宝等时，相机可以把产品最吸引人的一面很好地呈现出来。

如果需要把拍摄设备优化为相机，优先推荐单反相机，但由于单反相机相对来说大而重，携带不方便，因此还可以选择购买微单相机，其体形小巧，且在成像方面表现不俗。

当然，和手机直播不同，相机直播需要配备对应的视频采集卡，以将相机的信号转化为数字信号，方便我们连接计算机进行推流。

所以除了购买视频采集卡，我们还需要一台性能较高的台式计算机，这是因为直播对于计算机资源的消耗是非常大的，笔记本电脑难以胜任。同时，最好选用 Windows 系统的计算机，以便安装直播推流软件。

随着直播需求的增长，市场上也出现了直播一体机，这是一种集相机、麦克风、扬声器等设备于一体的设备，操作简单，开机即可直播，很适合初创型的个人账号或者小型团队账号。

（2）录音及收音设备

如果我们在独立的室内或者安静的小空间中直播，直接使用手机自带的声音功能即可。如果换到比较大的、嘈杂的场景直播，就需要配置一个可以降噪的录音设备，比如领夹式麦克风。

假设你需要大范围走动，建议购买无线的领夹式麦克风，以免自己被线缠绕或者绊倒；如果你不需要怎么走动，可以买有线的领夹式麦克风，这样既能避免中途断电的问题，也能保证声音传输相对稳定。

我们也能看到一些专业的主播会在桌子上架设一个麦克风，麦克风上面还有圆盘形的防喷网，这就是比较专业的收音设备。如果你的声音很好听、很有磁性，建议你买这种专业的麦克风，然后配备声卡，这样就能让你的声音更具魅力。

6.3.2 直播间场景优化

在优化直播间场景的时候，我们需要注意前景、中景和背景的配合。对于直播间来说，主播就是中景，我们应穿着得体，衣服颜色应与背景稍微有一些反差。

在前景中，最好摆放一些相关的产品。比如，优化"种草"零食的直播间，就可以在前面摆一张桌子，搭配一张符合账号调性的桌布，然后把主推的零食有序地摆放在上面。又如，优化分享知识的直播间，就可以在桌子上摆放书籍或者笔记本。

背景要避免白色或者偏亮的浅色，否则容易显得主播很黑，而且在为主播的面部补光的时候，容易导致背景过曝，造成观众的观看体验不佳。可能有些朋友要问了，家里只有白墙，怎么办呢？可以运用以下 3 种方法。

第一种，买背景布，用无痕钉将其钉在墙上，这样既不会损伤墙体，也能避免白墙大面积裸露。现在很多背景布的印制效果非常好，其呈现的画面甚至能以假乱真。当然，买一些壁画挂在墙上进行装点也是可以的，只要确保背景不是白的就行。

第二种，买背景灯。直接在购物软件上搜索"背景灯"，就可以找到相应的产品。背景灯其实就是一种氛围灯，可以直接照在墙上，让墙呈现各种颜色。它不仅可以有效避免背景单调，还能根据直播主题改变颜色，烘托不一样的氛围。比如，在深夜情感直播中，可以使用暖黄色；在卖水果的直播中，可以使用代表健康的绿色；等等。

第三种，用绿幕。绿幕可以帮助我们替换一切想要替换的素材，不管是图片还是视频，都可以自如地在绿幕中进行切换。而且绿幕有个好处是不需要覆盖整面墙，只需要放在身后，刚好覆盖镜头画面即可。当然，绿幕离主播的距离越远，其呈现的效果越好。

6.3.3 直播间灯光优化

相信很多直播间就只有一个灯光设备，那就是主播面前的环形补光灯。想要更好地呈现直播间里的主播和产品，各种灯光是非常必要的。

可能有人会问，户外走播的时候就不需要补光了吧？不完全是，如果风和日丽、阳光明媚，的确不需要补光。如果不巧遇到比较阴沉的天气，就需要用补光灯 + 打光板这一组合来给主播及产品补光，这样才能让画面的质感足够好。

不管是在室外还是室内，只要光线不足，就需要进行补光，以确保拍摄主体足够显眼。那该如何布置补光灯呢？我们可以从以下几个方面入手。

（1）主播面光

常见的面部补光灯不仅有环形，还有圆盘形、方形。它发出的光一般是很均匀的柔光，照在主播的脸上既不会显得过于惨白而生硬，也不会产生过多的黑影。

（2）前景补光

我们在前景中摆放产品或者对应的道具时，也需要运用灯光。尤其是卖水果或者美食的直播间，可以使用能提升画面饱和度的灯光，这样拍出来的产品更加鲜艳好看，能让人食欲大增。

（3）背景补光

没错，背景也是需要补光的。当然，背景的亮度相对于中景和前景会稍微低一些。一般背景补光灯有两种呈现方式：一种类似背景灯，直接营造出整个背景的氛围；另一种是作为点缀物，比如在幽暗的房间一角，放一盏橘黄色的小台灯，让小台灯投射出三角形的光斑，这样房间一下子就有了氛围感。

（4）主播轮廓光

我们在看一些直播的时候，发现主播侧面或者背面有光边，这就是轮廓光导致的。如果我们希望主播只有一侧有光边，那就只需要在主播的侧方打灯，这种灯发出的光一般比较硬，会勾勒出主播的轮廓，让主播的身体和背景产生明显的分割线，更加突出主播的存在。同理，如果我们希望主播的背面有光边，那就可以把灯放在主播身后，让光直接照在主播的背上，这样就会达到想要的效果。

（5）主播眼神光

你有没有发现，一些主播在直播的时候双眼有神，就像饱含热泪，让人很容易共情，这其实就是对眼神光的运用。眼神光其实源自由几颗小灯泡组成的光源，该光源亮度不高，直接放置在主播的正前方，一般是夹在面部补光灯的中间或者摄像头旁边，这样镜头就能拍到主播瞳孔中反射的几个小光点，呈现出主播楚楚动人的样子。

（6）绿幕补光

什么？绿幕也需要补光？没错。不知道你有没有发现这样一种情况，我们在搭建绿幕的时候，画面里主播和背景的边缘不清晰，甚至出现边缘不准确的情况。这其实就是因为绿幕的亮度不够，系统无法精准地获取到全部的绿色，自然也就会出现上述情况。这时我们可以直接用柔光对绿幕进行补光，让整块绿幕清晰呈现，这样画面里主播和背景的边缘就会变得清晰明朗。

6.3.4 直播间道具优化

在直播过程中，很多道具可以帮助我们提升沟通的效果，或者创造更好的用户体验，因此学会灵活使用这些道具对于直播会有很大帮助。

（1）提词器

在直播的时候，我们难免需要表达很多信息，有时候说得多了容易漏掉一些重要的信息，这就可能造成直播效果不尽如人意。因此在筹备直播的过程中，我们就需要把我们要表达的一些重要信息用提词器罗列出来，其可以是简单的词语，也可以是完整的短句，这样我们在直播的过程中看到它们，就可以顺其自然地说出来，不会出现漏掉重点的尴尬情况。

提词的方法有两种：一种是使用一大张白纸，用黑色马克笔在上面写上大字，悬挂在主播前面；另一种是采用电子文档的形式，将信息直接呈现在主播面前的手机、平板电脑或者大显示屏上，方便主播第一时间查看。

除了可用于展示预先设置好的内容，提词器也可以用来应对突发情况。比如，评论区中出现了一些主播不知道如何回应的话题，场控或者助理就可以立刻通过提词器呈现出应对的方法，确保用户的体验感良好。

要注意的是，提词器只能起到提醒的作用。很多人会把大段大段的信息放在提词器中，美其名曰"这样更有安全感"。但你知道吗？如果你看着提词器将信息读出来的话，除非你有很强的演绎能力，不然在用户看来，你就像是一个没有感情的机器人在读一堆你一点都不熟悉的台词，显得呆板而生硬。长时间这样做，会让你对提词器极度依赖，从而出现没有提词器就什么都说不好的情况，不利于你表达能力的提升。而且，当你照着提词器的内容去读的时候，你的眼神是游移的，这很容易让观众跳戏，没办法被你的情绪感染，你也就更难以达成直播的目的。

因此，提词器可以有，但仅用于简单提醒。更多时候，你还是需要逼着自己去思考、去延展，哪怕提示内容只有两三个字，你也要滔滔不绝地对其做出相应的描述。

（2）备用手机

条件允许的情况下，建议准备两部备用手机。一部备用手机可以放在主播面前，方便他看评论并做出相应的回复。可能有人要问了，直接在直播用的手机上看评论不行吗？当然行，但主播通过直播用的手机跟用户看到同一评论的时间存在一定的差异，因此有可能主播看到某条评论的时候，它已经被新的评论淹没了。

因此使用一部备用手机，登录另一个账号去看直播就可以减少时间差，尽量和其他用户看到同样的画面。

另一部备用手机可以用于运营维护。你有没有遇到过这样的情况，你看到一个账号刚发布了新视频，同时该账号正在直播。这其实就是一边直播，一边用另外一部手机登录同一个账号去发新视频，这样就可以利用视频的流量反哺直播间的流量，提升直播间的人气。

当然，除了用于在直播过程中发布视频，备用手机还可以作为数据查看、运营投放等的工具使用，以提升运营效率，帮助主播获取更好的直播效果。

(3) 计算机

如果我们用单反相机＋视频采集卡这一组合进行直播，那么计算机是必备的。如果我们用手机直播，也可以配备一台计算机，方便登录直播后台进行产品上下架、改价、库存设置、数据分析等操作，尤其是直播大屏的数据呈现可以让主播和运营人员时时刻刻知道直播效果，并同步优化直播内容及形式。

(4) 无线充电器／充电宝／数据线

直播是非常消耗手机电量的，而低电量可能会造成手机突然自动关机，直播也就突然中断了。当你着急忙慌地给手机充上电再直播时，不仅直播间的用户都流失了，而且所有运营数据也会被重置，这对于直播运营是很不利的。

因此如果是用手机直播，建议配备一个无线充电器，随时将其紧贴于手机背面进行充电，或者一直让手机连接充电宝或者数据线充电，以确保手机永远有足够的电量。现在很多手机都只有一个对外接口，我们可以利用拓展接口来解决接口不够的问题。

(5) 独立网络

供直播间用的宽带网络最好是专属的独立网络，避免其他人连接 Wi-Fi，确保直播过程中不会出现下载等明显影响网络速度的行为。

如果是户外直播，记得提前设置好路线，并且测试路线上是否存在信号较弱的地方，以免在直播过程中不小心走到信号极差的地方，造成直播被迫中断的尴尬情况。

(6) 显示屏

如果我们的产品本身有高质量的宣传片，或者我们描述产品的外观或者功能需要较高的成本，就可以借助显示屏放映宣传片。这样一来，用户可以直接获取到相应的信息，拥有较好的观看体验，我们也能节省大量成本。

(7) KT 板

我们可以印制一些 KT 板，用于引导用户关注账号、加入粉丝团，或者指示他们如何领取优惠券、如何下单购买等。虽然大部分用户都知道这些操作步骤，但适当的引导可以减少用户的思考时间，提升用户的体验感。就好比你进入一家餐厅，你当然知道可以直接找个空位坐下，但如果从进门开始就有专人为你带路，你的体验感就会完全不一样。

(8) 其他道具

我们还可以根据直播类型增加一些对应的道具。比如，你是一个爱唱歌的女生，在娱乐休闲型直播中，就可以将引导型头箍戴在头上，头箍上可以标注"欢迎加入粉丝团""喜欢我就多多点赞哦"之类的内容，这样可以很好地起到引导的作用。

又如，你是一个卖海鲜的商家，鉴于用户最怕的就是缺斤少两，那在直播中，你可以直接将电子秤摆在桌子上，确保海鲜足斤足两的同时多送一些给用户，这样用户的体验感就会很好；在促销活动中，你手里拿着一块秒表，时间到了就立马上链接，用户的体验感也会很好。让我们的用心和贴心可视化，就是道具最大的价值和意义。

思考

看到这里，相信你对于直播间的优化已经有了一定的了解。接下来，你会如何优化你的直播间？

6.4 直播选品与推广技巧

直播选品技巧在直播营销中占据着举足轻重的地位，其重要性不容忽视。选品不仅直接关系到直播间的销售效果，还影响着观众的观看体验和主播的口碑。我们将从以下几个方面详细阐述直播选品技巧的重要性。

首先，精准的选品能够吸引并留住目标观众。在直播过程中，观众往往对与自己兴趣相关的产品更为关注。因此，主播在选择产品时，需要充分考虑目标观众的需求和喜好，挑选出能够引起他们兴趣的产品。这样不仅能吸引更多观众进入直播间，还能增加观众的停留时间，提高其互动频率，从而提高直播间的热度和曝光率。

其次，合理的选品策略有助于提升销售额。高品质、高利润的产品能够有效拉动直播间的销售业绩。通过精心挑选和推荐产品，主播不仅能够满足观众的购物需求，还能获得较高的利润回报。同时，低价或特殊产品则能增强观众的购买欲望，促使他们进行冲动消费，从而进一步提高销售额。

此外，巧妙的选品还能提升主播的专业形象和口碑。通过推荐背书款等知名或高品质产品，主播能够展示自己的专业素养和审美水平，赢得观众的信任和认可。这种信任感不仅有助于巩固现有粉丝群体，还能吸引更多新观众关注并加入直播间。

综上所述，直播选品技巧的重要性不言而喻。它既是吸引和留住观众的关键手段，也是提升销售额和主播形象的有效途径。主播在筹备直播时务必重视选品环节，根据目标观众、市场需求及自身定位来制定合理的选品策略。

6.4.1 直播中最常见的 4 类产品

在直播中，最常见的 4 类产品分别为福利款、"宠粉"款、主打款和背书款。为了方便你更好地理解 4 类产品的区别，我将从类型定义、定价参考、话术举例 3 个维度对它们进行拆解。

第一种：福利款

（1）类型定义

福利款又称为钩子款、引流款，通常指的是直播间中以极低价格销售的产品。这类产品的核心目的是通过低价吸引大量观众进入直播间，并引导他们参与互动，从而增强其黏性。

(2) 定价参考

福利款的定价通常远低于市场价格，甚至可能导致亏损。然而，这种定价策略并非为了营利，而是为了吸引流量，带动其他产品的销售。因此，在定价时，主播需要权衡产品的成本、市场价格及直播间的整体营销策略，确保福利款的定价既能吸引观众，又不会对直播间的整体利润造成太大影响。

(3) 话术举例

在直播过程中，主播可以通过以下话术来推销福利款。

"亲爱的粉丝们，今天我为大家带来了超值福利！只要 ×× 元，你就可以带走这款原价为 ×× 元的产品！仅有 ×× 件，先到先得哦！"

"感谢大家一直以来的支持，今天我特意为大家准备了一份小礼物！只要下单购买，就可以享受到超低的价格！千万不要错过哦！"

通过这类话术，主播可以营造出一种抢购的氛围，让观众认为能占到便宜，从而增强他们对产品的购买意愿。

第二种："宠粉"款

(1) 类型定义

"宠粉"款，顾名思义，是为了回馈粉丝而特别设计的产品。这类产品通常具有较高的性价比和独特的价值，旨在提升粉丝的归属感和忠诚度。

(2) 定价参考

为"宠粉"款定价应充分考虑粉丝的接受能力和心理预期。一般而言，这类产品的价格相对较低，但并不会低于成本，以保证商家的利润空间。在定价时，商家可以采用限时限量、会员专享等策略，提升产品的吸引力。

(3) 话术举例

"感谢大家一直以来的支持和陪伴，今天我们为大家带来了特别定制的'宠粉'款，仅限我们直播间的粉丝购买哦！"

"宝宝们，'宠粉'款是我们特意为大家准备的，仅有 ×× 件，先到先得哦！希望大家喜欢！"

"看到大家这么热情，主播决定再送一波宠粉福利！这款产品仅限今天在直播间购买，错过就没有啦！"

第三种：主打款

（1）类型定义

主打款是直播带货中的核心产品，其特点通常包括以下几个。① 高关注度：主打款往往能够吸引大量观众的注意力和兴趣。② 高销售潜力：主打款通常具有较大的市场需求和销售潜力。③ 高品质保证：主打款往往质量上乘，能够确保消费者的购买体验。

在直播带货中，主打款通常作为直播活动的核心产品，主播会花费较多的时间和精力来介绍和推销这类产品，以获得较高的销售额。

（2）定价参考

对于主打款的定价，可以参考以下策略。① 价格适中：主打款的价格不宜过高或过低，以适应大多数消费者的购买能力。② 阶梯型定价：可以采用阶梯型定价策略，如"买得多更优惠"等，以刺激消费者的购买欲望。③ 对比定价：可以告知消费者产品的原价和现价，形成强烈的价格对比，突出产品的优惠力度。

（3）话术举例

在直播带货中，主播介绍主打款时可以使用以下话术。

"这款产品是我们今天的主打款，它的品质非常好，绝对物超所值！"

"现在购买主打款可以享受 ×× 折的优惠，机会难得，千万不要错过！"

"很多用户都对这款产品给出了好评，它已经成为我们的热销产品之一！"

第四种：背书款

（1）类型定义

在直播中，背书款不仅直接指代某个具体的产品，更是一种策略或方法。它指的是主播或品牌方通过展示一款价格较高、品质上乘的产品（通常涉及知名品牌或高端系列）来提升观众对整体价格的预期。这种策略的主要目的是凸显主打款的性价比高，从而促使观众购买主打款。

（2）定价参考

背书款的定价通常远高于主打款，甚至可能是主打款价格的数倍。这种高价位的目的是建立一个价格参照点，让观众在对比中感受到主打款的性价比。

（3）话术举例

在直播中，主播可以参考以下话术介绍背书款以凸显主打款的性价比。

"首先，让我们来看看这款产品，它的品质、设计和功能都是出众的，价格也相当高，达到了 ×× 元。但是，今天我们的直播间有更实惠的选择。"

"接下来，我要给大家介绍的主打款，是刚才那款产品的升级版，现在促销中，价格低至 ×× 元。是的，你没有听错，就是 ×× 元！这款产品的性价比超高，它绝对值得你拥有。"

6.4.2 推广产品的注意事项

（1）福利款

确保产品质量：虽然福利款的价格较低，但主播仍须确保产品的质量和安全性，避免因为产品质量问题而损害直播间的声誉。

控制库存数量：福利款的数量通常有限，主播需要提前预估库存数量，避免因为库存不足而导致观众流失。

合理搭配其他产品：福利款只是直播间的一部分产品，主播需要合理搭配其他产品，确保直播间的整体销售效果。

注意话术的真实性和可信度：主播在推销福利款时，需要注意话术的真实性和可信度，避免夸大其词或虚假宣传，给粉丝留下不好的印象。

（2）"宠粉"款

确保产品质量："宠粉"款虽然是回馈粉丝的福利，但也要确保质量过关，避免因为质量问题而损害粉丝的利益和信任。

注重粉丝反馈：在推出"宠粉"款后，商家需要密切关注粉丝的反馈和评价，及时调整和优化产品设计和定价策略，以满足粉丝的需求。

避免过度营销：虽然"宠粉"款是为了回馈粉丝而设计的，但商家也要避免过度营销和夸大其词，保持真诚的态度，以赢得粉丝的信任和支持。

（3）主打款

确保产品质量：主打款的质量必须过硬，否则会影响消费者的购买体验和主播的口碑。

合理定价：主打款的价格要合理，不能过高或过低，要根据市场情况和消费者需求来制定。

详细介绍产品：在介绍主打款时，要详细介绍产品的特点、功能、优势等，以便消费者更好地了解产品。

积极互动：在直播过程中，要积极与观众互动，回答他们的问题，消除他们的疑虑，增强他们的购买意愿。

(4) 背书款

确保对比公正：在对比背书款和主打款时，要确保两者在功能、品质等方面具有一定的相似性，以便观众能够公平地对比和评估。

突出主打款的性价比：在介绍背书款时，要能突出主打款性价比高的特点，让观众感受到购买主打款是明智的选择。

避免误导消费者：虽然背书款只用于提升消费者的价格预期，但主播在介绍时要确保信息准确，避免误导消费者或让消费者产生不必要的疑虑。

思考

看到这里，相信你对于直播间选品与推广技巧已经有了一定的了解。你会为自己的直播间选择哪几类产品？你为什么会这么选择？

6.5 直播间排品技巧

有效地排品是确保直播流程顺畅、吸引观众并保持销售动力的关键。结合福利款、"宠粉"款、主打款和背书款 4 类产品，我们可以制定一个详细且系统的排品策略。

6.5.1 如何排品才能让直播间的人气有增无减

（1）开场引流：福利款先行

目的：直播刚开始，观众的注意力往往是最集中的。利用福利款迅速吸引观众进入直播间，提升直播间的人气。

展示时间：建议在直播开始后的 5~10 分钟内进行福利款的展示和销售。这样可以在最短的时间内聚集人气，为后续直播打下基础。

（2）增强黏性："宠粉"款穿插

目的：直播过程中，通过专属优惠或定制产品来增强粉丝的参与感和归属感，提高粉丝的忠诚度。

展示时间：可以选择在观众互动高峰期或特定时间点（如粉丝节、周年庆等）对"宠粉"款进行展示，以激发粉丝的参与热情。

（3）促进销售：主打款重点展示

目的：主打款是直播间的核心产品，是利润的主要来源。充分展示主打款的特点、优势和使用场景，激发观众的购买欲望。

展示时间：展示主打款应该占据直播的大部分时间。在展示过程中，可以通过详细的产品介绍、使用演示、用户评价展示等方式来突出主打款的优点和特色。

性价比强调：通过与福利款、"宠粉"款或背书款进行对比，强调主打款的性价比高。让观众明白主打款虽然价格可能稍高，但在品质和性价比方面绝对物超所值。

（4）提升信任：背书款背书

目的：通过展示高品质、高价格的背书款来提升观众对整体价格的预期，从而凸显主打款的性价比高。

展示方式： 主播可以在直播中穿插展示背书款，通过介绍背书款的品牌背景、品质保证和价格优势等方式来提升观众对主打款的信任感。同时，将背书款与主打款进行对比，让观众明白主打款的性价比更高。

6.5.2　直播间排品的注意事项

在直播中结合 4 类产品进行排品时，需要充分考虑观众需求、产品特点和直播目的。合理的排品策略和时间分配可以确保直播的流畅性、吸引力和销售效果。

（1）逻辑性与连贯性

确保排品具有逻辑性与连贯性。福利款用于开场引流，"宠粉"款用于增强黏性，主打款用于促进销售，背书款用于提升信任。这样的排品顺序能够让观众在观看直播时保持较高的关注度。

（2）时间分配

合理分配每类产品的展示时间。福利款和"宠粉"款可以短暂展示，以吸引观众的注意力；主打款则需要足够的时间来详细介绍和演示；背书款则可以适时穿插展示，以提升观众对主打款的信任感。

（3）互动与反馈

在直播过程中积极与观众互动，了解他们的需求和反馈。根据观众的反馈及时调整排品策略和产品介绍方式，以提升直播的吸引力和销售效果。

（4）数据分析与优化

根据直播数据和观众反馈进行数据分析，了解哪些产品更受欢迎、哪些介绍方式更有效等。根据分析结果不断优化排品策略和产品介绍方式，提升直播的整体效果。

思考

看到这里，相信你对于直播间排品技巧已经有了一定的了解。这些技巧中，对你启发最大的是哪一个？

6.6 直播节奏与直播预告

你在直播时是不是遇到过下面这样的情况？

刚开始的时候，直播间里一个人都没有或者只有寥寥几人，你不知道该说什么，也很难进入状态；

说得起劲的时候，评论区里突然有人提了个问题，直播节奏就乱了，你甚至忘了该说什么；

说着说着，不知道还可以继续说什么；

…………

这其实都是因为你的直播节奏没处理好，也就是你不确定在什么时间节点该做什么事情。你把相关时间节点设置好之后，突发情况就不会打乱你的节奏了。

6.6.1 如何把控直播节奏

一般情况下，一场直播的时长至少为 2 小时，即 120 分钟。我们可以从其中分解出 2 种循环，下面分别进行拆解。

（1）排品的循环

按照福利款—"宠粉"款—主打款—福利款这样的顺序进行排品的循环，用福利款拉人气，人气到达一定程度后上"宠粉"款，吸引更多人加入粉丝团，提升用户的兴趣和黏性，然后上主打款来增加直播间的收益，这个时候直播间的人气会下降，所以重新上福利款把人气拉回来。

如果我们的产品或服务比较少，可以用单品进行循环，比如福利款 A—"宠粉"款 A—主打款 A—福利款；如果我们的产品或服务比较充足，可以用多品进行循环，比如福利款 A—"宠粉"款 A—主打款 A—福利款 B—"宠粉"款 B—主打款 B 或者福利款 A—"宠粉"款 A—主打款 A—福利款 B—"宠粉"款 B—主打款 A。

背书款在大部分情况下只作为后台链接存在，让用户通过主播的话术知道有这么一款产品，但这款产品不加入排品的循环中，所以参与排品循环的有 3 款产品，每款产品展示 10 分钟，120 分钟内可以进行 4 次循环。

（2）话术的循环

不管针对什么产品，在介绍过程中都可以遵循一个话术循环逻辑，其涉及 4 个环节，它们分别是 2 分钟的需求引出、3 分钟的卖点介绍、3 分钟的活动评价、2 分钟的催单转化。

需求引出指的是基于用户的痛点或痒点，以讲故事或者分析场景的方式把用户的购买欲望激发出来；卖点介绍即分点罗列产品对应的亮点和特色，吸引用户眼球；活动评价指的是介绍直播间的活动，比如满减、买一送一等，同时通过展示以往用户的好评来增强用户的信赖感；催单转化就是通过体现产品的稀缺性使用户产生紧迫感，引导用户快速下单。

为了让你更好地把控直播节奏，我用一个具体的例子来讲解。

假设我们的直播间要卖以下 4 款榴梿。

福利款：9.9 元 / 个，榴梿盲盒秒杀，包邮。

"宠粉"款：15.9 元 / 斤，粉丝团可抢，包邮。

主打款：49.9 元 / 斤，精品猫山王，包邮。

背书款：599 元 / 个，猫山王礼盒，包邮。

那么直播节奏就可以是下面这样的。

家人们，你是不是在找榴梿？咱们家推出 9.9 元的榴梿盲盒！还包邮！准备开抢！做好准备，抢到就是赚到！（福利款，需求引出。）

咱们家的榴梿可不是小小个、空心的！你看看，全部是这种金黄饱满的大果！（福利款，卖点介绍。）

咱们每 10 分钟抽一个购买榴梿盲盒的名额，包邮到家，数量有限，抢到就是赚到！之前买过咱们家榴梿的可都是给了 5 分好评的！（福利款，活动评价。）

最后 30 秒，咱们要上链接啦，家人们做好准备！咱们每 10 分钟就抽一个购买榴梿盲盒的名额！（福利款，促单转化。）

来！没加入粉丝团的家人们赶紧加入粉丝团！"宠粉"款来啦！市面上 29.9 元 / 斤的榴梿，今天咱们家粉丝团拥有专属福利，只要 15.9 元 / 斤！实现榴梿自由就在今天！（"宠粉"款，需求引出。）

来！咱们给粉丝的福利可是实打实的！咱们随便开一个榴梿看看！金黄！饱满！满满 5 房！（"宠粉"款，卖点介绍。）

不说别的！15.9 元 / 斤的榴梿在线下超市肯定买不到，因为这是"宠粉"福利，粉丝专享！（"宠粉"款，活动评价。）

家人们，赶紧点亮灯牌加入粉丝团，这个劲爆的价格千万别错过啦！（"宠粉"款，促单转化。）

来！家人们！猫山王来啦！榴梿中的王者！说爱吃榴梿的没吃过猫山王，都不能叫爱吃榴梿！"榴梿控"必买！（主打款，需求引出。）

猫山王跟其他榴梿可不一样，你看它的外壳是绿色的，但里面却金黄无比！对比一下，它是不是比普通的好很多！而且把它放冰箱里冷藏一会儿拿出来吃，简直就是冰激凌一般的口感！无敌！（主打款，卖点介绍。）

咱们这个品相的猫山王，网上至少卖上百元一斤，一点都不夸张啊，家人们！你们可以去查查看！现在咱们只卖 49.9 元 / 斤，而且包邮到家！咱们家还有猫山王礼盒，599 元 / 个，也卖得非常好！吃过的都说好！谁能拒绝这么美味的猫山王呢？（主打款，活动评价。）

咱们这个猫山王已经足够熟了，你收到就能吃！现在下单，我们一小时内马上安排物流上门取件，第一时间将猫山王送到你嘴边！这个品相的猫山王只有 30 个了，先到先得，先拍先发！一会儿咱们继续抽购买榴梿盲盒的名额！新进来的家人们稍微等一下。（主打款，促单转化。）

这样就完成了直播节奏的设置，你按照这样的节奏进行直播，就可以快速适应各个时间节点，知道什么时候该说什么话术，同时也懂得去灵活应对，自然就不会被突发情况影响了。

6.6.2 如何做好直播前的预告工作

视频号直播前的预告工作对于吸引用户、提高直播的曝光度和用户的参与度至关重要，因此我们千万不能忽视预告这一工作。我们不难发现，一些明星或者"网红"在直播前，都会通过各种方式大力宣传直播的主题和日期。就连坐拥百万甚至千万粉丝的主播都需要在直播前进行预告，更何况我们呢？

直播预告方法有以下 4 种。

（1）创建预告

点击账号主页中的"发起直播"按钮，在弹出的菜单中选择"创建预告"选项，即可进入直播预告设置页面，如图 6-1 所示。

我们可以在这个页面选择开播时间，填写直播主题，设置直播模式是公开还是针对某个社群，开播是否直接提醒预约用户等，然后点击下方的"创建预告"按钮即可完成预告的创建。

需要注意的是，因为这里的预告功能是视频号自带的，因此我们创建预告要符合平台的规则。在正常情况下，我们最多可以创建 100 个预告，已经创建的预告不支持修改开播时间和直播主题，你只能通过撤销当前的预告并重新创建新的预告来修改，撤销的时候已经预约的用户会收到提醒。

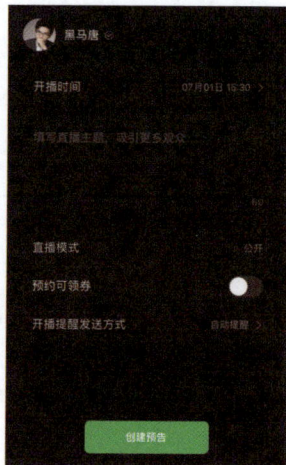

图 6-1　直播预告设置页面

设置好的预告会出现在账号主页个人简介的下方、直播结束的页面、视频的浏览页及视频号关联的公众号主页中，方便用户第一时间获取相关预告信息。当我们创建了多个预告时，这些场景仅展示当前距离开播时间最近的一场直播的预告。

如果用户看到预告后点击了"预约"按钮，那么只要你在预告的时间前后 1 小时内开播，已预约的用户都会收到开播提醒。也就是说如果我们按照图 6-1 中的开播时间进行设置，那么只要我们在 7 月 1 日的 14:30—16:30 开播，用户都会收到提醒。

如果我们延迟开播超过 1 小时，相当于预约失效，已预约的用户不会收到开播提醒；如果我们提前开播超过 1 小时，比如 13:30 开播，那么系统会在我们设置的 15:30 给已预约的用户发送提醒。

不同的平台对于预告的要求不同，有些平台如果发现你多次不按预告的时间开播，会给予你一定的处罚。不管怎么样，既然我们决定了开播时间，那就应当准时准点地出现在直播间，不要辜负那些已预约的用户的期待。

(2) 简介预告

顾名思义，简介预告就是在简介的前 4 行中留出一行来进行直播的预告，这也就是我们说的引导指令。因为字数有限，我们简单地介绍一下直播主题和开播时间，比如"升职加薪直播专场，5 月 3 日 20:00"，就可以了。

(3) 名字预告

我们也经常能看到一些主播会直接在账号名字后面附带直播的预告，比如"黑马唐（5 月 3 日粉丝专场直播）"。这样做的好处在于用户看到账号名字的概率远远高于看到简介的概率，因此，账号名字可以很好地对直播进行宣传。但要注意的是，视频号的账号名字一年只能更改 5 次，所以我们最好将改名机会留给最重要的 2 场直播。你是不是想问为什么是 2 场？不是有 5 次改名机会吗？那是因为直播结束后我们还要改回原来的名字，一来一回，也就相当于只有 2 次改名机会了。

(4) 短视频预告

用短视频进行直播预告是最常见的。在确定直播主题及开播时间之后，我们就可以根据这些信息制作预告短视频，然后在直播前的 1 天、12 小时、6 小时、2 小时、1 小时及半小时发布短视频。直播的过程中也可以继续发布，方法就是前面讲直播间道具优化时提到的，用另一部手机登录同样的账号进行发布。

💡 **思考**

看到这里，相信你对于直播节奏的把控及直播预告的设置已经有了一定的了解。在直播节奏把控中，你最深的体会是什么？你还见过哪些书中没提到的直播预告方法？

6.7 增加直播间的人气

对于每个刚开直播的人来说，最难的不是坚持每天开播，而是在观众寥寥无几的情况下，还能依然坚守直播间，展现出最好的自己。不过你放心，当你把这一节中的技巧用好后，直播间就不容易出现没人气的情况了，到时候你只需要做好迎接很多观众的准备。

6.7.1 增加直播间人气的 6 个技巧

除了前面提到的直播预告，还有 6 个技巧可以用于增加直播间人气。

（1）设置直播封面

直播封面就跟短视频封面一样，很容易被很多人忽视，但其实非常重要。越来越多的用户会通过微信发现页中视频号入口下方的"直播"入口看直播，而这里就会优先展示你的直播封面。如果你不特意进行设置，直播封面会默认为你上传的头像，而头像并非理想的直播封面。

因此，我们需要像制作短视频封面一样，专门为直播设置一个封面。图 6-2 所示的直播封面都比较好，将大字呈现在醒目的位置，告知用户直播主题，并且提炼出亮点，让用户可以第一时间获取一些重要信息，促使用户点击进入。

好的直播封面相当于个人形象照或者企业 Logo，具有吸引力，能帮助你在众多的直播间中突出重围，获取更多流量。

图 6-2　直播封面

（2）优化直播主题

随着用户对于直播内容喜好的加深，他们也会直接通过搜索来获取感兴趣的直播内容，因此，在直播主题中加入更多的关键词就可以提升用户搜索到我们的直播间的概率。

比如，我们可以把直播主题设为"职场升职加薪避坑指南，让你从此轻松上班"。这样一个直播主题就包含了"职场""升职加薪""上班"等职场领域的关键词，很容易与用户的搜索内容匹配并被平台推荐。

（3）发布花絮短视频

除了可以在直播之前发布预告短视频，我们还可以在直播的过程中发布花絮短视频，其可以是专门准备的，也可以是通过录屏得到的直播片段。具体做法是一边直播，一边用另一部手机登录账号进行发布。

这样就可以让用户在浏览花絮短视频的时候看到我们的头像有"直播中"的提示，用户也会因此更愿意点击头像进入直播间，从而增加直播间的人气。

（4）延长直播时间

在前面的内容中，我们提到一般情况下一场直播的时长至少为 2 小时。直播时间越长，平台认为你的内容准备越充分，自然会给予你更多的流量扶持；反之，如果直播时间太短，平台就无法很好地判断直播间的内容质量，直播间也就得不到相应的流量。

因此，我们可以在力所能及的范围内尽可能地延长直播时间，这样可以较为有效地帮我们积累足够多的人气。

（5）促进用户互动

在直播的过程中，我们可以多引导用户点赞、评论或者加入粉丝团等，这样能极大地提升用户互动的概率。用户互动的概率越大，直播间的氛围越好，平台就会给予直播间更多的流量扶持。

这就是为什么很多明星开播时也会让大家点点赞、点点关注，或者引导用户在评论区评论"1"，这都是在提升直播间的互动量。千万不要小看这样的引导，用户沉浸式地看你的直播时，是很容易被你下发的指令影响的，会不由自主地照着你的指令操作。

（6）设计福袋

福袋与红包、优惠券等都有同样的作用，可以在短时间内吸引大量的人气，大量的人气不仅能让平台检测到直播间的活跃度提升，也会引发更多用户进入直播间。对于展示同样内容的两个直播间，用户更倾向于进入人气较高的那一个。

福袋可以设计成"宠粉"款，只有关注直播间的粉丝或者加入粉丝团的用户才可以购买，其不仅能增加直播间的人气，还能带来一定的转化。

6.7.2 如何进行高性价比的投放

除了运用以上 6 个技巧，我们还可以通过投放来增加直播间人气。相信不少朋友也尝试过投放，但最终效果并不理想。这就是为什么我先介绍 6 个技巧再讲投放。增加直播间人气是一个循序渐进的过程，尤其是对于新手来说，想要一口吃成个胖子反而会适得其反。

我们要先通过运用技巧逐渐掌握直播间人气变化的规律，再通过投放来锦上添花。没错，投放只能锦上添花，而不能雪中送炭。

如果你的直播本来就质量不高，不被平台看好，因此平台不会给予多少流量扶持，这个时候你哪怕花大量的资金进行投放，也会发现效果依旧不好，平台甚至可能会把未使用的资金原路退给你。那是因为不管对于哪一个平台来说，流量都是有限的，而有限的东西才有价值，平台不会把有价值的资源浪费在没意义的内容上。

因此，当你觉得自己充分运用了 6 个技巧，流量达到瓶颈需要进行突破的时候，你就可以开始投放了。那具体怎么投放才能让效果更好呢？我给你提供两个原则。

(1) 小额多投

小额多投的意思是把用于投放的资金分成最小额度的多份，然后一份一份地进行投放。比如，你一共有 2000 元的预算，平台最低的单次投放额度是 100 元，那么你就可以将预算分成 20 份，逐一投放。

有人就会问了，我直接一次性把 2000 元投完不行吗？当然行，但这样做的性价比是非常低的，或者说这样做只能"保底"，无法获得更好的效果。你应该听说过一些公司有全职的新媒体"投手"，也就是专门负责投放的人。你想一下，如果一次性把预算投完就可以了，那么全职"投手"存在的意义是什么呢？

小额多投可以让你实现小步快跑、快速迭代。你每次投 100 元，如果第一次的结果特别好，那么你可以继续投；如果发现第二次的效果不理想了，你就可以调整策略，考虑是继续投还是及时止损。虽然整笔投放的时候你也可以中途叫停，但那个时候平台可能每秒都在消耗你的预算，因此小额投放可以让你的投入更容易被掌控。

同时，你可以评估每一次投放的效果，慢慢确定最合适的投放方式。

(2) 关注放大倍率

我们为了给直播间增加热度进行投放的时候，可以看到平台预估的投放效果，如图 6-3 所示。

可以看到，在视频号中投放的虚拟币是微信豆，需要通过指定金额的充值获取。图中显示 300 个微信豆预计带来观众 50~150 人。

一般情况下，平台为了不打击你投放的热情，都会使投放效果接近预期，比如你投放了 300 个微信豆，最后得到的观众可能有 130~140 人。

而当我们的直播内容较为优质时，投放带来的观众会愿意停下来看，这就大幅增加了观众的互动量，也就能给直播间带来更多的人气，因此总观众数可能是 200 人甚至是 300 人，这里就有一个实际效果和预计效果的倍数差距，我把这个倍数叫作"放大倍率"。

放大倍率越大，证明我们的直播内容越好，越值得追投。一般建议将放大倍率指标设置为 2，也就是说，如果预计效果是带来 100 人，实际带来了 200 人，那么放大倍率就是 2，我们就可以追投。

遵循小额多投的原则，也能不断计算每一次投放对应的放大倍率，只要其大于 2，你就可以继续投。如果你投着投着发现放大倍率开始变小，并且小于 2，这个时候，就可以停止投放了。这也就是需要做数据分析及全职"投手"存在的原因。投放是一个细致活，你甚至需要时时刻刻盯着数据，及时调整投放策略，这样才能让投放效果最大化。

图 6-3　投放页面

思考

看到这里，相信你对于如何增加直播间的人气已经有了一定的了解。除了上述技巧和方法，你还知道哪些方法可以帮助我们增加直播间的人气？

6.8 维护好直播间的用户

在直播中，维护好用户至关重要。这不仅能提升直播间的活跃度和互动量，还能增强用户黏性，促进内容的传播。同时，良好的用户维护还能提升品牌形象，吸引更多潜在用户，为直播间带来持续的流量。因此，主播应重视并精心维护用户，确保他们获得良好的观看体验，从而推动直播间的发展。

6.8.1 直播间用户的分类

直播间的用户可以根据其参与程度和属性分为以下几类。

（1）粉丝团成员

粉丝团成员是直播间中最为活跃和忠诚的用户，他们通常会在主播的直播间频繁出现，拥有共同的爱好和兴趣。粉丝团成员之间及他们与主播之间建立了紧密的联系。

（2）粉丝

粉丝是对主播或直播间内容感兴趣并关注主播的用户，他们可能不像粉丝团成员那样活跃，但仍然会定期观看直播并参与互动。粉丝可以通过关注、点赞、分享等行为支持主播。

（3）普通用户

普通用户是偶尔进入直播间观看直播内容的用户。他们可能不会对主播或直播间产生深厚的情感，但仍然是直播间流量的重要来源。

（4）过路用户

过路用户是那些偶然间注意到直播间并在直播间短暂停留的用户，与普通用户不同，他们可能只是碰巧发现了直播间，退出后很难再次遇到同一直播间。他们可能对直播间的特定内容或活动感兴趣，但并不会持续关注或互动。

（5）"黑粉"

"黑粉"这类人群通过无理由的攻击或者谩骂来显示自己的存在感，我们在直播的过程中往往会遇到他们，无须对他们的言论表现出过多的在意。

需要注意的是，这些分类并非绝对且互斥的，一个用户可能同时属于多个类别。例如，一个粉丝团成员同时也是粉丝，一个普通用户可能在某次直播中被吸引并成为粉丝。此外，随着时间的推移和用户行为的变化，这些分类也可能发生转变。

为了提升用户的体验和参与度，主播应根据不同类型用户的需求和行为习惯制定相应的策略。例如，针对粉丝团成员和粉丝可以提供更多的互动机会和专属福利；针对普通用户可以通过娱乐化的内容和活动吸引他们的注意力；针对过路用户则可以通过优质的内容和独特的直播形式激发他们的兴趣，并引导他们成为更稳定的用户。

6.8.2 直播间不同用户的应对策略

(1) 粉丝团成员

粉丝团成员的等级由亲密度决定，涉及观看直播的时长，以及分享直播间、发表评论和送礼的频率等 4 个维度。因此，可以引导粉丝团成员通过观看直播、分享直播间、发表评论和送礼等方式提升亲密度。

我们需要积极与粉丝团成员互动，及时回应他们的评论和提问，增强他们的参与感和归属感；设置粉丝团成员专享的福利，如参与抽奖、获得独家资讯、提前观看新内容等，以回馈他们的支持。

(2) 粉丝

虽然粉丝不如粉丝团成员活跃，但他们也是直播间的重要支持者。我们可以定期发布高质量内容，吸引粉丝的关注并使其留存。同时，关注粉丝的反馈，持续优化内容。在直播中引导粉丝参与互动，如提问、投票等，增强他们的参与感。

(3) 普通用户

普通用户的行为较为随机，因此，我们需要抓住他们的兴趣点，为他们提供有吸引力的内容。我们可以利用热门话题和趋势制作相关的内容，提高内容的曝光率，同时通过吸引人的标题、封面和内容吸引普通用户的注意，引导他们转化为粉丝。

(4) 过路用户

过路用户的停留时间较短，因此我们需要迅速抓住他们的兴趣点。我们可以通过有吸引力的内容或活动吸引过路用户的注意，让他们愿意停下来观看直播并参与互动。可以在直播间中设置明显的引导内容，如"点击关注参与抽奖"等，以提高过路用户的转化率。

(5) "黑粉"

"黑粉"虽然数量不多，但可能对直播间的氛围和主播的形象造成负面影响。我们可以以平和、理性的态度对待黑粉的批评和攻击，避免情绪化。

同时，积极寻找自身问题，持续改进。对于合理的批评和建议，虚心接受并改进；对于无理的攻击和谩骂，可以选择忽略或采取适当的方式回应。同时，加强与忠实粉丝的互动和沟通，维护直播间的正面氛围。

思考

看到这里，相信你对于直播间中不同的用户及其相应的应对策略已经有了一定的了解。你在直播过程中是否遇到过比较典型的用户？你们之间发生了什么让你有启发的故事？

6.9 提升直播间各项指标

直播间各项指标能够直接反映直播间的整体表现，并对直播间的长期发展产生深远影响。提升这些指标的重要性表现在以下几个方面。

(1) 增强用户黏性

观看时长是衡量直播间吸引力的重要指标。较长的观看时长表明用户对直播内容的兴趣较强，对直播间的忠诚度较高，这有助于增强用户黏性，促进用户持续关注直播间和参与互动。

优化直播的内容和互动方式，增加用户的观看时长，可以进一步增强用户对直播间的好感和依赖。

(2) 提高直播间收益

转化率和订单金额是直播间收益的直接体现。提升这两个指标意味着使更多用户在观看直播后转化为实际购买者，从而增加直播间的收益。

可以通过优化直播内容、加强产品介绍和开展促销活动等方式增强用户的购买意愿，提高其转化率。

(3) 扩大品牌影响力

直播间的高人气和正面评价有助于提升主播和品牌的知名度和美誉度。通过吸引更多用户参与和分享直播内容，主播可以进一步扩大品牌的影响力。良好的直播间表现有助于树立品牌形象，增强品牌的市场竞争力。

(4) 优化用户体验

互动指标如弹幕数、评论数、点赞量和分享数等反映了直播间的互动程度和用户的参与度。提升这些指标可以增强用户的参与感和沉浸感，优化用户体验。优质的互动体验有助于吸引更多用户观看直播，形成良性循环。

(5) 促进商业合作

直播间的高人气和良好表现可以吸引更多商业合作伙伴的注意，为直播间带来更多的商业机会和合作资源。

通过与品牌、商家等合作伙伴的联动，主播可以进一步丰富直播内容，提升直播间的吸引力和商业价值。

既然直播间各项指标那么重要，我们要如何对其进行提升呢？

6.9.1 如何增加用户的停留时长

(1) 设立集体目标和奖励机制

在直播过程中，设定一个具体的集体目标，如"今天的直播点赞量超过 5 万次"。为达到该目标，设置诱人的奖励，如"点赞量超过 5 万次，神秘人士或礼品将空降直播间"。这种方式可以刺激用户停留在直播间参与点赞，并等待目标达成。

(2) 设置直播间全程观看奖励

在直播中设置特定的任务，如"在特定时间截 n 张图"，并明确奖励规则。主播可以提示用户截图，并在直播结束后，对成功截图的用户进行奖励，如发放红包、积分等。这种即时的奖励能够有效延长用户在直播间的停留时间。

(3) 高频发放福袋

使用福袋功能，并设置较短的抽奖间隔，如每 5 分钟或 10 分钟抽一次。这样用户即使没打算看直播，也会为了可能获得的奖品而持续停留在直播间。同时，确保兑奖信息和中奖信息公开，以提升活动的真实性和吸引力。

(4) 生产高质量的内容和积极互动

直播内容应具有吸引力，与用户的兴趣点高度相关。主播应具备良好的沟通能力和表现力，能够与用户建立紧密的互动关系。可以设置一些互动环节，如问答、投票、小游戏等，以提升直播间的趣味性和参与度。

(5) 优化直播间环境和直播氛围

提供清晰、高质量的直播画面和声音。打造舒适、温馨的直播间环境，如通过装饰、灯光等元素提升视觉效果。营造积极、健康的直播氛围，避免负面情绪的传递。

(6) 引导用户参与评论

鼓励用户在直播间发表评论，分享自己的看法和感受。主播可以针对用户的评论进行回复，增强用户的参与感和归属感。通过与用户互动，主播可以进一步增加用户的停留时长和提高直播间的活跃度。

6.9.2 如何提升直播间的互动量

（1）设置互动游戏和抽奖环节

在直播中设置简单的互动游戏，如"猜价格""快速问答"等。例如，主播展示一个商品，让用户猜测其价格，猜得最接近答案的用户可以获得小奖品或优惠券。可以定期进行抽奖活动，设置观看时长、评论数等作为抽奖条件。例如，"观看超过10分钟的用户可以参与抽奖"或"评论超过5条的用户有机会赢取大奖"。

（2）实时回应用户

对于用户的评论和提问，主播应及时、积极地回应，让用户感受到被关注和尊重。例如，每隔几分钟就查看并回复一些评论，尤其是那些提出疑问或分享看法的评论。留意用户在直播间的反馈，如弹幕文字与表情等，根据反馈调整直播内容和节奏。

（3）发起话题讨论

结合当前热门话题或事件，引导用户讨论，例如"大家怎么看待最近的 ×× 事件呢？"。围绕直播中的商品发起话题讨论，如商品的使用体验、商品与其他商品的比较等。

（4）使用投票功能和互动功能

利用平台的投票功能，让用户参与投票并发表意见。使用平台提供的互动功能，如"点赞""送花"等，增强直播间的趣味性。

6.9.3 如何提升直播间的商品成交率

（1）精准选品与展示

选择与直播间定位、粉丝需求高度匹配的商品，确保商品的质量和性价比。在直播中清晰、详细地展示商品的特点、优势和使用方法，让用户对商品有更深入的了解。

（2）设置优惠活动

设置满减、送赠品等优惠活动，激发用户的购买欲望。强调优惠活动的结束时间，增强用户的紧迫感，促使他们尽快下单。

（3）设计互动游戏

设计有趣的互动游戏，如猜价格、转盘抽奖等，吸引用户参与。将商品作为游戏或抽奖的奖品，提高用户对商品的关注度，增强其购买意愿。

(4)商品展示与推荐

利用视频号的商品弹窗功能，将主推商品或优惠商品以弹窗形式展示给用户，提高商品的曝光率。根据用户的购买历史和浏览记录，进行个性化商品推荐，提高购买转化率。

(5)为用户提供便利

确保直播间内的购买流程简单明了，减少用户的购买障碍。提供多种支付方式，方便用户快速完成支付。

(6)提供售后服务保障

强调商品的售后服务政策，如退换货、维修等，增强用户的购买信心。及时解决用户在购买过程中遇到的问题，提高其购买满意度。

(7)合作与联动

与其他视频号、公众号等进行合作与联动，提升直播间的曝光度和影响力。与其他主播或达人进行跨界合作，共同推广商品，提高购买转化率。

(8)数据分析与优化

定期对直播间的数据进行分析，了解用户的购买行为和偏好。根据数据分析结果，优化选品策略、直播内容和营销策略，提高直播间的商品成交率。

思考

看到这里，相信你对于提升直播间各项指标已经有了一定的了解。对于以上相关指标的提升，你还有哪些更好的方法和技巧？你觉得还有哪些指标也需要得到重视和提升？

不知不觉，本书内容已到尾声。

感谢你看到这里，希望本书的内容能给你带来一些启发。

视频号是一个极具潜力的平台，等着你去探索。我相信，你会是这个极具潜力的平台中极具潜力的人。

欢迎你随时通过公众号"黑马唐"和我分享本书带给你的感受，以及提出问题，我将一一解答。希望我们都能变得更好！

永远相信美好的事情即将发生。
我是黑马唐，我们后会有期！

黑马唐
2025 年 7 月